पथिक मैं अरावली का

भंवर मेघवंशी

राजपाल

₹ 375

ISBN : 9789389373981

PATHIK MEIN ARAWALI KA (Travelogue)

by Bhanwar Meghwanshi

मुद्रक : शीतल प्रिंटर्स, दिल्ली

राजपाल एण्ड सन्ज़

1590, मदरसा रोड, कश्मीरी गेट, दिल्ली-110006

फोन : 011-23869812, 23865483, 23867791

e-mail : sales@rajpalpublishing.com

www.rajpalpublishing.com

www.facebook.com/rajpalandsons

भूमिका

मेरी भटकन पर विराम नहीं, मुझे विश्राम नहीं...

बचपन में भेड़ें चराते समय जब बारिश हो जाती तो मौसम तो खुशनुमा होता ही जलवायु में व्याप्त धूल कण साफ़ हो जाते तो गाँव से दूर स्थित पहाड़ नज़र आने लगते। माँ और पिताजी बताते थे कि ये पोला जी के डूंगर (पहाड़) हैं। यह भी कहा जाता था कि इस डूंगर को पोला जी इसलिए भी कहा जाता है कि यह अन्दर से खोखला है और ऊपर जो मन्दिर है, उसमें बैठे देवता का नाम भी पोला जी है। बहुत साल बाद जब मुझे इस पहाड़ पर जाने का मौका मिला तो मैंने पाया कि डूंगर तो पोला (खोखला) नहीं है, हमारी समझ ही पहाड़ को लेकर काफ़ी खोखली है! हमें अपने ही आस-पास स्थित नदियाँ, झरने और पहाड़ के बारे में ज़्यादा कुछ भी मालूम नहीं है।

किशोरावस्था में मैंने यह पाया कि पहाड़ मुझे आकर्षित कर रहे हैं और चढ़ाई के लिए चुनौती देते प्रतीत हो रहे हैं, फिर यह हुआ कि दिनोंदिन मेरा यह आकर्षण बढ़ता ही गया। मेरा गाँव की पश्चिमी दिशा में देवगढ़ मदारिया की तरफ़ से निकलना होता तो ऊँची पहाड़ी के शिखर पर नज़र आता मन्दिर का गुम्बद मुझे बुलाता सा लगता। यह सांड माता का मन्दिर है, जिसकी सैंकड़ों सीढ़ियाँ मैं कभी नहीं चढ़ पाया, न ही ऊपर गया, लेकिन इस पर्वत माला के दोनों तरफ़ स्थित दर्जनों गाँवों में मैं जब-जब भी जाता, मेरी निगाहें उक्त मन्दिर पर टिक जातीं और मैं संकल्प करता कि इस बार की बारिश में मैं ज़रूर सांड माता के मन्दिर की जियारत कर आऊँगा।

इसी क्षेत्र में स्थित आंजना महादेव मन्दिर में सिद्धों और नाथों की समाधियों को देखने ज़रूर जाना हुआ, बहुत सी अविश्वसनीय कहानियाँ सुनीं, चट्टानों पर चढ़ा और वहाँ मौजूद एक रहस्यमयी सुरंग में भी उतरा लेकिन घुप्प अँधेरे और ऑक्सीजन की कमी ने मेरे पाँव पीछे धकेल दिए और मैं लौट

आया। फिर जब विद्यालय का शैक्षणिक भ्रमण समूह कामलीघाट और गोरम घाट गया तो जाना कि यही वो अरावली पर्वतमाला है, जिसका ज़िक्र हमारी भूगोल की किताब में आता है, वरना तो इससे पहले तक हर छोटा-मोटा डूंगर ही मेरे लिए पहाड़ था, वही पूरी पर्वत शृंखला समझ आती थी।

इसके बाद एक लम्बा दौर आया जब मुझे अरावली की गोद में बसने और काम करने का अवसर मिला, जब मैंने पत्रकारिता के साथ-साथ सामाजिक कार्यकर्ता के रूप में काम प्रारंभ किया तब मेरा नया ठिकाना कोई क़स्बा, शहर अथवा नगर-महानगर नहीं था, बल्कि बेहद छोटा-सा एक गाँव था, जिसको राजस्व गाँव का दर्जा भी हासिल न था, यह चालीस घरों की बस्ती राष्ट्रीय राजमार्ग संख्या 8 जो कि अब 48 हो चुकी है, उस पर भीम उदयपुर मार्ग पर चालीस मील चौराहे के पास स्थित थी, जिसे स्थानीय निवासी काबेडा कह कर पुकारते थे, लेकिन जो डाक आती अथवा पढ़े-लिखे लोग बोलते, उसके मुताबिक यह गाँव देवडूंगरी था। मैं हैरत में था कि इतनी सघन और ऊँची पर्वत शृंखला को डूंगरी, मतलब पहाड़ी नाम कैसे दिया गया, जबकि इससे तो आधे से भी कम आकार की हमारे गाँव सें दिखने वाली पहाड़ी को पोला जी का डूंगर कहा जाता है।

खैर, लगभग तेरह साल का लम्बा अरसा भीम, देवगढ़, कुम्भलगढ़, जवाजा, ब्यावर, रायपुर, आमेट, करेडा क्षेत्रों में गाँव-गाँव की पद यात्राएँ करते बीता। इन इलाकों में कहीं ज़्यादा तो कहीं कम अरावली की उपस्थिति हैं, इस इलाके में निवासरत रहते हुए इसके ऊपर अथवा दोनों तरफ़ की ढलानों पर बसे गाँवों में घूमते-घूमते न केवल अरावली में मैं बसा बल्कि अरावली भी मेरे भीतर बस गया, मैं कोई पर्वतारोही व्यक्ति नहीं हूँ, मैं तो सपाट मैदानी गाँव में पैदा हुआ, पला-बढ़ा, मेरा बचपन और किशोरावस्था तो बिना पहाड़ के या यों कह लीजिये पहाड़ को दूर से देखते ही बीती, परन्तु अब जबकि मैं पर्वतवासी हो गया और उसी के भीतर मेरा तन-मन रम गया तो अरावली मेरा भाई और सखा हो गया, लगने लगा कि डूंगर और मेरे मध्य कोई और है ही नहीं। मैं बाहर से आकर यहाँ नहीं बसा बल्कि मैं तो यहीं का निवासी हूँ, पैदा कहीं और हो गया और अपना ठौर-ठिकाना ढूँढ़ते हुए देवडूंगरी पहुँच गया हूँ, ताकि अपने ठिकाने को वापस पा सकूँ।

देवडूंगरी के पर्वत पर उन दिनों एक बेहद साधारण सा देवरा हुआ करता

था, यह किसानों के लोक देवता देव नारायण का मन्दिर है, जिसमें कोई मार्बल की मूर्ति नहीं थी, प्रस्तर युग्म पर सिंदूर और चमकदार पन्ना लगा कर उन्हीं को देवता का स्वरूप प्रदान कर दिया गया था और उसके पीछे लाल लीलण के कपड़े पर सफ़ेद कपड़े के चाँद-सूरज की कशीदाकारी करके देवनारायण की पोशाक बना दी जाती थी। देव नारायण के मन्दिरों में कोई पारम्परिक पुरोहित पूजा-पाठ नहीं करते थे, बल्कि दलित और पिछड़े वर्ग के लोग ही उनके पुजारी होते थे। देवडूंगरी के साधारण मगर सुन्दर और बहुत ही शांतिपूर्ण देवरे में पूजा-पाठ करने पड़ौसी गाँव से गुर्जर पुजारी आता और शंख बजाता, पूजा के नाम पर मिट्टी के पात्र में जलती आग के अंगारों में घी डाला जाता, धूप, दीप अगरबत्ती भी की जाती। देवता की ख़ुशी-नाखुशी और नाराज़गी का पता लगाने के दो तरीके थे, पुजारी जिसे भोपा कहा जाता है वो या तो मुट्ठी भर अनाज में से कुछ अक्षत गेहूँ के दाने अँगुलियों के ज़रिये पकड़ लेते और फिर पवित्र मानी जाने वाली संख्याओं जो कि अक्सर विषम ही होतीं जैसे, एक, तीन, पाँच, सात, नौ, ग्यारह आदि दिए जाते हैं तो प्रसन्नता और अगर ये दाने सम संख्या में आते तो उसे नाराज़गी मान लिया जाता। कोई बड़ा काम करने की स्वीकृति तो नीम की पत्ती के मूर्ति से गिर कर आस्थावान की झोली में गिरने को ही माना जाता, इस पूरी प्रक्रिया को 'पाती देना' कहा जाता। कुल मिलाकर 'आखा' और 'पाती' ही देव और देवियों की स्वीकृति थी। पुजारी के नाम पर भोपा आते जो गले में चाँदी का बना लोकेटनुमा 'नावा' पहनते, जिन पर चाँद-तारे अथवा हाथी-घोड़े उकेरे होते। इन भोपाओं को समाज में विशेष सम्मान दिया जाता और माना जाता कि उनमें कुछ अतिरिक्त शक्तियों का निवास है।

देवडूंगरी में एक कच्ची झोंपड़ी में कई साल रहते हुए हम लोगों ने समीपवर्ती पहाड़ सोनार कुड़ी को लेकर बहुत सारी अविश्वसनीय कहानियाँ सुनीं, कहने को तो यहाँ तक कहा जाता था कि अंग्रेज़ों की फ़ौज ने इस पहाड़ में से सोना ढूँढ़ निकाला और फिर सोने का कुआँ ही खोद डाला, उसी से तो इसका नाम 'सोनार कुड़ी' हुआ। इन किंवदंतियों ने हमारे साथियों को इतना प्रेरित किया कि वे एक समय इस पहाड़ी पर चढ़ गए और उस सुरंगनुमा क्षेत्र के मुहाने तक भी हो आये, उनको वहाँ सोना तो नहीं मिला, पर अनगिनत चमगादड़ और उनके मल-मूत्र की गंध ज़रूर मिली, साथी भी कुछ कम न थे, चढ़ने-उतरने में पूरा दिन लग गया था, ऐसे खाली हाथ कैसे लौटते सो बोरी भर

कर चमगादड़ की बीट (मल) ही लेते आये और नीचे आकर शेखी बघारी कि इससे बढ़िया खाद कुछ नहीं हो सकती, एकदम जैविक, उन दिनों लोग यूरिया अथवा डीएपी खाद से डरते भी थे कि यह खाद उनकी धरती की उर्वरा शक्ति छीन लेगी। बाद के दिनों में मुझे भी सोने की इस कथित खान वाली पहाड़ी पर चढ़ने का मौका मिला और ऐसे ही देवडूंगरी के ठीक पीछे स्थित अन्य पहाड़ियों पर चढ़ने-उतरने का अभ्यास हमने किया। देवडूंगरी के देव नारायण मन्दिर पर तो दर्जनों बार चढ़े-उतरे, तब आज की तरह न वैसा भव्य मन्दिर था और न ही सुगम रास्ता था, बेहद दुर्गम चढ़ाई व उतराई थी, थोड़ा सा चूके कि फिसले, पर उन दिनों उम्र ही कुछ ऐसी थी कि न चढ़ने से थकान लगती थी और न ही उतरते वक्त फिसलने का डर सताता था। हम लोगों का काम राजसमन्द, पाली, अजमेर और भीलवाड़ा ज़िले में स्थित अरावली की उपत्यकाओं में बसे गाँवों में ही था। तो हुआ यह कि दशकों तक अरावली की तराई में रहने का मौका मिला और हर दिन अरावली की किसी-न-किसी पहाड़ी को लाँघ कर किसी गाँव में आना-जाना लगा रहा, अरावली से एकाकार होने की अनुभूति सदैव बनी रही।

मेरे लिए अरावली भीतर भी है और बाहर भी। मैं अरावली में बसा हूँ और अरावली मेरे अन्दर। पहाड़ और इन्सान की दोस्ती भी गज़ब की होती है। दूर से देखो तो चढ़ाई के लिए चुनौती देता प्रतीत होता है, सुरम्य लगता है पर नज़दीक जाने पर दुर्गम और ऊबड़-खाबड़ होने लगता, हतोत्साहित करता, जैसे कह रहा हो, दूर रहो मुझसे, मत आओ मेरे पास...लेकिन अगर किसी में पहाड़ जैसी ज़िद है तो वह ऐसे ज़िद्दी लोगों को तुरंत स्वीकार भी लेता है। मैंने जब-जब भी अरावली की कोई भी पहाड़ी चढ़ी, कदम-दो कदम, चार कदम की चढ़ाई तो थकाती है, फिर लगता है कि पहाड़ खुद खींच रहा है। अचानक पथ के प्रस्तर-खण्ड फूलों से लगने लगते हैं और धूप को मात देने के लिए पेड़ अपनी हरियाली लिए खड़े मिलते हैं, यहाँ तक कि भूख-प्यास लगे तो पथिक के लिए कंदमूल, फल और मीठे शीतल जल के झरने साक्षात् आ खड़े होते हैं जैसे कह रहे हों कि स्वागत है पथिक तुम्हारा!

अरावली से मेरा रिश्ता जब से मैंने उसे देखा तब से ऐसा ही है। निस्संदेह मुझे पहाड़ आकर्षित करते रहे हैं लेकिन सबसे ज़्यादा आकर्षित तो मुझे अरावली ने ही किया। यह आकर्षण कोई अचानक नहीं था, यह बचपन से था जो किशोरावस्था में और प्रगाढ़ हुआ, जवानी तो अरावली की मोहब्बत में ही पूरी

हुई और अब प्रौढ़ावस्था में भी अरावली की पुकार कम होने का नाम ही नहीं लेती। आज भी मुझे जब भी अवसर मिलता है तो मैं अरावली की गोद में जाने को प्राथमिकता देता हूँ। अरावली के ऊपर, अरावली के भीतर और अरावली के दोनों ढलानों पर विभिन्न संस्कृतियों, समुदायों की मौजूदगी रही है, विभिन्न आस्थाओं ने यहाँ अपना डेरा जमाया, जैन, सनातन, बौद्ध हो अथवा मुस्लिम और लोक देवताओं के मानने वाले लोग तथा उनके ठिकाने भी यहाँ बहुतायत में हैं, जिनमें मेरी रुचि रही, यहाँ की नदियाँ, पर्वतमालाएँ, झीलें, तालाब और दूर-दूर बसे गाँव, दूर-दूर तक फैली हरियाली सब कुछ मुझे लुभाती रहती। मैं देश के अन्य हिस्सों में जाता तो वहाँ के पहाड़ों के बारे में लोगों के विचार जानने का मौका मिलता और स्थानीय निवासियों व पहाड़ों के आपसी रिश्तों के बारे में जानकर दंग रह जाता, तब यह सोचता कि मैं अपने पड़ोसी पर्वत अरावली के बारे में कितना कम जान पाया? तो और जानने की अपेक्षा ने मुझे इस पथ का पथिक बनाया। जिन दिनों मैं अमृतलाल बेगड़ की नर्मदा यात्रा के बारे में पढ़ रहा था तब भी मेरा मन अरावली के सफ़र को निकलने के लिए और अधिक तत्पर हुआ। हालाँकि यह कोई प्रोजक्ट नहीं था और न ही लेखन की कोई प्रतिबद्धता ही थी। किन्तु जैसे मुझे अपने भीतर से ही एक बुलावा आ चुका था कि मुझे एक बार पूरा अरावली छान मारना है। इरादा था इडर गुजरात से दिल्ली तक जाने का। समय के अभाव के चलते, फ़िलहाल सिर्फ़ इडर से अलवर तक अरावली के साथ चल पाया हूँ। सफ़र अभी अधूरा है। लिख तो और भी कम पाया हूँ। इडर से पुष्कर होते हुए अजमेर तक की पच्चीस दिन की यात्रा का वृत्तांत अभी लिखा गया है, शेष सफ़र आगे कभी लिखूँगा।

इस यात्रा ने मेरी इतिहास और भूगोल जानने की अभिलाषा को थोड़ी-सी संतुष्टि दी है। यह सिर्फ़ एक पहाड़ की यात्रा नहीं रही, इस दौरान ध्वस्त सभ्यताएँ भी दिखीं तो युद्ध की रणभेरियों के मैदान भी मिले। आदिदेव शिव तो बार-बार सामने आते ही रहे पर महावीर भी कोई कम मन्दिरों में नहीं दिखते, यहाँ तक कि बुद्ध और मोहम्मद के चाहने वाले भी खूब मिले। कुल मिलाकर एक लघु भारत की खोज का अवसर मिला। यह खोज अब भी निरंतर जारी है। मुझे इस सफ़र ने यह भी बताया कि जिस 'आइडिया ऑफ़ इण्डिया' की बात बार-बार होती है, जिस भारत का सपना हमारे पुरखों ने देखा था, उसकी झलक अरावली में जगह-जगह मिलती है।

अरावली में आ रहे बदलावों को अपने सामने देख मुझे महसूस हुआ कि कुछ साल बाद अरावली पर्वत महज़ किताबों में पढ़ने को ही मिलेगा। हमारी आनेवाली पीढ़ियाँ शायद जान भी नहीं पायेंगी कि कभी सघन जंगलों और उन्नत पहाड़ियों की शृंखला वाला अरावली इस ज़मीन पर था। कुम्भलगढ़ क्षेत्र जिसे मैंने तीन दशक पहले देखा और अब जब देखता हूँ तो ज़मीन-आसमान का अंतर दिखलाई पड़ता है। पहले यहाँ होटल ढूँढे से भी नहीं मिलते थे, खाने के लिए भोजनालय भी एक ही था और ठहरने के लिए गेस्ट हाउस जैसा एक होटल। लेकिन आज इस इलाके में सैंकड़ों होटल, रिसोर्ट, रेस्टोरेंट मिल जायेंगे। सात सितारा होटल, स्पा और बार...बहुत कुछ बदल गया है। पहले हर पहाड़ी पर बड़े-बड़े पेड़ खड़े थे, अब पेड़ काट कर होटल उगा दिए गए हैं, जगह-जगह अरावली का सीना चीर कर पहाड़ काट कर सड़कें बनाई जा रही हैं। नदियों, झीलों और तालाब सबके किनारे पर लोग ही लोग नज़र आते हैं और ऐसा लगता है जैसे अरावली पर्वत किसी बड़े बाज़ार में बदल गया है। इससे भी बड़ा खतरा इस बात का नज़र आता है, जो खनन व्यवसायियों ने खड़ा किया है, जगह-जगह पर खनिज तत्त्वों को निकालने के लिए सरकारी और गैर-सरकारी कम्पनियाँ खनन लाइसेंस लेकर अरावली की हत्या पर उतारू हैं।

अरावली खनिज का भंडार है, इसका दोहन सदियों से सीमित मात्रा में होता रहा है, ज़रूरत जितनी वस्तुएँ हमारे पुरखों ने भी खुदाई करके निकालीं, लेकिन सिर्फ़ अपने और स्थानीय समुदाय के उपयोग के लिए ही, आज तो लाभ के लिए हर प्रकार का खनन जारी है। बहुत सारी जगहों पर तो खनन माफ़िया पूरी-पूरी पहाड़ियों को निगल गया है, ऐसे भी इलाके हैं जहाँ पर अब अरावली के नाम पर सिर्फ़ खड्डे अथवा मलबा नज़र आता है। हमारी हरी-भरी पहाड़ियाँ बियाबान में बदल गई हैं, मार्बल, ग्रेनाइट, ज़िंक और अभ्रक, चेजा पत्थर आदि की अंधाधुंध माइनिंग ने अरावली का स्वरूप बिगाड़ दिया है। पर्यावरण, पारिस्थितिकी और जैव विविधता सब नष्ट हो रही है, यह सोचकर हर बार मुझे लगता कि एक बार पूरा अरावली घूम लिया जाये, बाद में न जाने यह बचे या न बचे, हालाँकि अरावली का बचना हम सबके बचने के लिए बेहद ज़रूरी है।

अरावली सिर्फ़ पहाड़ ही नहीं है, वह हमारी सभ्यता और संस्कृति का संरक्षक भी है और आज भी अपने आप में एक पूरी दुनिया को समेटे हुए है। कई सालों तक कई-कई बार सोचा कि अगर कभी भी मौका मिलेगा तो मैं

सम्पूर्ण अरावली की यात्रा करूँगा, सिर्फ़ पर्यटन उद्देश्य नहीं, बल्कि अपने भीतर बाहर बसे इस प्राचीन पहाड़ से वास्तविक मुलाकात करूँगा, उसकी आवाज़ सुनूँगा और मेरी बात उसे कहूँगा।

अरावली मेरा शाश्वत प्रेम है जो कभी न उबाता है और न ही दूर करता है। वह हर वक्त आमंत्रित करता रहता है और मैं उसके किसी भी बुलावे की अनदेखी नहीं करता। मेरी तो दिली तमन्ना यही रही कि कभी कोई ऐसा मौका मिले कि मैं कहीं ठहर पाऊँ तो वह ठौर अरावली हो। अरावली की किसी एकांत पहाड़ी पर एक अलग सी झोंपड़ी हो और पास में कोई झरना, बस पक्षियों का कलरव और पशुओं का आगमन हो, रात के अँधेरे को मनुष्य उत्पादित बिजली नहीं बल्कि जुगनुओं की चमक मिले, ऐसा सपनों का घर अरावली में बनाने की इच्छा सदैव रही। हालाँकि वह कभी पूरी नहीं हुई और न ही होगी पर सपने देखने पर कोई पाबन्दी थोड़े ही है, इसलिए मैं यह स्वप्न हृदय में सहेजे जीता चला जा रहा हूँ और यहाँ वहाँ हर तरफ़ भटकता फिर रहा हूँ, जब तक मुझे अरावली अपनी गोद में जगह नहीं दे देता मेरी भटकन पर विराम नहीं, मुझे विश्राम नहीं...।

30 अक्टूबर 2023

उदयपुर

—भंवर मेघवंशी

पहला दिन

अरावली की अभ्यर्थना

इडर से आगाज

वैसे तो अरावली का सफ़र कल से ही शुरू हो गया था लेकिन 5 फरवरी इसकी औपचारिक शुरुआत की पूर्व निर्धारित तिथि होने के चलते हमने तय किया कि हम गुजरात के बनासकांठा ज़िले के इडर से इसकी विधिवत शुरुआत करेंगे। इडर से अरावली का प्रारम्भ माना गया है।

इडर का इतिहास एक भील आदिवासी राजा से जुड़ा हुआ बताया जाता है जिसका नाम मांडलिक भील था। यह भी दावा किया जाता है कि मांडलिक ने ही गुहिल वंश के राजा गुहादित्य को अपने इलाके में शरण दी थी, किन्तु आदिवासियों का लिखित इतिहास अप्राप्य होने की वजह से यह इतिहास बोध केवल लोक चेतना और उस पर आधारित किंवदंतियों पर आश्रित रह जाता है, इडर का लिखित इतिहास कुछ और ही कहानी बयां करता है।

हमने पहले ही तय कर लिया था कि हम अपनी यात्रा का आरम्भ किसी साधारण सी अज्ञात जगह से करेंगे, वैसे तो इडर में झील, पहाड़, महल, मन्दिर और मजार सब कुछ है, ऊपर से देखने में शहर का विहंगम दृश्य भी दिखलाई पड़ता है, शहर में भव्य और विशाल प्रवेश द्वार भी है, पर हम किसी शांत और एकांत जगह पर इन प्रागैतिहासिक पहाड़ियों में अरावली की अभ्यर्थना के इच्छुक थे। आखिर अब से लगभग सात सौ किलोमीटर लम्बे इस पर्वतराज की गोद में हमको काफ़ी वक्त बिताना था। उसकी इजाज़त लेना तो बनता ही है, इसलिए हम महल, किलों और भव्य इमारतों का मोह छोड़ कर एक ऐसी जगह के लिए निकले जो शहर का हिस्सा भी हो और नहीं भी हो। हम इडर के दक्षिणी छोर तक गए जहाँ इक्का-दुक्का दुकानें अथवा मकान थे, हमें एक गाड़ियों के

गैराज़ तथा रद्दी कागज़ भंडार के नज़दीक खाली जगह दिखाई दी, जिससे होकर गुफ़ानुमा पहाड़ियों की तरफ़ जा सकते थे, हम उस तरफ़ बढ़ चले।

इसे अरावली का उद्गम कहना तो विवादों को आमंत्रित करना होगा। इसे मात्र आरंभ कहा जा सकता है, उद्गम की चर्चा हम अंत में करेंगे। यहाँ की चट्टानें अलग किस्म की हैं। ऐसा लगता है कि धरती पर इन्सान सबसे पहले यहीं आकर बसे होंगे जब वे गुफ़ाओं में रहते थे। आखेट उनका मुख्य काम था। शायद इन्हीं चट्टानी गुफ़ाओं में आदिमानव ने साँसें ली हों! कल्पना करने में हर्ज़ ही क्या है? जब दुनिया के सबसे प्राचीनतम पर्वत शृंखला के एक छोर पर हम खड़े हैं, जिनकी उम्र पाँच लाख साल पुरानी आँकी जाती है। इडर में चट्टानें भूरे रंग की हैं, उनमें बनी गुफ़ाओं को देखकर अशोक जी बोले—"आदिमानव ने शायद इन्हीं में निवास किया होगा।" लगा तो हमको भी कुछ कुछ ऐसा ही।

गुफ़ाओं से याद आया कि जब इडर पर भील राजा मांडलिक का अधिकार था, तब इन्हीं गुफ़ाओं में गुहादित्य का जन्म हुआ था, जिससे गुहिल वंश चला था। बाद में इस वंश ने यहाँ अधिकार स्थापित कर लिया, इन्हीं के वंशज बप्पा रावल को मेवाड़ साम्राज्य की स्थापना का आदि पुरखा माना जाता है। कहते हैं कि 1729 ईस्वी में इडर मारवाड़ के राठौड़ों के अधिकार में आ गया था, शायद दौलत सिंह आखिरी राजा रहा होगा, उसके बाद से ये गढ़, किले वीरान होकर पर्यटकों की पसंद के स्थल बन गए हैं।

इडर के महल के आस-पास के इलाके में ग्रेनाइट खनन सम्बन्धी गतिविधियों के फैलाव से इन जर्जर हो चुके महलों और अन्य ऐतिहासिक इमारतों का अस्तित्व संकट में है, स्थानीय निवासियों में से कुछ लोग इसे बचाने की कोशिश में जुटे हैं, जबकि अधिकतर लोगों का कहना है कि जब राजा के वंशजों ने ही यह जगह बेच डाली हो तो बिकी विरासतों को लोग कैसे बचायेंगे?

गुफ़ाओं वाली पहाड़ियों का सफ़र आसान नहीं था, चढ़ना मुश्किल रहा, समस्या तो वहाँ पड़े कचरे और गंदगी ने पैदा की थी, जगह-जगह पर बीयर की बोतलें और प्लास्टिक वेस्टेज थी। रही-सही कसर खुले में शौच मुक्त भारत की संकल्पना से मुक्त लोगों के कृत्यों ने पूरी कर डाली। कदम सोच-सोच कर रखने पड़ रहे थे ताकि किसी के शौच पर न पड़ जाएँ।

जैसे-तैसे हम ऊपर तक पहुँचे। हीर जी गाड़ी में ही ठहर गए थे। हॉर्न

तकलीफ़ देने लगा था, जहाँ बजना होता वहाँ मौन रहता और जहाँ ज़रूरत नहीं होती वहाँ मुखर हो जाता था, ऐसे में उन्होंने तय किया कि वे अरावली की अभ्यर्थना नहीं करेंगे बल्कि सड़क पर गाड़ी की आरती उतारेंगे। मुझे हल्की-सी झुँझलाहट हुई कि पहले ही दिन गाड़ी परेशान करने लगी है। यह तो 'प्रथम ग्रासे मक्षिका पाते'...वाली गत हुई, पर हीर जी बिना गुस्से के गाड़ी की सेवा में लगे रहे।

मैं, अशोक जी और ललित सावधानीपूर्वक चलकर ऊपर तक पहुँचे। एक ठीक-ठाक जगह पाकर मैंने अरावली के प्रस्तर खण्डों के समक्ष हाथ जोड़े, संक्षिप्त सी प्रार्थना की, सिर नवाया और आरम्भ का एक फ़ोटो खिंचवाया। उसी रीति से धीरे-धीरे नीचे उतरे, इडर शहर में होते हुए आगे बढ़े, इडर से अम्बा जी की तरफ़ आते हुए पहाड़ियों पर जुली फ्लोरो ही दिखाई पड़ते रहे, जिससे मन को वेदना हुई, यह विलायती बबूल भी एकदलीय तानाशाह जैसा है, किसी और को अपने इर्द-गिर्द पनपने ही नहीं देता।

रोड के किनारे दोनों तरफ़ प्लास्टिक का कचरा बिखरा पड़ा है। छोटी-मोटी झाड़ियों में भी यह प्लास्टिक फँसा रहेगा, यह प्लास्टिक बड़ी आफ़त है। ज़मीन के लिए और जानवरों के लिए भी। गाय, भैंस, बैल आदि घास चरते वक्त अक्सर प्लास्टिक खा जाते हैं और जब बहुत सारी प्लास्टिक खा लेते हैं तो उससे उनकी मौत हो जाती है। मरे हुए जानवरों के पेट से प्लास्टिक के गुच्छे निकलते हैं। गाय की रक्षा का दावा करने वाले गौरक्षकों व गौ भक्तों के लिए प्लास्टिक कचरा चिंता का सबब नहीं है। वे तो सिर्फ़ विधर्मियों से गाय की रक्षा करते हैं, प्लास्टिक से नहीं, जबकि गौ कशी से ज़्यादा गायें तो भूख के चलते प्लास्टिक खा कर मर रही हैं।

यहाँ की मिट्टी पीली है। फ़सलों के नाम पर यहाँ बीटी कोटन की बुआई हर तरफ़ दिखती है। वैसे चना, गेहूँ, सौंफ़, तुअर, मकई की फ़सल होती है, खेतों में हल्दी और अरबी के पत्तों को देखकर उनकी खेती का भी अंदाज़ा लगा, अरंडी के भी खेत के खेत खड़े दिखे। इतनी अरंड एक साथ मैंने तो पहले कहीं नहीं देखी। संस्कृत साहित्य में पढ़ा वो श्लोक याद हो आया कि जहाँ वृक्षों की कमी होती है, वहाँ अरंड ही पेड़ों का राजा होता है।

तम्बाकू के चौड़े-चौड़े पत्ते भी दिखे, मटर, गन्ना और गोभी तथा वालोर की फली की बेलें बहुतायत में थीं। रास्ते भर बांस, नीम, पीपल, बरगद, बेर,

टिकर (शाल) ताड़, करंज, शीशम, खजूर, रुंज, सिरस और कुम्भटिया के दर्शन होते रहे। मिट्टी के कवेलु वाले घर खेतों के बीच में बने हुए यदा-कदा नज़रों के सामने आते रहे। पशुपालन की बात की जाये तो देशी गाय के बजाय अधिक दूध का दोहन करवाने वाली जर्सी गायें ही पालते लोग मिले, कुछ स्थान भैंसों ने अभी तक घेरा हुआ है। भेड़, बकरियों की तो कोई गिनती ही नहीं है, उनके रेवड़ सड़क का से थोड़ी दूरी पर चरते हुए मिलते रहे। इडर के बाद वडाली आया जहाँ पर सड़क का काम चल रहा था इसलिए काफ़ी धीमे चलना पड़ा। हाईवे पर एक जगह रुक कर हमें गाड़ी का हॉर्न ठीक करवाना पड़ा। बहुत सारी जगहों पर नई पुरानी कारों की सेल लगी हुई थी। कुछ साल बाद इस तरह के ठोस कचरे के निस्तारण का मसला भी बड़ा हो जायेगा, तब क्या स्थिति होगी?

दौलतसी का महल

इडर में पहुँचते ही दूर से ही पहाड़ी पर कुछ इमारतें दिखने लगती हैं। यह अरावली के पहाड़ पर स्थित इडरिया किला है, जिसके मुख्य प्रवेश द्वार पर राजा दौलत सिंह का बोर्ड लगा हुआ है, हालाँकि यह दरवाज़ा तो शायद बरसों से बंद ही है, पास में स्थित वैकल्पिक रास्ते से इसमें घुसा जा सकता है। लोग भले ही इसे इडरिया किला कहते हों और शादी के मौकों पर तोरण की रस्म के बाद 'इडरियो गढ़ जीत्यो रे...' जैसे गीत गाते हों, लेकिन ऑन रिकॉर्ड यह राजा दौलत सिंह पैलेस है।

राजा-महाराजाओं के अन्य महलों की भाँति यह तिमंज़िला पैलेस भी अपनी आभा खो चुका है। खिड़की-दरवाज़े तो वक्त के साथ ख़त्म हो गए अथवा लोग उखाड़ ले गए, दीवारें भी काली पड़ चुकी हैं। अब इन दीवारों पर निराश, हताश और विफल प्रेमी अपनी एक पंक्ति की प्रेम गाथा सचित्र उकेर देते हैं। संभवत: सदियों से यह सिलसिला जारी है, मुख्यत: यह काम युवक करते हैं, युवतियाँ दीवारों पर नहीं दिलों में अपने प्रेम आख्यान रचती हैं और दिमागों पर चित्र उकेर देती हैं, लेकिन यहाँ तो युवकों के कारनामों से दीवारें अटी पड़ी हैं, जगह-जगह पर दिल के त्रिकोण प्रतीक के मध्य लड़के के संग लड़की का नाम प्रकाशित है।

इन अनाम प्रेम कथाओं के नायक-नायिकाएँ अज्ञात होते हैं, वे ढूँढ़े से भी नहीं मिलते, इनमें से अधिकांश युगल टीन एजर्स होते हैं, कुछ ज़िद्दी प्रेमी जिनकी प्रेमिकाओं की शादी कहीं और हो चुकी होती है और वे बारिश के

मौसम में गुनगुनाते रहते हैं—'तुम तो होगी अपने साजन की बाँहों में...' राजा के महल की जर्जर दीवारें अब भी प्रेमियों के संग साथ का भार उठा रही हैं, बहुत से प्रेमियों ने अपनी प्रेम कहानियों को इन खँडहरों की दीवारों पर लिख छोड़ा है, ऐसा पीढ़ी-दर-पीढ़ी चलता रहता है।

रूठी रानी का महल

राजा दौलत सिंह जिसे लोग अब दौलतसी कहते हैं उसके महल से और ऊपर एक टेकरी पर रूठी रानी का महल है। इसे स्थानीय लोग रूठी रानी का मलिया बोलते हैं, यह शब्द महल मालिया से बना होगा, जो हमारी बोली में सहजता से बोला जाता रहा है। यहाँ तक पहुँचने का रास्ता और भी विकट है, सीढ़ियाँ, चट्टानें, मिट्टी की सड़क और बिखरे हुए पत्थरों से होते हुए अंत में शिखर पर पहुँचने पर यह महल आता है, जो किसी रूठी रानी के लिए राजा ने बनवाया था, ऐसा यहाँ के लोग बताते हैं।

ऊपर से बहुत खूबसूरत नज़ारा है। यह रानी भी ग़ज़ब थी, रूठ कर इस महल पर आकर खूबसूरत नज़ारे देखती थी, पर अगली ही घड़ी यह ख़याल मन को घेर लेता है कि इन रानियों के रूठने का रियाया पर कितना भयंकर असर पड़ता रहा होगा। पता नहीं किस बात पर रानी राजा से रूठी और इस विकराल विषम पहाड़ी पर चढ़ बैठी, फिर उसको खुश करने के लिए यह महल बनाना पड़ा, कितने मज़दूर इस काम के लिए मजबूर किये गए होंगे? कैसे वो रेत, पत्थर, चूना और पानी, लोहे और लकड़ी के सामान को इतना ऊपर ले गए होंगे, जबकि आज बिना सामान उठाये भी यहाँ तक पहुँचना कठिन है।

ये रानियाँ क्यों रूठती थीं? फिर उनके नाम पर महल और बावड़ियाँ कौन बनाता था, इतिहास में तो लिखा है कि राजा, महाराजा, नवाब, सुल्तान या बादशाह सलामत यह काम करते थे, पर करते तो न होंगे, करवाते होंगे और वो भी ज़ोर-ज़बरदस्ती से या अनाज के बदले काम योजना के तहत। ऐसी ही एक बावड़ी मैंने राजस्थान के अलवर ज़िले के माचाडी गाँव में देखी थी जिसका नाम भी रूठी रानी की बावड़ी है।

इडर से प्रस्थान

इडर से बाहर निकले तो एक तालाब दिखा, जिसका पानी सूख चुका था। एक मन्दिर भी बना हुआ है। जहाँ-जहाँ भी पानी होता है, वहाँ-वहाँ सभ्यताओं का

निवास होता है और जहाँ-जहाँ इन्सान होता है, वहाँ-वहाँ धर्म स्थल आवश्यक रूप से होते ही हैं। ऐसा लगता है कि धर्म के बिना इन्सान नहीं और इन्सान के बिना धर्म नहीं, दोनों ही एक-दूसरे पर आश्रित हैं, पर जैसे ही पानी सूखने लगता है इन्सान उजड़ने लगता है और धर्म स्थल उजाड़ हो जाते हैं। यहाँ भी पानी के अभाव में सारी रौनक ख़त्म हो गई है, शायद शाम को चौपाटी पर भी कम लोग आते होंगे। हमें निरंतर सूखते जा रहे पानी की चिंता करनी होगी। इडर से निकल कर एक उपनदी बनास में आ कर मिलती है, बरसात में खूब बहती है, मार्च आते-आते सूख जाती है।

खेड़ ब्रह्मा से गुणभाखरी

इडर से गम्भीरपुरा, मथासुर, वडाली होते हुए हम खेड़ ब्रह्मा तक आ गये, यहाँ से राईट टर्न लेकर हम सम्पर्क सड़क की तरफ़ बढ़े, हालाँकि हमें बताया गया कि यह भी प्रादेशिक राजमार्ग ही है। खेरोज, मतोडा, टेबडी, टेबडा, लम्बाडिया, खरनिया, मतरवाडा होकर गुणभाखरी जायेंगे, जो खेड़ ब्रह्मा तहसील ज़िला बनासकांठा गुजरात का एक गाँव है।

जब खेड़ ब्रह्मा से यहाँ के लिए मुड़े तो पानी की दो टंकियाँ ऐसी दिखाई पड़ीं जैसे ऊँचाई पर बड़ा सा मशरूम उग आया हो, यहाँ लम्बे सींग वाली देशी गाय खूब हैं। गुजरात में चार तरह की देशी गायें मिलती हैं जिनको कांकरेज, डांगी, गिर और डगरी नामों से जाना जाता है। डगरी यहाँ की पारम्परिक नस्ल है, जिसे गुजराती मालवी गाय भी कहा जाता है। डगरी का मतलब ही देशी अथवा स्थानीय होता है, हालाँकि यह गिर के मुकाबले काफ़ी कम दूध देती है।

अशोक जी ने बताया कि वैसे तो खेड़ ब्रह्मा नदी का नाम है परन्तु यहाँ ब्रह्मा जी का मन्दिर भी है। मैंने प्रतिवाद किया कि विश्व में एकमात्र ब्रह्मा मन्दिर तो पुष्कर में है। उन्होंने कहा कि आपको देश भर में बहुत सारी जगह ब्रह्मा मन्दिर मिलेंगे, हर जगह का यही दावा रहता है कि मात्र उनके यहाँ ही ब्रह्मा का मन्दिर है। हमें मन्दिर में जाने का समय नहीं था। हमने सोचा कि रात होने से पहले हम चेतर-वेतर का मेला स्थल देख लें। इसलिए चलते रहे। बीच में एक नालानुमा नदी और गुज़री। बोर्ड नहीं था, इसलिए नाम पता नहीं चल पाया। सड़क की दोनों तरफ़ अरावली की पहाड़ियाँ सघन होती जा रही थीं। ऐसा लगता है कि जैसे पहाड़ काट कर यह हाईवे निकाला गया है। एक और

नाला दिखाई पड़ा, वह भी बेनाम ही था, बहुत सी जगहों पर श्री योगेश्वर कृषि फ़ार्म के बोर्ड लगे मिले, यह पांडूरंग शास्त्री आठवले द्वारा स्थापित स्वाध्याय परिवार के लोगों द्वारा की जाने वाली सामूहिक खेती का प्रयोग है। आदिवासी विस्तार में धर्म तरह-तरह के उपकरणों पर सवार होकर पहुँचता है और प्रकृति पूजक आदिवासियों को धार्मिक और कथित रूप से सभ्यता व मुख्यधारा में ढालने की कोशिशें करता रहता है।

पूरे रास्ते इको गाड़ियाँ खूब मिलीं, शायद इस इलाके की सार्वजनिक परिवहन की सबसे पसंदीदा यही गाड़ी है। खेरोज पहुँच कर हमने दूसरा रूट ले लिया, यहाँ से कोटड़ा (उदयपुर, राजस्थान) 27 किलोमीटर, लाम्बडिया 8 किमी. और उदयपुर 150 किलोमीटर दूर होने का एक बोर्ड लगा हुआ था। थोड़ा ही चले कि टेबडी नामक गाँव आया, मुझे उम्मीद थी कि अब टेबडा आयेगा और वो आ गया। अक्सर गाँव अकेले नहीं आते, युग्म की तरह आते हैं। गाँवों के जोड़े होते हैं, गाँव के नाम अकेले नहीं बोले जाते, पड़ौस के गाँव का नाम भी साथ बोला जाता है ताकि गाँवों को अकेलापन न सताए। डेबका भी आया और फिर खरनिया और लाम्बडिया जैसे बड़े गाँव आये। हालाँकि लाम्बडिया ही अधिक बड़ा माना जा सकता है, गाँव भी तो बदल रहे हैं, वे भी अब गाँव नहीं रहे हैं, उनका क़स्बाकरण हो चुका है, मतरवाडा से एक और मोड़ पर मुड़े जिसने हमें देलवाड़ा पहुँचाया और वहाँ से चेतर वेतर के मेला स्थल की तरफ़ हमारी गाड़ी बढ़ चली।

रास्ते में गाते-बजाते रंग-बिरंगे परिधान में आदिवासी लोग मिले, जिनके सिर पर देवता की मूर्तियाँ थीं। मैंने अशोक जी से पूछा कि ये लोग मूर्तियाँ सिर पर लेकर कहाँ जा रहे हैं? उन्होंने बताया कि यह समय देवताओं के नवीनीकरण का है, पुरानी मूर्तियाँ हर साल बदल दी जाती हैं, नई मूर्तियाँ लाई जाती हैं, जिनको स्थापित होने तक नीचे नहीं रखा जायेगा, ये लोग इस दौरान कोई भी व्यसन नहीं करेंगे, जिन्होंने देवताओं को आमंत्रित किया, उनके यहीं भोजन करेंगे, अभी देवताओं का सीजन चल रहा है, लोग धूप-दीप करते हुए चल रहे हैं, जयकारा लगाया जा रहा है, महिलाएँ गीत गा रही हैं, सबने नए वस्त्र पहने हैं। देवता उठाये लोगों के गले में पुष्प हार है, बड़ा मनोरम दृश्य है। ललित ने फुर्ती दिखाते हुए फ़ोटो खींच लिया। हीर जी और ललित की कैमस्ट्री बेहतर है, जैसे ही कोई फ़ोटोजेनिक दृश्य आता है, वो गाड़ी को धीमा कर देते हैं और ललित

फट से फ़ोटो खींच लेता है। मेरी और अशोक जी की बातचीत जारी रहती है।

मतरवाडा से देलवाड़ा के मध्य साबरमती नदी का पुल आया। बच्चे नदी के किनारे पर नहा रहे थे, किसान इंजिन से पानी खींच रहे थे ताकि फ़सलों की सिंचाई की जा सके। गाँव में स्वाध्याय परिवार के घर मन्दिर भी दिखाई पड़े, लगता है इस इलाके में स्वाध्याय परिवार की काफ़ी मज़बूत उपस्थिति है।

चित्र-विचित्र का मेला और आकल-वाकल का संगम

प्रकृति के विविध रंगों और मनोहारी दृश्यों को देखते-देखते हम चित्र-विचित्र के मेला स्थल पहुँच गए। इसे ही यहाँ स्थानीय बोली में चेतर-वेतर का मेला कहा जाता है। यह स्थान गुण भाखरी ग्राम पंचायत का गाँव है। यहाँ आकल, वाकल और साबरमती नदियों का संगम है, इसी संगम स्थल को आदिवासी असली संगम मानते हैं। प्रयागराज का संगम तो पढ़े-लिखों का संगम है। भारत के गाँवों में तो हर वो जगह गंगा है जहाँ से पानी की धारा निकलती है और जहाँ भी दो या तीन नदियाँ मिलती हैं वह संगम है। यहाँ भी स्थानीय निवासी तीन नदियों के नाम नहीं बताते बल्कि कहते हैं यह गंगाओं का संगम है।

यहाँ पर एक मेला ग्राउंड बना हुआ है, धर्मशाला है, जो कार्यालय की तरह काम में ली जाती है। एक वाल्मीकि आश्रम भी बना हुआ है, जिसके दरवाज़े नहीं हैं, दीवार पर प्रेमी युगलों के नामों की भरमार है, हज़ारों जोड़ों के नाम एक दूसरे के ऊपर लिख दिए जाने से एकमेक हो चुके हैं। महादेव जी का एक मन्दिर है, जहाँ शिवलिंग स्थापित है, देखने पर लगा कि वही एक स्थान है, जो जीवंत है, जिसकी हर रोज़ पूजा होती है। नीचे नदियों की धाराओं के मिलन स्थल की तरफ़ बढ़े तो यह भी जाना कि यह मिलन की मेला स्थली भी है और अंतिम प्रस्थान का श्मशान घाट भी, योग और वियोग, मिलन और जुदाई सब रंग एक साथ देखकर भाव शून्यता की स्थिति पैदा हो गई। शाम ढलने लगी थी, यहाँ लगे बोर्ड पर चित्र-विचित्र की बहुत ही संक्षिप्त कहानी लिखी गई थी, जो अब पढ़ने लायक नहीं बची। हमारे मार्गदर्शक अशोक यादव जी ही यहाँ जानकारी का अंतिम विकल्प थे, कुछ बच्चे मेला मैदान में ज़रूर खेल रहे थे। उनसे पूछा पर वो कुछ भी बताने की स्थिति में न थे, शायद उनको जानकारी नहीं रही होगी अथवा हम अपरिचित लोगों को बताने में उनको सहजता नहीं होगी। ऐसा भी हो सकता है कि उनको अपने खेल में यह खलल बर्दाश्त नहीं हो रहा हो।

जो भी रहा हो हमने अशोक जी से ही जानना उचित समझा, तब उन्होंने बताया कि चित्र, विचित्र *महाभारत* के राजा शांतनु और उनकी दूसरी पत्नी सत्यवती के पुत्र थे, गंगा पुत्र भीष्म उनके बड़े भाई थे। भीष्म ने आजीवन शादी न करने का प्रण लिया था। उन्होंने चित्र, विचित्र के लिए स्वयम्वर से कन्याओं का हरण किया और अम्बा व अम्बालिका से उनका विवाह करवा दिया। भीष्म सत्यवती की सेवा निर्मल भाव से करते थे लेकिन चित्र व विचित्र को अपनी माँ सत्यवती और भीष्म के संबंधों को लेकर कुछ सन्देह पैदा हो गया, जिसका बाद में निवारण भी हो गया लेकिन दोनों भाई मन में आये इस संदेह से शर्मिंदा थे। उनको लगा कि उन्होंने बड़ा मनसा पाप किया है। वे इसका प्रायश्चित करना चाहते थे, इसके लिए उन्होंने ऐसी जगह तलाशी जहाँ पारस पीपल, कामधेनु गाय और खेती रहित भूमि हो, उनको गुण भाखरी का आकल, वाकल और साबरमती का यह संगम तीनों चीज़ों के रूप में एक जगह मिला। उन्होंने यहीं बैठकर तपस्या की और यहीं अग्नि में समा गए, ऐसा पौराणिक कहानी कहती है।

अब यह जगह गरासिया जन जाति का सबसे बड़ा मेला स्थल है। 31 मार्च और 1 अप्रैल को लगने वाले दो दिवसीय मेले में हज़ारों की तादाद में आदिवासी शरीक होते हैं। यह मेला शोक, उत्सव और प्रेम का भी त्रिवेणी संगम है, यहाँ आदिवासी लोग अपने मृत परिजनों की राख का विसर्जन करके शोक का अंत करते हैं और उसके बाद उनके जीवन में पुनः उत्सव शुरू होता है। जवान लड़के-लड़कियों के लिए यह मेला अपने प्रेम सम्बन्धों के प्रारम्भ का प्रस्थान बिंदु बन जाता है।

शाम ढलने लगी थी, अरावली की पहाड़ियाँ अब और बड़ी नज़र आने लगीं, कई परतें बन गई थीं। हम वापस चले, इस बार अम्बा जी होते हुए जाना था, वापस उसी रास्ते से खेड़ ब्रह्मा पहुँचे और वहाँ से रास्ते में अम्बा जी का स्थान आया। भक्तों की भारी भीड़ थी, हमने अम्बाजी के मन्दिर में जाने के बजाय उनको बाहर से ही प्रणाम किया और आगे बढ़ चले।

राजस्थान का पहला गाँव

रतनपुर बॉर्डर क्रॉस किया और हम आ पहुँचे राजस्थान के पहले गाँव छापरी में, यहाँ पर जन चेतना संस्थान के साथ लम्बे समय से कार्यरत सामाजिक कार्यकर्ता

रणछोड़ देवासी के घर गए। रणछोड़ भाई उस वक्त घर पर नहीं थे, वे काम के सिलसिले में बाहर गए हुए थे। उनका परिवार वहीं था, यह गाँव सुरपगला पंचायत का हिस्सा है। रणछोड़ जी का परिवार खेती और पशुपालन में सिद्धहस्त है, दूध का व्यवसाय करते हैं, काफ़ी सारी भैंसें पाली हुई हैं। हम जब वहाँ पहुँचे तो दुहारी (दूध दुहने) का समय हो चला था, ताज़े दूध की चाय मिली और राजस्थान के पहले गाँव में भावभीना स्वागत हुआ। इसका सारा श्रेय अशोक जी को जाता है, हमें तो रणछोड़ जी के अलावा कोई पहचानता भी नहीं और वो ही घर पर नहीं थे, लेकिन अशोक जी को तो घर के वृद्ध, महिलाएँ, जवान और बच्चे तक जानते थे, उनके साथ मेहमान बनने से अच्छी-खासी आवभगत हुई। चाय से तरोताज़ा होकर हम सीधे आबू रोड को चले। शाम का धुंधलका छाने लगा था, आज का रात्रि विश्राम भी निर्मल सौरभ आश्रम में तय था। अशोक जी को आकरा भट्टा स्थित उनके निवास पर छोड़ कर हम आश्रम पहुँच गए। कल की ही तरह आज भी डिनर बेहद स्वादिष्ट था, थकान काफ़ी थी, जल्दी ही पलकें मुँद गईं, रात में करवट बदलने का भी ख़याल नहीं रहा। गहरी नींद के आगोश में समा गये ताकि सुबह जल्दी उठ सकें।

दूसरा दिन

बीस हज़ार साल पुरानी मानव सभ्यता—चन्द्रावती नगरी

भद्रकाली मन्दिर, उमरनी

आज सफ़र का दूसरा दिन है, सुबह-सुबह तैयार होकर मैं और ललित पैदल ही निकल गए। मोर्निंग वाक् भी हो जायेगी ऐसा सोचा था और माउंट आबू की तराई के कुछ ऐतिहासिक स्थलों का भ्रमण भी होना था। हीरजी को गाड़ी आगे लाने को बोल दिया। आश्रम की संचालिका रेखा बहन को धन्यवाद दिया, वहाँ के तगड़े कुत्तों को दूर से ही बाय-बाय कहा और चल पड़े। लगभग आठ सौ मीटर की दूरी पर एक प्राचीन इमारत में घुसे, बाहर काफ़ी सारे बन्दर कूद रहे थे, आवारा छोड़ दी गईं गायों का झुण्ड चर रहा था। बोर्ड लगा था—'भद्रकाली मन्दिर, उमरनी!, श्री देव स्थान बोर्ड-सिरोही'। इस जगह के पीछे इस मन्दिर का मूल स्वरूप विद्यमान है जो ईंटों से निर्मित है। ऐसी ईंटें मैंने बहुत सारे बौद्ध स्तूपों पर देखी थीं। नया मन्दिर बाद में बना होगा, लेकिन मूर्तियाँ काफ़ी प्राचीन हैं, वहाँ मौजूद पुजारियों से बात की तो उन्होंने हज़ारों साल प्राचीन होने का दावा किया और यह भी बताया कि इस स्थल पर स्वामी विवेकानंद भी आकर तपस्या कर चुके हैं। मुझे इस बात से कोई एतराज़ नहीं था कि विवेकानंद यहाँ आये होंगे, आश्चर्य इस बात का था कि भद्रकाली का आम तौर पर राजस्थान में नाम भी नहीं सुनाई पड़ता, मन्दिर तो दूर की बात है। एक और बात यह समझ में आई कि इस मन्दिर के दर्शनार्थ अधिकांशत: गुजराती लोग आते हैं, जिनकी सामने ही सड़क पर कुछ ऊँचाई पर धर्मशाला बनी हुई है। भद्रकाली का इतिहास कुछ अधिक ज्ञात नहीं हो पाया, मन्दिर में साहित्य के नाम पर काली माँ की आरती आदि की पुस्तिका ज़रूर थी। मन्दिर के एक

तरफ़ दक्षिणी–पूर्वी कोने पर नाथ जोगियों जैसा धुणा लगा हुआ था, शायद साधु लोग जो आते होंगे, वे यहाँ बैठकर तपस्या करते होंगे।

राजा अम्बरीश का ऋषिकेश

थोड़ा–सा चलने पर ऋषिकेश आ गया। लोग इसे यहाँ ऋषिकेश ही बोलते हैं, यहाँ अमरावती के राजा अम्बरीश द्वारा बनवाया गया विष्णु मन्दिर है। मन्दिर सिरोही के पूर्व राज परिवार द्वारा स्थापित श्री देवस्थान बोर्ड के अंतर्गत संचालित होता है, हर मन्दिर पर एक मुनीम बैठा हुआ है, जो दान की रसीद देता है और दान पात्र पर भी नज़र रखता है। इस मन्दिर के अहाते में टेबल–कुर्सी लगाकर रसीद बुक लिए बैठे व्यक्ति का नाम हज़ारी लाल है। इनकी उम्र 60 साल है। ये पिछले 25 सालों से यहाँ मुनीम हैं, जब उनसे मन्दिर के इतिहास के बारे में पूछा तो बोले कि यह आठ हज़ार साल पुराना मन्दिर है, जिसे राजा अम्बरीश ने बनवाया था। उनका यह भी कहना था कि भद्रकाली अम्बरीश की कुल देवी थीं, उनका मन्दिर भी राजा अम्बरीश ने ही हज़ारों साल पहले बनवाया था। हालाँकि मन्दिर की बनावट और शेष सभी चीज़ें देखने से यह लगभग दो हज़ार साल पुराना लगता है पर आठ हज़ार साल पुराना तो कदापि नहीं, मन्दिर की मूर्तियों पर बौद्ध प्रभाव बहुत स्पष्ट दिखाई पड़ता है, कुछ प्रतिमाएँ तो गौर से देखने पर बौद्ध मूर्तियाँ ही लगती हैं।

इस मन्दिर के पास कर्निकेश्वर महादेव मन्दिर और एक बावड़ी भी स्थित है। सामने वालीयंटर सफ़ाई में लगे हैं, वे एक प्राचीन कुंड को अनावृत करने की कोशिश कर रहे हैं, हमने उनसे बात करने की कोशिश की। वे सब भगवा दुपट्टा लगाये हुए थे। मुझे लगा कि किसी दक्षिणपंथी संगठन के कैडर होंगे, परन्तु उनकी बातचीत से लगा कि वे स्वतंत्र मिज़ाज के धार्मिक युवा थे, जो हफ़्ते दस दिन में उत्साहपूर्वक आ जुटते थे और इस कुंड की सफ़ाई में लग जाते थे। इन्होंने बताया कि पांडव यहाँ आये थे और उन्होंने यज्ञ किया था, यह उनका यज्ञ कुंड है। इस स्थान पर एक शिव मन्दिर भी है जो अब भग्नावशेष के रूप में ही मौजूद है। हमने काफ़ी समय यहाँ गुज़ार लिया था। आज बहुत सारी जगहों पर जाना था, इसलिए जल्दी निकलना पड़ा। हमने आकरा भट्टा से अशोक यादव जी को लिया और आबू रोड की छोटी गलियों से गुज़रते हुए राष्ट्रीय राजमार्ग से कुछ ही दूर स्थित चन्द्रावती नगरी की तरफ़ बढ़ चले।

चन्द्रावती सभ्यता

अब अशोक जी गाड़ी की फ्रंट सीट पर थे, कोई दिक्कत नहीं थी, उनके अनुभव और जानकारियों का लाभ हमें मिलने वाला था। अशोक जी ने रोड से ही बताना शुरू कर दिया था। उन्होंने बताया कि इस रोड, रेलवे लाइन और इण्डस्ट्रीरियल एरिया ने चन्द्रावती साइट को बर्बाद करने में कोई कमी नहीं छोड़ी, बहुत कुछ खुर्दबुर्द हो चुका है। हालाँकि जो बचा रहा, वो भी कुछ कम नहीं छोड़ी है। अंग्रेज़ों के ज़माने में बिछाई गई रेल लाइन के लिए यहाँ से बहुत सी सामग्री ले जाई गई, जिसमें बहुमूल्य पुरा संपदा भी थी, बाद में सिरोही में आई बाढ़ में भी इस नगरी के काफ़ी अवशेष बह गए।

हमने लगभग 6 किलोमीटर का सफ़र किया होगा कि हम इस पुरातात्विक स्थल पर पहुँच गए, जहाँ पर बहुचर्चित प्राचीन सभ्यता चन्द्रावती के भग्नावशेष मौजूद हैं। हमने गाड़ी एक तरफ़ खड़ी कर दी और पैदल ही अन्दर घूमना तय हुआ, अन्दर जाकर जो देखा वह दुखदायी था। यह जगह बहुत बेतरतीब थी। तारबंदी के बावजूद लोग लकड़ी लेने, टॉयलेट करने के लिए यहाँ आते हैं, यहाँ तक कि उत्खनित साइट्स और भग्नावशेष मन्दिरों तक पर लोगों ने मल-मूत्र विसर्जन कर रखा था, जगह-जगह फेंकी हुई बियर और दारू की बोतलें यह बताने के लिए काफ़ी थीं कि इस साइट को दारू पीने का अड्डा बनाया जा चुका है।

चन्द्रावती जैसी वैभवशाली पुरा नगरी की ऐसी दुर्दशा देखकर मन क्लांत हो गया। किसी भी साइट की ऐसी बेकद्री मैंने कहीं नहीं देखी। यहाँ पर निकली धातुओं, मुद्राओं, पात्रों और प्रतिमाओं, खिलौनों, मृदा भांड, हड्डियाँ, दाँत, दाढ़, चूना भट्ठी, धातु की अंगूठी सहित अन्य वस्तुओं को साइट पर ही स्थित संग्रहालय में संग्रहित किया गया है, हमने म्यूज़ियम देखा और कुछ जानकारियाँ गार्ड अमृत लाल बालोत से भी प्राप्त कीं, कुछ जानकारियाँ म्यूज़ियम से हासिल हुईं, जिससे चन्द्रावती नगरी के स्वर्णिम अतीत की झलक मिल पाई।

अशोक जी ने चन्द्रावती नगरी के बारे में बताया कि यह बनास की सहायक नदी सेवरणी के तट पर विकसित हुई सभ्यता है, वर्तमान में यह 50 हेक्टेयर के क्षेत्र में फैली हुई है। यहाँ 11-12वीं शताब्दी में परमार राजाओं की राजधानी थी, यहाँ परमार वंश के यशोधवल और धार वर्ष जैसे प्रतापी राजाओं के शासन करने के प्रमाण मिलते हैं, परमारों के बाद यह देवड़ा राजपूतों के

कब्ज़े में रही, चूँकि यह दिल्ली गुजरात का मुख्य मार्ग था, इसलिए बार-बार आक्रमण होने से उजड़ गई। जैन ग्रन्थ बताते हैं कि यहाँ 19 जैन मन्दिर थे, जबकि किंवदंती यह भी है कि इस नगरी में एक हज़ार धर्म स्थल रहे हैं। ऐसी भी मान्यता है कि महान सम्राट अशोक के बौद्ध संघ में प्रवेश के पश्चात् उनके उत्तराधिकारी कुणाल मौर्य बने थे, उनके दो पुत्र थे जिनमें राज्य बाँटा गया, एक दशरथ मौर्य जिनको पूर्वी भाग मिला तथा दूसरे सम्प्रति मौर्य जिनको उज्जैन का पश्चिमी इलाका मिला। सम्प्रति वे जैन धर्म को मानने लगे थे, उनके शासन काल में सिरोही राज्य में कई जैन मन्दिरों का निर्माण होने की बात विभिन्न ग्रंथों में लिखी गई है। चन्द्रावती नगरी के जैन मन्दिर भी सम्प्रति मौर्य के समय के हो सकते हैं, नारलाई, नाडोल तथा कुम्भलगढ़ दुर्ग में स्थित जैन मन्दिर भी सम्प्रति द्वारा बनवाये गए हैं, ऐसा उल्लेख आता है।

कर्नल जेम्स टॉड ने 1822 में इस नगरी की खोज की थी, टॉड अपनी किताब *ट्रेवल्स इन वेस्टर्न इण्डिया* में लिखते हैं कि इस नगरी में विभिन्न आकार वाली 20 भव्य इमारतें हैं और उच्च कोटि के मन्दिर हैं, जिनके भीतरी भाग व गुम्बद की सूक्ष्म कलाकारी देखने योग्य है।

चन्द्रावती नगर के पश्चिमी भाग में कोई किला रहा होगा, जिसका फैलाव 26 बीघा में है, मध्य भाग धार्मिक स्थलों का है, जिसमें बहुत सारे हिन्दू व जैन मन्दिर हैं। माना जाता है कि यहाँ 999 मन्दिर थे, जो बार-बार के आक्रमण और लूटों की वजह से स्मृति शेष हो गये, कुछ के अवशेष बचे रह गए जो उत्खनन में पाए गए हैं।

यहाँ प्रयोग की गईं ईंटें लाल और बड़े आकार की हैं, इस प्रकार की ईंटें बौद्ध कालीन स्मारकों पर बहुतायत में इस्तेमाल की गई हैं। पूर्वी भाग में दो किले और मिले हैं, लेकिन वे छोटे हैं। उत्खनन में तीन विशाल भवन पाए गए हैं जिनके एक कमरे में अनाज के जले हुए बीज और अनाज पिसाई की घट्टी के अवशेष मिले हैं। म्यूज़ियम में घोड़े व मनुष्यों की मिट्टी की मूर्तियाँ मिली हैं, अन्य सामान जो मिला है वो भी मिट्टी अथवा लोहे से बना हुआ है। यहाँ मिली मूर्तियों में तीन मुँह वाली त्रियम्बक प्रतिमा, घुटने के बल बैठी 20 भुजाओं वाली महिला की प्रतिमा विशेष है।

पूर्वी अरावली में अवस्थित यह सभ्यता अगर सही रूप से उत्खनित की जाये तो इतिहास के कई अज्ञात पहलु उभर कर सामने आ सकते हैं। इतिहासकार

चन्द्रावती नगरी को लेकर अलग-अलग दावे करते हैं। इसका समय निर्धारण काफ़ी जटिल प्रक्रिया है, लेकिन यह माना जाता है कि इसका उत्थान परमार शासकों ने किया और पतन 1395 में गुजरात के सुल्तान के भयंकर हमले से हुआ। देवड़ा राजपूतों ने वीरता से लड़ाई की पर अंततः उन्हें भी पीछे हटना पड़ा, जब देवड़ाओं का यहाँ आधिपत्य हुआ तब उन्होंने राजा अम्बरीश की राजधानी अमरावती को अपनी राजधानी बनाया जो वर्तमान में उमरनी कहलाती है।

यहाँ मिले अभिलेख और ताम्रपत्र माउंट आबू स्थित म्यूज़ियम में रखे गए हैं। कहते हैं कि यह परमार राजवंश की राजधानी है, जिनको बाद में देवड़ा राजपूतों ने हरा दिया। संभवतः यह नगर ग्यारहवीं व बाहरवीं सदी में काफ़ी समृद्ध और सुव्यवस्थित रूप से आबाद रहा और बाद में इसका पतन हो गया। इस तरह से तो यह सभ्यता उतनी प्राचीन नहीं कही जा सकती है, जितनी पुरानी होने की बात कही जाती है, लेकिन इसमें एक पेंच यह भी है कि वर्तमान में मिली चन्द्रावती नगरी के नीचे एक और सभ्यता के अवशेष भी पाए गए हैं जो उसे छठी से नौवीं सदी का साबित करते हैं। इतिहास यह भी है कि इस नगर की स्थापना 57 ईसा पूर्व में मौर्य वंश के एक शासक पांडु द्वारा की गई थी, लेकिन पाषाणकालीन उपकरण और भित्ति चित्र उसे सिन्धु घाटी सभ्यता से भी प्राचीन बताते हैं।

चन्द्रावती नगरी के पुरा अवशेषों का सुव्यवस्थित खनन और यहाँ से निकलने वाली पुरा संपदा का उचित रख-रखाव बहुत आवश्यक है, चन्द्रावती नगरी की सभ्यता के बारे में जानकर जितना अच्छा लगा, उतना ही बुरा उसके आज के हाल को देखकर लगा। जिस इतिहास पर हम गर्व करते हैं और उसके लिए लड़ते रहते हैं, मारकाट मचाते हैं, उस इतिहास को बचाने के प्रति हमारी कितनी उदासीनता और निर्ममता है, यह चिंता की बात है। हालाँकि यहाँ पर पुरातत्व विभाग द्वारा चन्द्रावती आर्ट गैलेरी का निर्माण किया गया है, जिसमें पुरा स्थल से प्राप्त अवशेषों को प्रदर्शित किया गया है। जो अच्छी बात है।

भूला वालोरिया का भील विद्रोह

धूप तेज़ हो रही थी, लेकिन हमको अशोक जी के सान्निध्य का पूरा लाभ लेना था, इसलिए हम रोहिड़ा की तरफ़ चल पड़े। रोहिड़ा वही इलाका है जहाँ से स्वाधीनता संग्राम के सैनानी मोती लाल तेजावत ने एकी आन्दोलन शुरू किया

था। राजस्थान के प्रसिद्ध इतिहासकार गौरी शंकर ओझा भी यहीं के निवासी थे, जिनकी चर्चा हम आगे करेंगे। कहते हैं कि सत्यवादी राजा हरिश्चन्द्र के पुत्र रोहिताश्व जिसे यहाँ की बोली में राहिड़ा कहा जाता है, उसके नाम से इस गाँव का नाम रोहिड़ा पड़ा है।

हम गाँव पार करके लीलुड़ी बडली तक गए, यह एक बरगद का पेड़ है जो एक तालाब की पाल पर स्थित है। लीलुड़ी बडली का मतलब होता है हरा बरगद, इसके पास ही एक बावड़ी मौजूद है, जब हम लोग लीलुड़ी बडली के नीचे खड़े होकर बतिया रहे थे तो अशोक जी ने बताया कि यह जगह बहुत ऐतिहासिक है, यहाँ पर सामंतों और अंग्रेज़ों की फ़ौज ने आदिवासियों के लगान विरोधी आन्दोलन पर गोलीबारी करके लगभग 800 आदिवासियों को गोली से भून डाला था। मेरे लिए यह तथ्य अविश्वसनीय था, क्योंकि इतिहास में तो एकी आन्दोलन है। मोती लाल तेजावत का नेतृत्व भी है मगर सैकड़ों आदिवासियों की शहादत की तो कोई बात नहीं है। क्या लोग अतिरंजित बातें बताते हैं या लोक मानस में संख्याओं का हिसाब सही नहीं है? आखिर क्या माना जाये?

इसका व्यवस्थित जवाब हमें आगे जाने पर मिला, जहाँ पर भूला वालोरिया का शहादत स्थल प्रस्तावित है। वहाँ लगे उद्घाटन पट्ट तक चलकर गया तो मैं हैरत से भर गया। वहाँ से तो उद्घाटन का शिलालेख ही गायब है। मैंने सोचा कि इसी चोरी चले गए उद्घाटन पट्टिका के नीचे बैठकर मुख्यमंत्री जी को पत्र लिखूँगा। मैंने अपना लैटर हेड निकाला और वहीं एक पत्थर पर बैठकर चिट्ठी लिख दी, वहीं से मेल भी कर दी, ट्वीट भी कर दिया और सोशल मीडिया में भी डाल दिया। मैं जब यह सब कर रहा था, तभी दो-तीन मोटरसाइकल वहाँ आकर रुकीं और उन पर सवार युवा नीचे उतर कर हमारी गाड़ी को गौर से आगे-पीछे से देखने लगे। उनको उत्सुकता थी कि ये कौन लोग हैं और इस स्मारक पर क्या कर रहे हैं, जब उनको अरावली का सफ़र समझ नहीं आया तो वे सीधे हमारे पास आये और पूछा कि हम लोग कौन हैं और यहाँ क्या कर रहे हैं? हमारे लिए यह बहुत अच्छा मौका था कि हम स्थानीय युवाओं से वार्तालाप करें। हमने अपना परिचय दिया, अरावली यात्रा के बारे में बताया और वहाँ आने के मकसद की चर्चा की। हमारा परिचय जानकर उन्होंने राहत की साँस ली। उनमें से दो युवा मुझे सोशल मीडिया पर पढ़ते रहते हैं, इसलिए अब हमारे बीच अपरिचय की दीवार न रही, जब अशोक जी ने जन चेतना संस्थान के बारे

में बताया और अपना परिचय दिया तो माहौल और भी सहज हो गया, अब हम सब अर्ध चंद्राकार एक वृक्ष की छाँव तले बैठ चुके थे, बातचीत शुरू हो गई थी।

भील ऑटोनोमस कौंसिल से जुड़े उन युवाओं में जो सर्वाधिक मुखर थे, उन्होंने भूला वालोरिया के विद्रोह के बारे में सिलसिलेवार बढ़िया जानकारी दी। मुकेश राज आदिवासी पेशे से शिक्षक हैं। उन्होंने बताया कि गौरीशंकर ओझा के राजपुताना के इतिहास में 'भूला वालोरिया का भील विद्रोह' के नाम से सिर्फ़ दो लाइनें दर्ज हैं, लिखने वाले कोई और थे, नेता कोई और बने। श्रेय किसी और को गया, शहादत आदिवासियों ने दी।

मुकेश राज से हमने आग्रह किया कि वे इस बारे में कुछ और बता पायें तो हमारे लिए उपयोगी होगा। उन्होंने हमारे आग्रह को स्वीकार करते हुए बताना शुरू किया—यह सन् 5 और 6 मई 1922 की बात है, सिरोही रियासत के तत्कालीन महाराजा ने अंग्रेज़ों से संधि कर ली थी और वे किसानों और आम जन पर तरह-तरह के कर थोप रहे थे इस क्षेत्र के आदिवासियों ने बेवजह के लगान देने से मना कर दिया। उन्होंने कहा कि जब जल, जंगल, ज़मीन हमारा है अपना तो हम तुमको लगान क्यों दें? सामंतशाही के खिलाफ़ भूला वालोरिया, भाखर और अन्य क्षेत्रों के लगभग 150 गाँवों के आदिवासी छाजा वाला भाटा पर एकत्र हुए, वहाँ मीटिंग हुई, इसकी खबर जब सामंतों और उनके आका अंग्रेज़ों को मिली तो रूहवा रेवदर के नाथू सिंह देवड़ा के नेतृत्व में सामंती फ़ौज चढ़ाई के लिए भेज दी। उनके साथ अंग्रेज़ सैनिक भी थे, भीलों के पास तो केवल तीर कमान और गोफन जैसे हथियार ही थे, इसके बावजूद भी वे तीन-चार घन्टे तक डटे रहे। सामंतों और अंग्रेज़ों की संयुक्त फ़ौज गोलियाँ बरसा रही थी। इस लड़ाई में अंग्रेज़ों और सामंतों की फ़ौज ने 1800 आदिवासियों को मार डाला और 600 घर जला दिए, हज़ारों लोग घायल हो गए। भील गणवीरों की तरफ़ से हुशिया जी भील इस लड़ाई का नेतृत्व कर रहे थे।

प्रसिद्ध चित्रकार एवं लेखक सिरोही निवासी मित्र पूरा राम जी ने सिरोही गजेटियर के हवाले से एकी आंदोलन व लीलूड़ी बडली नरसंहार के बारे में जो अधिकृत जानकारी दी, वो इस प्रकार है—

देश का आदिवासी वर्ग हमेशा से स्वतंत्रता प्रिय रहा है, उनकी अपनी सभ्यता, संस्कृति और रीति-रिवाज रहे हैं। दुनियादारी से बेखबर प्रकृति की गोद में स्वछन्द विचरण करते इस समूह को किसी देशी या विदेशी राजा-

महाराजा से कोई लेना–देना नहीं रहा। लेकिन इनसे जब भी किसी मुश्किल में राज्य या शरणागत को मदद की दरकार रही, इन्होंने मुक्त होकर सहायता की। मेवाड़ राज्य को मुश्किल समय में सहायता देने वाले और उसे सम्भालने वाले भील ही थे। इस तरह राजा चाहे देशी हो या विदेशी आदिवासियों ने अपने स्वाभिमान से कभी समझौता नहीं किया। 1920वीं सदी में अलग–अलग कारणों से पूरे देश में आदिवासी संघर्ष कर रहे थे। राजस्थान के आदिवासी भील व गरासिया भी अपनी सभ्यता, संस्कृति, संसाधन और स्वतंत्रता की रक्षा के लिए लड़ रहे थे। अंग्रेज़ी शराब नीति, पुलिस चौकियाँ, ग़ैर आदिवासियों का इन इलाक़ों में प्रवेश, महाजन और व्यापारियों की लूट के चलते एकजुट होने लगे। राजस्थान में आदिवासी आन्दोलन की यह शुरुआत मेवाड़, सिरोही और ईडर की रियासतों में गोविंद गुरु के नेतृत्व में हुई। ब्रिटिश हुकूमत ने इन एकत्रित भीलों की एकजुटता को बग़ावत करार दिया और 17 नवंबर 1913 में मानगढ़ की पहाड़ी पर एकत्रित भीलों पर सामन्ती–जागीरदारों व अंग्रेज़ों की संयुक्त सेना ने गोलीबारी करना शुरू किया।

सरकारी रिकॉर्ड के अनुसार लगभग 1500 भील मारे गये लेकिन यह संख्या ज़्यादा ही होगी। वर्तमान में मानगढ़ धाम (बांसवाड़ा, राजस्थान) भारत भर के आदिवासियों के लिए एक प्रेरणास्थल है। मानगढ़ आन्दोलन और जनजागरण की चिंगारियाँ मेवाड़ से सटी सिरोही रियासत में भी फैल गईं। सिरोही राज्य भी बाकी रियासतों की तरह ही अंग्रेज़ी हुकूमत पर निर्भर था। राज्य की लगातार अराजक होती स्थिति ने इसे और ख़राब स्थिति में ला दिया था। अंग्रेज़ी हुकूमत ने धीरे–धीरे ऐसा शिकंजा कसा कि सिरोही रियासत को लगभग उनका हुक्म मानना अनिवार्य सा हो गया था। *सिरोही राज्य का इतिहास* में लेखक गौरीशंकर हीराचंद ओझा अंग्रेज़ों का जहाँ कहीं भी ज़िक्र करते हैं वहाँ उनकी महारानी विक्टोरिया को 'भारत–भारतेश्वरी' नाम से ही सम्बोधित करते हैं। इस तरह महाराव केसरीसिंह की अंग्रेज़ी राजभक्ति के कारण अंग्रेज़ों ने राज्य में अपना हस्तक्षेप प्रारम्भ किया एवं आदिवासी क्षेत्रों में नयी जागीरें देने, वनों की कटाई व अन्य ठेके द्वारा राजस्व कर एकत्रित करने हेतु प्रजा पर बलप्रयोग आदि के कारण, राज्य के आदिवासियों ने वसूली करने वाले राज्य के आदमियों को मारना शुरू कर दिया। इसकी शुरुआत कोल्यारी गाँव, उदयपुर में जन्मे मोतीलाल तेजावत के नेतृत्व में हुई। तेजावत के नेतृत्व की माँग सिरोही,

इडर, पालनपुर, दाता, विजनगर, प्रतापगढ़ में भी होने लगी थी। वर्ष 1920 तक तेजावत ने मेवाड़ व भोमट क्षेत्र में आंदोलन को शिखर तक पहुँचा दिया। 8 से 12 अप्रैल 1922 के मध्य रियासत व ब्रिटिश हुकूमत के खिलाफ़ आदिवासियों ने पहली बार सियावा गुजरात-राजस्थान की सीमा पर गिरवर दर्रे के निकट अंग्रेज़ी सैनिकों पर हमला किया था।

इतिहासकार आशुतोष पाटनी इस आन्दोलन के बारे में लिखते हैं— 'आदिवासियों ने राज्य सत्ता के खिलाफ़ विद्रोह कर सिरोही रियासत की ओर से वसूले जाने वाले करों को देने से मना किया। उस समय पंडित मदनमोहन मालवीय के बेटे रमाकांत, सिरोही के दीवान थे। उन्होंने तेजावत से भेंट कर समझौते में रुचि ली थी और विजय सिंह पथिक को भी बुलाया गया था। समझौते में तय हुआ कि आदिवासियों की व्यावहारिक शर्तें पूरी करने में रियासत सहयोग करेगी। महात्मा गांधी के प्रतिनिधि मणिलाल कोठारी भी सिरोही आए थे। कोठारी ने भीलों, तेजावत, मिस्टर हॉलैंड एजीजी को समझौते के लिए तैयार भी किया लेकिन एजीजी वचन देकर भी मुकर रहा था। सामन्ती राज्य सरकार ने दमन व आतंक का सहारा लिया। 5 मई 1922 में जब किसान लोग जागीरदारों के ज़ुल्म से बहुत परेशान हो गए एवं जनता में महाराव, अंग्रेज़ और राज्य के नुमाइंदों के प्रति घृणा का भाव उत्पन्न हो गया तो मेवाड़ के प्रसिद्ध भील नेता मोतीलाल तेजावत के नेतृत्व में भील एवं गिरासियों ने एकी आन्दोलन चलाया। इस आन्दोलन की सर्वप्रथम शुरुआत गिरासियों के एक गाँव में मकरानी मुसलमान थानेदार के अत्याचारों के विरुद्ध प्रारम्भ हुई थी। स्थिति की समीक्षा के लिए आदिवासी भील गरासियों की पंचायत हुई और 'एकी आंदोलन' के तहत लगान व बकाया का भुगतान नहीं करने का संकल्प लिया। बाद में यह आन्दोलन जब सिरोही रियासत में आया एवं रोहिड़ा ग्राम के भूला वालोरिया में जब इसकी सभा हो रही थी तो उसमें हज़ारों भील व गिरासिये एकत्रित हुए थे। जब इसकी सूचना महाराव सरूपसिंह को मिली तो उन्होंने इसे तोड़ने के लिए अंग्रेज़ी सेना बुलवा कर भरी सभा में अंधाधुंध गोलियाँ चलवा दीं।

राजपूताना के एजीजी के सचिव मेजर प्रीचार्ड के नेतृत्व में गोलियाँ बरसाईं। सामन्ती राज्य सरकार और अंग्रेज़ों की इस दमनात्मक संयुक्त सैन्य कार्यवाही में क्रूरता की सारी सीमाएँ लाँघ दी गईं एवं लगभग 1800 स्त्री-पुरुष

मारे गये। रोहिड़ा तहसील के गाँवों के लगभग 600 घरों को आग से जलाकर ख़ाक कर दिया गया। इस नृशंस हत्याकांड की देश भर के समाचार पत्रों में कड़ी निंदा की गयी। यह हत्याकांड तो देश की स्वतंत्रता से पूर्व अंग्रेज़ों द्वारा किए गए जलियांवाला बाग़ हत्याकांड से भी बदतर था, परन्तु समय चक्र ने इसे भुला दिया। अंग्रेज़ मेजर प्रीचार्ड ने रिपोर्ट में मृतकों की संख्या 50 और घायलों की संख्या 150 बताई थी। यह भी बताया कि भूला वालोरिया में हत्याकांड और अग्निकांड में 305 परिवार व 1800 लोग प्रभावित हुए। 640 घर और 7085 मन अनाज जल गया। सिरोही में हुए भीषण हत्याकांड पर अभी तक पूर्ण रूप से अध्ययन व शोध नहीं हुआ। इसे राजस्थान का जलियांवाला कांड भी कहते हैं।

सिरोही रियासत और अंग्रेज़ी हुकूमत के खिलाफ़ आवाज़ बुलंद करने वाले आदिवासियों की शहादत को देश-प्रदेश के इतिहास और राजस्थान के पाठ्यक्रम में जगह तक नहीं मिली। यहाँ तक कि 'सिरोही राज्य का इतिहास' और राजस्थान के अन्य रजवाड़ों का इतिहास लिखने वाले गौरीशंकर हीराचंद ओझा ने भी इस पर नहीं लिखा। हालाँकि उनका *सिरोही राज्य का इतिहास* सन् 1911 में प्रकाशित हुआ था लेकिन वे मृत्यु (1947) तक लेखन कार्य करते रहे थे। जबकि यह वीभत्स नरसंहार उसी रोहिड़ा क्षेत्र में हुआ था जो उनका पैतृक गाँव है। इस जघन्य नरसंहार को एक शताब्दी बीत गई, लेकिन सरकारें आज तक शहीद स्मारक तक नहीं बना पाईं।

मुकेश राज आदिवासी ने बताया कि जब रोहित आर ब्रांडन सिरोही के कलक्टर थे। तब वे इस जगह पर आये थे, उनको गोपी जी भील ने भूला वालोरिया के नरसंहार का आँखों देखा हाल सुनाया था, क्योंकि उस घटना के वक्त गोपी जी भील जो कि 12 साल के थे, वहाँ ख़ुद मौजूद थे। सोहन जी भील जो कि भूला के निवासी हैं और वे भी शिक्षक हैं, उन्होंने कहा कि "6 जून 2013 में तत्कालीन मुख्यमंत्री अशोक गहलोत ने भूला वालोरिया शहीद स्मारक हेतु 3 करोड़ 29 लाख रुपये की घोषणा की और उद्‌घाटन की मार्बल पट्टिका लगाई। इसी शहादत स्थल पर एक बरगद का पेड़ लगाया था। आज दस साल बाद वो इतना बड़ा हो गया है कि उसकी छाँव में हम बैठकर बात कर रहे हैं। उद्‌घाटन पट्ट को कोई उखाड़ कर ले गया है, अब किसी का ध्यान इस बात पर नहीं है।"

सोहन जी की बात सुनकर और वहाँ के हालात देख कर मन विषाद से

भर उठा। शहीदों के साथ ऐसी बेरुखी क्या ठीक है? अगर ये भील आदिवासी शहीद नहीं हो कर किसी और समुदाय के लोग होते तब भी सरकार क्या उनको इसी तरह उपेक्षित करने का साहस कर पाती? शायद नहीं। प्राप्त जानकारी के मुताबिक जब अशोक गहलोत की सरकार बदल गई तो अधिकारियों ने लीलुड़ी बडली के इस शहीद स्मारक स्थल के समतलीकरण का खर्चा ही डेढ़ करोड़ बता दिया और शेष रहे धन से कस्तूरबा आवासीय विद्यालय भूला में खोलने की बात कह दी। यह *राजस्थान पत्रिका* नामक समाचार पत्र में छपी खबर को पढ़कर लोगों का कहना है।

इस शहीद स्मारक की इस दुर्दशा के खिलाफ़ मैंने वहीं से एक चिट्ठी मुख्यमंत्री अशोक गहलोत को लिख भेजी, हालाँकि उसका जवाब कभी नहीं मिला। वह पत्र राजस्थान सम्पर्क की शिकायत निवारण सेल को भेज दिया गया, जहाँ बैठे रोबोट टाइप लोगों ने मुझे फ़ोन करके कहा कि आपकी शिकायत भीलवाड़ा नगर परिषद् को भेज दी गई है, क्या आप संतुष्ट हैं? मैंने उनसे कहा कि जब मामला ही पिण्डवाड़ा का है तो भीलवाड़ा क्यों भेजा? उन्होंने इतना सुनकर फ़ोन काट दिया। कुछ दिन बाद मुझे भीलवाड़ा नगर परिषद् के किसी कर्मचारी का कॉल आया कि "सर यह शहीद स्मारक कहाँ बनवाना है?" मैंने सिर पीट लिया! उनको बताया कि यह पिण्डवाड़ा, ज़िला-सिरोही का मामला है, इससे आपका कोई लेना-देना नहीं है, तब उनको समझ आया और उन्होंने वो शिकायत वापस जयपुर भेज दी। एक महीने बाद फिर से राजस्थान सम्पर्क से कॉल आया कि आपका प्रकरण आर्कियोलोजिकल सर्वे ऑफ़ इंडिया को भिजवा दिया है, अब आप वहीं से संपर्क करें। मैंने उनको बताया कि यह शहीद स्मारक का मामला है, प्राचीन स्मारकों का नहीं, आपने वहाँ क्यों भेज दिया, यह तो पिण्डवाड़ा के एसडीएम अथवा सिरोही के कलेक्टर को भेजना था, इस बार उधर से सॉरी की आवाज़ आई जो इस मामले की आखिरी आवाज़ थी। उसके बाद मेरा पत्र कहाँ गया, कुछ मालूम नहीं है। जिस स्मारक की आधारशिला अशोक गहलोत ने अपने पूर्व क़ार्यकाल में रखी, उस जगह आज तक स्मारक नहीं बनवा पाने का कोई जवाब अब तक किसी के पास नहीं है। यह है हमारी आदिवासी समुदाय के प्रति जवाबदेही और संवेदनशीलता!

भूला वालोरिया के भील विद्रोह स्थल पर भील ऑटोनोमस काउन्सिल, भील मुक्ति मोर्चा और आदिवासी परिवार का नाम बाउन्डरी वाल पर लिखा

हुआ दिखा। मैंने उसकी तस्वीर ली, हमने स्थानीय आदिवासी युवाओं के साथ जाकर उस बावड़ी को देखा, तालाब देखा, जिसकी डूब में वह ऐतिहासिक छाजा भाटा आ चुका है। पर लीलुड़ी बडली अभी भी हरी-भरी है, बरगद बहुत साल जीता है, क्योंकि उसकी शाखें धरती पकड़ लेती हैं और मूल वृक्ष को मज़बूती देती जाती हैं।

इस साल भूला वालोरिया नरसंहार का शताब्दी वर्ष था। शहीदों का इस तरह का विस्मरण हृदय भेदता है, भारी मन से हमने वहीं खड़े होकर भूला वालोरिया के शहीदों को नमन किया, विनम्र श्रद्धांजलि दी, शहादत स्थल की मिट्टी उठाई और उस रज को सिर से लगाया और मुट्ठी भर माटी साथ लेकर भारी मन से आगे चल दिए।

भूला से लौट कर अशोक जी को घर छोड़ा, ऋचा जी से बातें कीं, उनका पारिवारिक डॉग बडी अब हमको जानने लगा है। उसे ऋचा जी व अशोक जी की बिटिया अप्पू ने चाय बिस्किट दे दिए थे, जिसे खाकर वह आनंदित था। हमने भी दोपहर के भोजन का लुत्फ़ उठाया, अरहर की दाल, मटर, बंद गोभी की सब्ज़ी, दही और गर्मागर्म चपातियाँ तो मिलीं ही साथ में देशी नैसर्गिक गुड़ भी मयस्सर हुआ। ऋचा जी अशोक जी की मेहमाननवाज़ी का कोई सानी नहीं, इससे पहले भी मेरा जितनी भी बार यहाँ आना हुआ, उनके साथ रहना और खाना हुआ, उनका अपनत्व और स्नेह सदैव झलकता है। चलते-चलते ऋचा जी ने एक पोलीथिन थैली में सूखी मशरूम बाँध कर दे दी, मुझे मशरूम पसंद है और सूखी सब्ज़ियाँ भी, यह ऋचा जी को किसने बताया, इतना ही नहीं बल्कि पाँच कम्बल, एक तिरपाल और कुछ आसन बैठने के लिए इस आग्रह के साथ उन्होंने दिए कि पहाड़ियों का सफ़र है, कहीं अगर रात रुकने की व्यवस्था न हो तो रास्ते में काम आयेंगे। हम लोग उनके प्यार भरे इस रवैये से अभिभूत थे, हमने उनको हर चीज़ और हमें दिए समय के लिए धन्यवाद दिया, अरावली के यात्रियों की तरफ़ से एक हस्तलिखित पत्र उनको सौंपा और विदा लेकर आगे बढ़े।

मौसम समशीतोष्ण है, रात में जमकर ठण्ड पड़ती है और दिन में जमकर गर्मी अपना रौब झाड़ती है, शाम-सुबह की तो क्या ही कहिये, उनका अपना कोई मिज़ाज ही नहीं, सर्द गर्म सा रहता है। अब हमारी गाड़ी माउंट आबू की चढ़ाई को तैयार थी, लेकिन हमने तलहटी में स्थित राज योग के प्रसिद्ध केंद्र

ब्रह्माकुमारी प्रजापति विश्वविद्यालय रुकने का तय किया। हालाँकि आबू रोड और माउंट आबू के हर इलाके में ब्रह्मा कुमारी संस्थान फैले हुए हैं, किन्तु यह तो उनका वैश्विक मुख्यालय है। कुछ समय इसमें गुज़ार कर आगे बढ़ने की इच्छा बलवती हुई तो विशेष इजाज़त लेकर मुख्य द्वार से अन्दर घुसे, यहाँ काफ़ी बड़ा परिसर है, उनके पास अपना सब कुछ है, हज़ारों लोगों के रहने, खाने, बैठने, ध्यान करने आदि की व्यवस्थाएँ हैं, बड़े-बड़े डोम हैं, सोलर एनर्जी से संचालित भोजनशाला है, उच्च सुविधा युक्त हॉस्पिटल है और समर्पित एवं अनुशासित कार्यकर्ताओं की फ़ौज है।

यहाँ से मुक्त होकर हम माउंट आबू की ओर बढ़ चले, जब हीर जी गाड़ी को ऊपर चढ़ा रहे थे तो शनिवार, रविवार का आनंद ले कर अधिकांश सैलानी नीचे उतर रहे थे, जब से गुजरात में शराबबंदी हुई है, गुजराती सैलानियों का राजस्थान के माउंट आबू, उदयपुर और कुम्भलगढ़ इलाकों में आगमन काफ़ी बढ़ा है और शनिवार--रविवार तो इन पर्यटक स्थलों पर पैर धरने की जगह भी नहीं बचती है। हमने ऊपर चढ़ते वक्त बनाये गए टोल नाके पर दो सौ रुपये की फ़ीस चुकता की और कुम्हार वाडा में भीम के पास स्थित सुनेतों का बाडिया के रहने वाले तोलाराम सालवी जी के घर पहुँच कर डेरा डाला, वो इंतज़ार ही कर रहे थे। हमें एक शानदार चाय पेश की गई। हमने आने वाले दिन की योजना बनाई, कुछ काम किया और फिर आराम करने चले गये।

तीसरा दिन

आबू रा पहाड़ा में मलजी मोर बोले ओ...

आबू पर्वत पर रात का पारा 2 डिग्री सेल्सियस था। तोलाराम जी ने ओढ़ने के लिए पर्याप्त इंतज़ाम किये थे, सुबह नहाने के लिए गर्म पानी दिया। यह उनका बड़प्पन ही था कि उन्होंने नये रज़ाई-गद्दे खरीदे, ताकि हम लोगों को कोई तकलीफ़ न हो, वैसे तो यहाँ उनका पूरा परिवार रहता था, लेकिन कुछ दिन पहले ही उनको छोड़ कर बाकी लोग भीम स्थित गाँव चले गए। उनके साथ घर-गृहस्थी का सामान भी गया और अब हम जा पहुँचे, इसलिए उन्होंने सब कुछ नया खरीद लिया। मन-ही-मन पश्चाताप हुआ कि इससे बेहतर तो हम किसी होटल में रुक जाते, सुबह की चाय के वक़्त जब मैंने अपने ये मनोभाव प्रकट किये तो तोलाराम जी बोले—"आप कैसी बात कर रहे हैं? आप लोगों के आने से मुझे कितनी ख़ुशी मिल रही है, आपको बता नहीं सकता, मैंने दो दिन के लिए अपने काम से अवकाश ले रखा है, ताकि आपको पूरा माउंट घुमाऊँ।"

वास्तव में उन्होंने वही किया, सुबह के नाश्ते के बाद ही वे साथ चल पड़े। यहाँ हर कोई उनसे परिचित है, सालों से वे यहाँ रह रहे हैं। वे राजमिस्त्री हैं, पहले वे एक अकुशल निर्माण मज़दूर के रूप में आये, धीरे-धीरे उन्होंने अपने फ़न में महारत हासिल की और वे माउंट पर बनने वाले कई होटलों के निर्माण में शामिल रहे हैं, बहुत से होटल्स में मरम्मत आदि का काम भी उनके ज़िम्मे रहता है। दूसरे दिन उनके साथ घूमते हुए समझ में आया कि वे चाहते तो हमको किसी भी होटल या धर्मशाला में ठहरा सकते थे, लेकिन उन्होंने घर पर रुकवा कर हमारे प्रति अपने अपनत्व का इज़हार किया। मैं अभिभूत था, वे साथ चलते जाते थे और कोई-न--कोई उनको नमस्ते, राम-राम कहता था। मैंने सोचा कि

अगर यह आदमी राजनीतिज्ञ होता तो चुनाव लड़ने की सोचता, लेकिन उनको अपना अतीत और वर्तमान तथा उसके लिए किया गया संघर्ष स्मरण था, वे ज़मीनी इन्सान हैं, जो न जल्दी निराश होते हैं और न ही आसमान में उड़ते हैं।

राजस्थान के लोक जीवन में एक गीत बहुत लोकप्रिय है, जिसको तब से सुनता आ रहा हूँ, जब इस प्रदेश के भूगोल से कोई ख़ास परिचय भी नहीं था। वो गीत है—'मोर बोले ओ मलजी मोर बोले ओ, आबू रा पहाड़ा में मलजी मोर बोले ओ...।' इसका मतलब है—प्रेयसी अपने प्रेमी को आबू पर्वत की खासियतें बताते हुए कह रही है कि आबू के पहाड़ों में मुझे मोरों की आवाज़ सुनाई पड़ती है। मोर जब मुदित होते हैं तो वे बादलों को पुकारते हुए नाचने लगते हैं, शायद इसीलिए मन के साथ मयूर का युग्म बना हो कि मेरा मन मयूर नाच उठा। तो ऐसा स्थान है आबू जहाँ तरह-तरह के जीव-जंतु, पशु-पक्षी और संरचनाएँ मौजूद हैं। इसे राजस्थान का कश्मीर भी कहा जाता है। कहते हैं कि जब राज्यों का निर्माण हुआ तो आबू पर्वत गुजरात लेना चाहता था, लेकिन वह राजस्थान को मिला, अच्छा ही हुआ वर्ना गर्मियों में राज्यपाल महोदय का दफ़्तर कहाँ लगता?

क्षत्रियों की उत्पत्ति

आबू पर्वत को लेकर यह बात प्रसिद्ध है कि इसका नाम अर्बुदा नामक एक शक्तिशाली नाग के नाम से पड़ा है, जिसने शिव के वाहन नंदी को चट्टानों की गहरी खाई में गिरने से बचा लिया था। यह वैदिक ऋषि वशिष्ठ की भूमि भी रही है, जिन्होंने असुरों से लड़ने के लिए यज्ञ के द्वारा अग्निकुंड से चार अग्निकुल के क्षत्रिय वंश उत्पन्न किये थे। कहते हैं कि यहाँ कभी बौद्ध धम्म के भिक्खु भी साधनारत रहे थे। कालांतर में वे विलुप्त हो गए, लेकिन आज भी श्रमण धारा का प्रवाह जैन मन्दिरों के माध्यम से अपनी उपस्थिति दर्ज करवाता है। आबू पर्वत पर हिन्दू धर्म की शैव, शाक्त और वैष्णव तथा नाथ पंथ का प्रभाव यहाँ के मन्दिरों व अन्य स्थलों पर स्पष्ट दिख जाता है।

गुरु शिखर का पीतल का घंटा

हमने आबू पर्वत वन्य जीव अभ्यारण्य देखना तय किया। सोचा कि वहीं से शुरू किया जाये, लेकिन फिर विचार ने करवट ली और यह तय किया गया कि सबसे ऊँची चोटी गुरु शिखर फ़तेह की जाये। गुरु शिखर तक पहुँचने के

लिए 300 सीढ़ियों को चढ़ना होता है, जिसके दोनों तरफ़ दुकानें सजी रहती हैं, आर्ट्स पेपर, छाछ, जलजीरा, नाश्ता, ऊनी व फ़ैंसी कपड़ों की दुकानें लगी हुई थीं, एक जगह दस साल तक चलने वाली पेन्सिल दस रुपये में मिल रही थी तो दूसरी जगह कुल गौत्र व जातिवाचक संज्ञाओं के गर्व को पोषित करने वाले घर के बाहर लटकाने वाले प्रतीक चिन्ह बिक रहे थे। आगे की दुकान पर बेचे जा रहे टी शर्ट पर भी जातियों के नाम लिखे हुए ही थे। ऐसा लग रहा था कि जातियों की मंडी लगी हुई है, इसके बाद गुब्बारों पर एयर गन से निशाना साधते साधकों के दीदार हुए। अमेरिकन भुट्टे जिन पर सेंधा नमक और नींबू निचोड़कर स्वादिष्ट बनाया जा चुका था, उनका भी लोग आनंद ले रहे थे। मन्दिर तक पहुँचने के लिए बाज़ार से होकर गुज़रना पड़ रहा था, बाज़ार और धर्म का चोली-दामन का साथ समझ आ रहा था और याद आ रही थी जीसस क्राइस्ट के जीवन की वो घटना, जब उनको तेरह वर्ष की उम्र में येरूशलम में यहोवा के मन्दिर ले जाया गया और उन्होंने देखा कि वहाँ सब कारोबार करने में लगे हैं, हर तरफ़ खरीद-फ़रोख़्त चल रही थी। जीसस ख़फ़ा हो गए। उन्होंने सारी दुकानों के सामान को उलट-पलट दिया और बोले—"तुमने मेरे पिता के घर को बाज़ार बना दिया।" अब यह स्थिति हर धर्म स्थल की है, धर्म का धंधा फ़ायदे का सौदा है।

मैं बाज़ार पर सोचना जारी रख सकता था, लेकिन लगा कि अति विचारशीलता भी आपदा को आमंत्रण देना हुआ, इसलिए इर्द-गिर्द देखने लगा। अधिकांश लोग पैदल चढ़ रहे थे, कुछ बुज़ुर्ग पालकी में सवार हो कर भी आ रहे थे। यह पालकी दो व्यक्ति उठा कर चढ़ते और उतरते हैं, इसकी सवारी काफ़ी महँगी थी। हम एक हज़ार रुपये चुकाने वाले लोग न थे, इसलिए धीरे-धीरे चढ़ते रहे, जैसे-जैसे ऊपर चढ़ रहे थे, साँस फूल रही थी, ऑक्सीजन कम हो रही थी, पाँव जवाब देने लगे, लेकिन हम चढ़ते रहे। मैंने लाल कुर्ता और उस पर काली जैकेट पहन रखी थी, आम तौर पर राजस्थान में इस तरह की वेशभूषा नेताओं की रहती है। एक दुकानदार ने मुझको मस्का लगाया—"मंत्री जी, ऊनी शॉल देख लो, ओरिजनल है।" मैंने उसकी तरफ़ मुस्कराकर देखा और उसे बताया कि आपकी शॉल असली है पर इधर मंत्री नकली है। यह सुनकर उसने भी दाँत निपोर दिए और हम आगे बढ़ गए।

गुरु शिखर के नाम से ही स्पष्ट है कि यह शिखर है, तथ्य भी इस बात

की ताकीद करते हैं कि गुरु शिखर अरावली पर्वत श्रृंखला की सबसे ऊँची चोटी है, इसकी समुद्र तल से ऊँचाई 5653 फ़ीट है, यह माउंट एवरेस्ट और नीलगिरी पर्वत के मध्य सबसे ऊँचा शिखर है। आबू नगर से करीब 15 किलोमीटर की दूरी पर यह स्थित है। यहाँ समर्थ गुरु रामानंद के पदचिन्ह होने की बात भी बताई गई। गुरु शिखर पर गुरु दत्तात्रेय का मन्दिर एक गुफ़ा में मौजूद है, ऊपर एक बड़ा सा घंटा लटकाया हुआ है, जो अब बजाने के कम और सेल्फ़ी लेने अथवा फ़ोटो खिंचवाने के ज़्यादा काम में आता है। यह प्राचीन पीतल का घंटा 1411 ईस्वी का बताया जाता है, इसकी आवाज़ दूर-दूर तक प्रतिध्वनित होती है। हमने भी इन घंटा जी के साथ फ़ोटो खिंचवाए, बाद में वहाँ पर खड़े होकर सब तरफ़ का विहंगमावलोकन किया। यहाँ से खगोल वेधशाला भी नज़र आई और भारतीय सेना के रडार भी देखने में आये जो देश की सुरक्षा और निगरानी में भूमिका निभाते हैं, उधर जाना प्रतिबंधित है लेकिन सैन्य गतिविधियाँ साफ़ नज़र आती हैं। सैनिक वाहनों व सेना के जवानों का आगमन भी होता रहता है। जब काफ़ी समय गुरु शिखर पर गुज़र गया तो नीचे की तरफ़ उतरना शुरू किया। इस दौरान मेरी नज़र वहाँ आस-पास मौजूद वनस्पति और जीव-जंतुओं तथा जन-जीवन के रहन-सहन, खान-पान और खेतीबाड़ी पर थी। यहाँ कई प्रकार के अलोविरा देखकर अच्छा लगा। गड्वैलिया, बांस, करंज, करमद्या, ताड़ और करी पत्ता तो दिखे पर कहीं भी नीम और बबूल नहीं दिखा। आज सूरज सुबह से तपने लगा था, अभी तो बहुत सारी जगहें देखनी थीं।

बालम रसिया की नक्खी झील

चन्द्रावती सभ्यता देखते वक्त पता चला था कि वहाँ की बहुत सारी मूर्तियाँ माउंट आबू स्थित म्यूज़ियम में रखी गई हैं। हम जा पहुँचे म्यूज़ियम। भारतीय पर्यटकों के लिए यह महँगा नहीं है, महज़ बीस रुपये के टिकट में एंट्री हो गई। सरकारी संग्रहालयों की दशा के बारे में लिखना दुर्दशा को निमंत्रण देने जैसा है, फिर भी यह तो कहना ही पड़ेगा कि गार्ड ने आकर लाइट्स जला दीं ताकि हम वहाँ रखी चीज़ों को अच्छे से देख पायें। म्यूज़ियम में घुसते ही एक आदिवासी वीथिका के दीदार हुए, इसमें इस इलाके की मुख्य जनजाति गरासिया परिवार का मॉडल प्रदर्शित किया गया है। घट्टी पर अनाज पीसती हुई एक गरासिया

महिला और उनके घर में दैनिक उपयोग की वस्तुओं को रखा गया है, जैसे कि मसाला पीसने का सिलबट्टा, धान कूटने की ओखली, सिर पर मटके के नीचे रखने की इडोणी, धान रखने के पात्र, चूल्हा आदि रखे मिले, इसके सामने की दो-तीन दीर्घाओं में उनके अस्त्र और लिबास रखे हुए थे, जिसमें धनुष-बाण, तलवार और कटार आदि थे। कपड़ों में लुगड़ी, घाघरा, ओढ़नी, कुर्ती और धोती थी, बाल काढ़ने की कंघी, गुगरी, झेलो, गुथमा तोड़ी, कड़ा, कानों में पहनने के झुमके, अंगूठियाँ और गले की हंसली जैसे एक से बढ़कर एक चाँदी के आभूषण रखे हुए हैं। साथ ही आदिवासियों की आस्था के प्रतीक मोलेला आर्ट के टेराकोटा के घोड़े खड़े मिले, आगे की दीर्घाओं में विभिन्न शैलियों के चित्र थे, लकड़ी पर की गई नक्काशी के नमूने तथा सिरोही राज्य की तोप और सील ठप्पे थे, पर मेरी रुचि इन सबमें नहीं थी। मैं तो चन्द्रावती सभ्यता के उत्खनन में निकली मूर्तियाँ देखने आया था, जो आगे की दीर्घाओं में स्थापित थीं।

इस राजकीय संग्रहालय में आप पाएँगे कि 10वीं, 11वीं और 12वीं शताब्दी की शैव, वैष्णव और जैन प्रतिमाएँ मौजूद हैं, इनमें से कुछ मूर्तियाँ बुद्ध काल की होने का आभास भी देती हैं। चन्द्रावती से प्राप्त शिलालेख भी रखे हुए हैं, परमार राज्य की राजधानी चन्द्रावती, देलवाड़ा जैन मन्दिर और आबू पर्वत, वरमाण तथा देवांगना से मिली मूर्तियों को यहाँ लाया गया है, कुछ प्रतिमाएँ ध्वस्त भी की गई हैं, फिर भी शिल्प की दृष्टि से उत्कृष्ट प्रतिमाएँ हैं, म्यूज़ियम के बाहर की तरफ़ खुले शेड के तले भी प्रतिमाएँ स्थापित हैं। गार्ड प्रवीण कुमार मेघवाल ने बताया कि इस संग्रहालय में कुल 206 मूर्तियाँ प्रदर्शित हैं। हमने यहाँ से पुरातत्व एवं संग्रहालय विभाग राजस्थान द्वारा प्रकाशित कुछ पुस्तकें भी खरीदीं और आगे बढ़े।

इसके बाद नक्खी झील आ गए। कहते हैं कि बालम रसिया ने नख से इसे खोदा था, इसलिए इसका नाम नक्खी झील पड़ा। बाद में अंग्रेज़ों ने इसे नक्की झील कहना शुरू कर दिया। इस तरह यह नक्खी-नक्की कहलाना नक्की हुई। रेगिस्तान का पर्याय बने राजस्थान में अरावली जैसा समृद्ध पहाड़ भी है, यह जानकर लोगों को हैरत होती है और उससे भी अधिक हैरतअंगेज़ बात यह है कि समुद्र तल से इतनी ऊँची पर्वत माला पर एक बेहतरीन झील है जो गर्मियों में ठंडे शीतल जल की फुहार सी होती है और सर्दियों में जमकर बर्फ़ बन जाती है। यह झील चारों तरफ़ से हरी-भरी पहाड़ियों से मिलकर बनी है,

इसलिए नज़ारा और भी खूबसूरत होता है। इसमें लोग बोटिंग करते हैं, झील को साफ़ रखने के लिए फव्वारे चलते हैं, बत्तख, सारस और अन्य पक्षी भी यहाँ जलक्रीड़ा में निमग्न रहते हैं। झील के किनारे किसी विपणन केंद्र का आभास देते ही हैं, आखिर जहाँ पर्यटक होंगे, वहाँ विक्रेता न हो, यह भी संभव नहीं है। खाने-पीने, पहनने-सजाने इत्यादि के तमाम सामान यहाँ बिकते हैं, जंगली बेर से लेकर अमरूद, इमली, आम तक बिकते हैं और पास बने रेस्टोरेंट्स तो पिज्जा, बर्गर से लेकर चाइनीज़, इटालियन, अरेबिक और साउथ इन्डियन तक सब परोसने को तत्पर हैं, पंजाबी फ़ूड भी उपलब्ध है, पर दाल बाटी चूरमा जैसा प्रसिद्ध राजस्थानी खाना इक्का-दुक्का जगहों पर ही मिल पाता है। हालाँकि यह मुझे कुछ ख़ास पसंद नहीं है, मुझे होटल के बजाय स्ट्रीट फ़ूड ही प्रिय है।

विवेकानन्द की चंपा गुफ़ा

नक्की के नज़दीक ही माउंट आबू नगर पालिका ने एक सुन्दर उद्यान बनाया है। यह उन पर्यटकों के लिए अच्छा स्थान है जो मितव्ययी हैं, यहाँ पर आराम से बैठा जा सकता है, जगह-जगह पर बैठने के लिए कुर्सियाँ और विश्राम स्थल बने हैं। सुन्दर फूलों से लकदक पेड़-पौधे हैं, जिनके पास खड़े होकर अपने मोबाइल से सैंकड़ों निःशुल्क फ़ोटो लिए जा सकते हैं। इसी के पास से सीढ़ियाँ ऊपर को जाती हैं, जो स्वामी विवेकानंद की साधना स्थली चंपा गुफ़ा ले जाती हैं। इस देश का डंका सम्पूर्ण विश्व में बजाने वाले महान संत स्वामी विवेकानंद की यह तपस्थली सरकारी और सामाजिक उदासीनता की भेंट चढ़ी हुई है। इसकी दुर्दशा देख कर वेदना हुई। लोगों ने इसे मौज-मस्ती की जगह बनाने में कोई कमी नहीं रख छोड़ी है, चूँकि यह उपेक्षित सा स्थल है, एकांत में है, शायद ही कोई हम सा भूला-भटका यहाँ तक पहुँचता है, इसलिए अब यह लव पॉइंट बन गया है। मान-मनुहार, प्रेम का इज़हार और कोई-कोई तो प्यार और तकरार करते प्रेमी-प्रेमिकाएँ यहाँ-वहाँ भटकते नज़र आते हैं। हमने कैसा समाज बनाया है, जहाँ नफ़रत खुलेआम माँ-बाप के सामने की जा सकती है मगर मोहब्बत छुप-छुप कर करनी पड़ती है, मोहब्बत के लिए स्थान कहाँ है? क्यों इन प्रेमियों को इन झाड़ियों में जगह ढूँढनी पड़ रही है। यह तो अच्छा हुआ कि उनको एक संन्यासी की तपस्थली अपने संताप मिटाने के लिए उपलब्ध है, वर्ना कहाँ जाते ये लोग भला?

टॉड रॉक

इसके बाद ऊपर टॉड रॉक का निशान और नाम लिखा देखा तो मुझे लगा कि कर्नल जेम्स टॉड यहाँ तक भी पहुँचे होंगे और इतनी ऊँचाई पर भी अपने पदचिन्ह छोड़े हैं, बाद में पता चला कि यह चट्टान ही ऐसे बनी है कि वह मेंढक जैसी लगती है। यह अजीब से आकार की शिला है जिसको देखकर लगता है कि मेंढक चट्टान पर बैठकर टर्रा रहा है। इसीलिए इसका नाम टॉड रॉक पड़ गया है। इस स्थान से आबू शहर का एक सुन्दर नज़ारा दिखता है। हम कुछ देर यहाँ से नीचे के दृश्य देखकर वापस लौट आये।

अचलगढ़ के तीन पाड़ा

इसके बाद हम अचलगढ़ किले की तरफ़ बढ़े, यहाँ बहुत से हिन्दू व जैन मन्दिर बने हुए हैं। कहते हैं कि इस किले की तामीर राणा कुम्भा ने 1452 ईस्वी में की थी। हालाँकि यह भी माना जाता है कि यह दुर्ग पहले से था किन्तु जीर्णशीर्ण हो चुका था। महाराणा कुम्भा ने प्राचीन दुर्ग के भग्नावशेष पर नए दुर्ग का निर्माण करवाया था। अब यह किला भी जीर्णशीर्ण अवस्था में है, फिर भी अपनी चारदीवारी और विशाल बुर्ज संरचनाओं की वजह से सैलानियों को आकर्षित करता है। अचलेश्वर मन्दिर के बाद हम इसमें पहुँचे।

सुप्रसिद्ध लेखक पन्ना लाल मेघवाल अपनी किताब *राजस्थान के दुर्ग : ऐतिहासिक महत्त्व एवं शिल्प का सौन्दर्य* में लिखते हैं—

> 'माउंट आबू को अर्बुद गिरी अथवा अर्बुदाचल कहा जाता है। अर्बुदाचल स्थित अचलगढ़ एक प्राचीन दुर्ग है जो आबू रोड से लगभग 13 किलोमीटर दूर माउंट आबू की पर्वतमाला के उतंग शिखर पर स्थित है। इस प्राचीन दुर्ग को परमार शासकों ने निर्मित किया था, जिसे बाद में मेवाड़ के पराक्रमी शासक महाराणा कुम्भा ने पुनर्निर्मित करवाया था। दुर्ग का एक प्रवेश द्वार भैरव पोल है जिसमें प्रवेश कर आगे चलने पर वीरान दुर्ग का भीतरी दृश्य दिखाई देने लगता है। दुर्ग के भीतर कुम्भा के राजप्रासाद, उनकी ओखा रानी का महल, अनाज के कोठे, सैनिकों के आवास गृह, पानी के विशाल टैंक, अतुल जलराशि से परिपूर्ण सावन भादो

झील, परमारों द्वारा निर्मित खतरे की सूचना देने वाले बुर्ज आदि के भग्नावशेष विद्यमान हैं।' (पृष्ठ 44, 45, 46)

यहाँ के बारे में प्रसिद्ध है कि जब आबू पर्वत पर आदिपाल परमार नामक व्यक्ति का राज था, तब मन्दाकिनी कुंड में हवन के लिए इकट्ठा किये जाने वाले घी को तीन भैंसे पी गए थे, बाद में उनको घी पीने का ऐसा स्वाद आया कि वे जैसे ही घी इकट्ठा होता, चोरी छुपे आते और घी पी जाते थे। हवनकर्ता ऋषियों ने राजा आदिपाल से शिकायत की कि तीन पाड़ा राक्षस घी पी रहे हैं, स्थानीय भाषा में भैंसे के लिए पाड़ा शब्द का प्रयोग होता है। राजा ने बहादुरी दिखाई और एक दिन घी पीने आये तीनों पाड़ों को तीर से मार डाला, तब से यह स्थान तीन पाड़ा अचलगढ़ के नाम से जाना जाता है। वर्तमान में यहाँ पर उन तीन भैंसों की याद में मूर्तियाँ स्थापित हैं। किंवदन्ती है कि इसके बाद हवन का घी सुरक्षित रहा, कोई राक्षस फिर नहीं आया, आता भी कैसे, राक्षस तो कोई था भी नहीं, जो तीन जंगली पाड़े थे, वे भी राजा के शौर्य का शिकार होकर स्मृति शेष हो गए थे।

अचलगढ़ का जैन मन्दिर काफ़ी भव्य है, इसको 15वीं सदी में निर्मित किया गया। मन्दिर कुन्थुनाथ स्वामी का है। इसमें डेढ़ सौ के करीब विभिन्न धातुओं की मूर्तियाँ हैं जो अलग-अलग समय में लगाई गई हैं। अचलेश्वर शिव मन्दिर भी देखने योग्य है, इसका निर्माण 813 ईस्वी में हुआ था। यहाँ शिवलिंग के बजाय शिव के अंगूठे की पूजा का प्रचलन है। मुख्य मन्दिर में भारतीय कृषि का आधार रहे बैल के प्रतीक शिव के सहायक नंदी की विशाल पीतल की प्रतिमा मौजूद है।

देलवाड़ा का जैन मन्दिर

अब बारी देलवाड़ा के जैन मन्दिर की थी। 11वीं-12वीं सदी में बने इन जैन मन्दिरों पर उस वक़्त भी करोड़ों रुपये खर्च हुए। बाहर से साधारण सा दिखाई देने वाला यह मन्दिर समूह भीतर पहुँचने पर आँखों को आश्चर्य से फैलने को मजबूर कर देता है। इसे ताजमहल से भी बेहतर माना गया है। सबसे प्राचीन मन्दिर जो कि जैन धर्म के प्रथम तीर्थंकर का है, उसका निर्माता विमल शाह था, जिसने 1031 ईस्वी में इसकी नींव रखी थी। कुल छोटे-मोटे मन्दिर तो पचास से भी अधिक होंगे, जिनमें तीर्थंकरों की प्रतिमाएँ स्थापित हैं। लेकिन मुख्य मन्दिर पाँच हैं, जिनमें विमलवसही, लूणवसही, रिषभ देव, पार्श्वनाथ और महावीर

स्वामी की प्रतिमाएँ हैं। यह भी ध्यान देने की बात है कि पाँच श्वेताम्बर मन्दिरों के साथ कुन्थुनाथ स्वामी का एक दिगंबर मन्दिर भी है। यह मन्दिर स्थापत्य कला का बेहतरीन नमूना है। इस मन्दिर के स्तंभों, मेहराबों और प्रवेश द्वारों तथा गर्भ गृहों और छतों पर लगे पत्थरों पर की गई सूक्ष्म कारीगरी अद्‌भुत है, ऐसी सजीव मूर्तियाँ अन्यत्र मिलना मुश्किल है, कुछ प्रतिमाएँ तो इतनी जीवंत लगती हैं कि जैसे कुछ ही देर में बातें करने लगेंगी। देलवाड़ा गाँव में स्थित यह जैन मन्दिर समूह आबू पर्वत की जैव विविधता का भी वर्णन करता प्रतीत होता है। उस समय के वैभव का भी पता चलता है, नृत्य करती नृत्यांगनाएँ हों अथवा पशु-पक्षी, लताएँ, पुष्प और पौधे, देव मूर्तियाँ एकदम जीवंत लगती हैं।

इस मन्दिर में हमने लगभग एक घंटा गुज़ारा। यह मन्दिर समुद्र तल से बारह सौ मीटर की ऊँचाई पर है। एक हज़ार साल से भी पहले बनाया गया जो तब न यातायात के इतने साधन थे और न ही सड़क मार्ग। इसकी विशाल मूर्तियाँ और अद्वितीय स्तम्भ कैसे ऊपर लाये गए होंगे? कैसे उनको स्थापित किया गया होगा। मन्दिर से प्राप्त एक लघु पुस्तिका के मुताबिक उस वक्त बड़े-बड़े पत्थर हाथियों की कमर पर लाद कर आरासूरी की पहाड़ियों से अम्बाजी होते हुए दुर्गम मार्गों से लाये गए थे। यहाँ सरस्वती देवी मन्दिर, लूणवसही मन्दिर की कलात्मक छत, कल्प वृक्ष वसही मन्दिर, विमल वसही मन्दिर का बरामदा, देवरानी जेठानी के गोखले, शंखेश्वरी देवी मन्दिर, नरसिम्हा अवतार मंदिर, रंग मंडप, नव चौकी सूर्यमुखी पुष्प वसही मन्दिर तथा मुख्य गुम्बद और अनगिनत खम्भों को देखकर आँखें चौंधिया चुकी थीं।

आबू रोड छोड़ने से पहले आबू पर्वत वन्य जीव अभ्यारण्य के बारे में जानकारी लेना ज़रूरी था, इसलिए वहाँ पहुँचे और कुछ समय वहाँ गुज़ार कर लौटे। इसमें 250 प्रकार के पक्षी पाए जाते हैं। यह बहुत सारे विलुप्तप्राय प्रजातियों के वन्य जीवों का भी घर कहा जाता है। इसमें ऊदबिलाव, लोमड़ी, गीदड़, भालू, जंगली सूअर, लंगूर, बड़ी छिपकली, खरगोश, नेवले, गिलहरी तथा जंगली चूहे, जंगली मुर्ग़ा, मोर, कबूतर, गिद्ध, सारस, पपीहा, मैना, तीतर, बटेर, नीलकंठ, कौवा, किलकिला, हरियल, चील, बुलबुल, बया, बेबलर, शकरखोरा, पहाड़ी कछुआ, गिरगिट, नाग, जल सर्प, वाईपर, पाटागोह, करैत आदि मौजूद हैं। बरसों पहले यहाँ बब्बर शेर, बाघ आदि पाए जाते थे, जो अब लुप्त हो चुके हैं, अब जरख, जंगली बिल्ली, सियार, नील गाय, सेलु सांप, सेही, चमगादड़, रीछ,

भेड़िये, भालू, पैंथर, लेपर्ड आदि के होने की खबरें मिलती हैं। राज्य सरकार ने आबू पर्वत के वन्य जीवों के संरक्षण के उद्देश्य से 7 अप्रैल 1960 को 228 वर्ग किलोमीटर क्षेत्र को माउंट आबू वन्य जीव अभ्यारण्य घोषित किया था।

मैं स्थानों, घटनाओं और कथानकों को अपनी छोटी कलात्मक डायरी के पन्नों पर जैसे-जैसे समय मिलता, नोट करता जा रहा था। मुझे मालूम था कि शीघ्र ही मैं इन सबको भूल जाऊँगा या लिखते वक्त मुझे अपनी याददाश्त पर बहुत ज़ोर डालना होगा, इसलिए जैसे भी संभव हो, बातों को दर्ज करते रहना है। यह तय था, इसके अलावा मौके पर मौजूद कोई भी शिलालेख, प्रदर्श पट्टिका आदि का भी फ़ोटो लेना तथा अगर वहाँ के पुजारी, गार्ड, केयर टेकर, गाइड या हमारे स्थानीय साथी यात्री का कोई शॉर्ट वीडियो बन सके तो यह करना भी हमने तय किया था। ललित इस काम में पूरी तल्लीनता से लगा रहता था। मेरी यह भी कोशिश रहती कि उक्त स्थान के बारे में कोई भी लिखित या प्रकाशित दस्तावेज़ मिल पाए तो उसको भी हस्तगत कर लेना है, ताकि भविष्य में संदर्भ सामग्री के रूप में यह काम में आ सके।

आबू को अलविदा

काफ़ी घूम-फिर लेने के बाद हम लोग श्रीनाथ रेस्टोरेंट में तोलाराम जी की तरफ़ से भोजन करने बैठ गए। दाल तड़का, दही फ्राई, रोटियाँ और ग्रीन सलाद से उदरपूर्ति कर हम तृप्त हुए। तोलाराम जी को धन्यवाद पत्र सौंपा और आबू पर्वत वन्य जीव अभ्यारण्य की अद्‌भुत छटा निहारते हुए पहाड़ से नीचे उतरे और मुंगथला, अनादरा होते हुए आगे बढ़े। आज हमारी गाड़ी के चालक हीर जी की तबीयत नासाज है। उनकी उम्र 57 वर्ष हो चुकी है पर उत्साह 27 वर्ष के युवाओं जैसा है। गाड़ी चलाते हुए फ़ोन पर बहुत बात करते हैं और बीच-बीच में बीड़ी पीते हैं। हालाँकि वे बहुत प्यारे साथी हैं, विगत पंद्रह वर्षों में उनके कुशल गाड़ी परिचालन में मैंने लाखों किलोमीटर लम्बी यात्रायें की हैं, वे मेरे सबसे निकटस्थ भरोसेमंद साथी रहे हैं।

संघवी भैरू तारक

माउंट आबू से नीचे उतर कर अनादरा चौराहे पर होकर हम लोग संघवी भैरू तारक जैन मन्दिर पहुँचे। यह अरावली की तराई जिसे अर्बुद नंदगिरी घाटी कहते हैं, उसमें बना हुआ है। इस घाटी से रास्ता पहाड़ों से होकर माउंट आबू

तक जाता है। कहते हैं कि कर्नल जेम्स टॉड ने इस रास्ते का उपयोग किया था। इस इलाके के पशुपालक, साधु-संत और सैनिक बहुत पहले से इस रास्ते का उपयोग खाद्य सामग्री और अन्य सामग्री की आपूर्ति हेतु करते थे। भैरू तारक मन्दिर का प्रवेश द्वार तो ज़ोरदार ही है, देखने में ऐसा लगता है कि जैसे प्राचीन काल के किसी राज्य की राजधानी का मुख्य प्रवेशद्वार हो। खूब पेड़-पौधे लगे हुए हैं, अतिथि गृह और भोजनशाला है, अगर हमें आगे का रास्ता तय नहीं करना होता तो हम लोग ज़रूर आज की रात यहीं रुक जाते, लेकिन हमारे पास समय की कमी थी। सूर्य अस्ताचल की ओर जा रहा था। हमने तय किया कि शीघ्र मन्दिर देखेंगे और आगे बढ़ जायेंगे।

संघवी भैरू तारक जैन मन्दिर तीर्थंकर पार्श्वनाथ का धाम है। यहाँ मन्दिर में प्रवेश करने से पहले पाँव धोने पड़ते हैं। हर जैन मन्दिर की भाँति यहाँ भी चमड़े की चीज़ें प्रतिबंधित हैं, कैमरा तथा मोबाइल पर फ़ोटो लेना भी मना है, मन्दिर के बाहरी भाग के फ़ोटो ले सकते हैं, यहाँ के बारे में बताने के लिए कोई अधिकृत व्यक्ति तो उपलब्ध नहीं था, उनके प्रशासनिक दफ़्तर पहुँच कर मन्दिर सम्बन्धी साहित्य लेने की हमारी कोशिश भी कामयाब नहीं हो पाई। मन्दिर में पार्श्वनाथ की संगमरमर की प्रतिमा है। हमें मन्दिर के एक दर्शनार्थी ने बताया कि इस मन्दिर का निर्माण जैन संत आचार्य गुण रत्न सूरी की प्रेरणा से संघवी तारा चंद मोहनलाल के परिवार ने करवाया। माल गाँव के सुन्दर बेन और भाईमल ने एक ऊँचे चबूतरे का निर्माण करवाया था।

पावापुरी तीर्थ धाम सिरोही

भैरू तारक धाम से पावापुरी की तरफ़ चले तो अनादरा चौराहे के बाद हाथल गाँव आया, यहाँ से दक्षिण में देखा तो गुरु शिखर साफ़ नज़र आ रहा था। हाथल में भी ब्रह्मा जी का अति प्राचीन मन्दिर है, अब तक हम कई ब्रह्मा मन्दिर देख चुके हैं। मेरा यह भ्रम तो पहले ही टूट गया कि ब्रह्माजी का एकमात्र मन्दिर पुष्कर में है। यहाँ तो अलग-अलग गाँवों में ब्रह्मा मन्दिर मिल रहे थे, इससे यह भी समझ आया कि एक ही कहानी के बहुत सारे संस्करण हर जगह सुनाई देंगे जिसको हमें असीम धैर्य और पूरे उत्साह से सुनना होगा।

शाम होने ही वाली है, जानकर हमने गाड़ी की रफ़्तार बढ़ाई ताकि पावापुरी के दर्शनों से हम वंचित न रह जाएँ। पावापुरी वो स्थान है जहाँ जैन

धर्म के चौबीसवें तीर्थंकर भगवान महावीर स्वामी को निर्वाण की प्राप्ति हुई थी। फ़िलहाल यह स्थान बिहार प्रदेश में स्थित है, लेकिन भारतीय पुरातत्व विभाग ने उत्तर प्रदेश के पूर्वांचल में स्थित फाजिलनगर के सठियावह में पावानगर खोज निकाला है, वहाँ पर वो भूमि संरक्षित भी है, लेकिन लोक में मान्यता बिहार वाली पावापुरी की ही अधिक लगती है, तो उसी पावापुरी की तर्ज पर यह पावापुरी मन्दिर बनाया गया होगा, ऐसा मुझे लगा।

इस तीर्थ में घुसने का द्वार विशाल और भव्य तथा आकर्षक कहा जा सकता है, अन्दर घुसते ही आपको तरह-तरह की प्रतिमाएँ ग्रामीण जन-जीवन से सम्बन्धित नज़र आने लगती हैं। यह स्थान तक़रीबन 150 बीघा में फैला हुआ है। कई लोग घोड़ा गाड़ी की सवारी लेते हैं ताकि सम्पूर्ण परिसर देख सकें। हमने पैदल ही देखने का निश्चय किया और चल पड़े। यहाँ भी अतिथिशाला और भोजनशाला तथा मन्दिर हैं, साथ ही गौशाला भी है। बड़े-बड़े सभागार और भोजन करने के डोम बने हुए हैं। देशभक्ति और अध्यात्म का सम्मिश्रण यहाँ के स्थापत्य में दृष्टिगोचर होता है। मुझे जिस एक चीज़ ने सर्वाधिक आकर्षित किया, वह थी यहाँ बनी जे.पी. संघवी चित्रशाला। इस कला दीर्घा में जैन धर्म, दर्शन और तीर्थंकरों व महावीर स्वामी के जीवन को लेकर अद्‌भुत चित्रकारी प्रदर्शित की गई है। मुझे इसे देखकर यहाँ आना सार्थक लगा। इसे देखने का टिकट लेना पड़ता है। हम जब पहुँचे तो इसके बंद होने का समय हो चुका था, किन्तु यहाँ के गार्ड महोदय ने कृपापूर्वक हमें देखने की इजाज़त दी, हमने आराम से चित्रों का अवलोकन किया, भोजनशाला में गए और इसके बाद हम चित्रकार साथी और लेखक व सामाजिक कार्यकर्ता पूरा राम जी के आदर्श नगर स्थित आवास पर पहुँचे। यह कॉलोनी आदर्श क्रेडिट कोपरेटिव सोसायटी के मोदी बंधुओं द्वारा बनाई गई। उनके बड़े-बड़े बंगले भी देखे और उनके घोटाले के उजागर होने के बाद की दुर्दशा भी देखने को मिली।

यात्रा आगे बढ़ी और सिरोही के आदर्श नगर पहुँची, जहाँ पर पूरा राम जी के घर पहुँचे, उनके रचना संसार से अवगत हुए। उन्होंने इस मौक़े पर बाबा साहब का एक बेहद सुंदर पोर्ट्रेट मुझे भेंट किया। पूरा राम जी की स्वयं की यात्रा बहुत रोचक है। विद्यार्थी काल से चित्रकारी कर रहे हैं, स्कूल में ज्ञान की देवी का बनाया चित्र उन्होंने दिखाया। शुरुआत में उनकी रुचि देवी-देवताओं के चित्र बनाने में रही, ख़ूब चित्र उकेरे। तत्पश्चात वे आध्यात्मिक समुदायों की

तरफ़ आकृष्ट हुए। पहले राधा स्वामी सत्संग (ब्यास) और बाद में स्वाध्याय परिवार से जुड़े, नामदान तक की प्रक्रिया का हिस्सा बने। तब रूहानियत और आध्यात्मिक चित्र बनाये। अन्ततः वे अम्बेडकरी साहित्य से परिचित हुए। उन्होंने बुद्ध, बाबा साहब, फुले और कबीर को पढ़ा। इसके बाद वे एक अलहदा व्यक्तित्व के रूप में सामने आये। उन्होंने अपने माता-पिता के चित्र बनाये। बाबा साहब और बुद्ध पर कूँची चलाई। अब वे मिशनरी कलाकार हैं। एक कलाकार के रूप में पूरा राम जी में बहुत संभावनाएँ हैं और बहुत बेहतरीन वैचारिक इंसान के रूप में भी वे सामने आते हैं। उन्होंने अपने निवास पर शिक्षक तोला राम जी फाचरिया, प्रयोगशाला सहायक सुरेश कुमार जी नोगिया और वरिष्ठ अध्यापक जोगाराम जीतथा, शिक्षक रमेश कुमार जी बामनिया को आमंत्रित कर लिया था। सबके साथ अच्छी बातचीत हुई।

चौथा दिन

गौडवाड़ की धरा पर...

सुबह 7 बजे उठे, नहाये, चाय-नाश्ते के बाद हम लोग सुकड़ी नदी के किनारे स्थित गौतम ऋषि मन्दिर हेतु निकल पड़े। हमारे साथ आज पूरा राम जी भी सहयात्री थे। उन्होंने अवकाश ले लिया था। रास्ते में पूरा राम जी के जीवन की प्रेरणादायक कहानी सुनी। गौतम ऋषि का स्थान सिरोही, पाली और जालोर के मैणा (मीणा) समुदाय के लोगों की श्रद्धास्थली है। यह राजस्थान के मारवाड़ क्षेत्र के सिरोही ज़िले में हैं जो गौडवाड़ कहलाता है। यह क्षेत्र पाली ज़िले के बाली वाले इलाके से शुरू होकर आबू पर्वत की तरफ़ जाता है, आगे भाखर भीतरोट क्षेत्र आ जाता है। यहाँ से अरावली पर्वत से ही निकलने वाली सुकड़ी नामक नदी गुज़रती है, जो आगे जाकर जवाई बाँध क्षेत्र में मिल जाती है। इसी के किनारे पर गौतम ऋषि का यह मेला स्थल है, जिसके बारे में मान्यता है कि यह करीब 800 साल पुराना है। यहाँ हर वर्ष 13, 14 और 15 अप्रैल को तीन दिवसीय मेला लगता है।

शिव लाल रावल निवासी ढोला, ज़िला पाली मन्दिर में ही मिल गए। उनके साथ बैठकर अच्छी बातचीत हुई, उनकी चार पीढ़ियाँ इसी धर्मस्थल में पूजा-अर्चना करती आ रही हैं। उन्होंने बताया कि अहिल्या के पति गौतम ऋषि, जो हनुमान जी के नानाजी थे, यह उनकी तपस्थली है। यहाँ पर गौतम ऋषि, गंगा माई, हनुमान जी, अम्बा माँ और गांगवा जी के मन्दिर अथवा छतरियाँ बनी हुई हैं।

रावल कहते हैं कि विष्णु भगवान के पहले अवतार मत्स्यावतार के उपरांत मीन जाति की उत्पत्ति हुई। उन्होंने मीणा जाति के गौत्रों के बारे में जानकारी देते हुए बताया कि मीणाओं में भी बाकी समाजों की तरह कई गौत्र हैं यथा—खुडा, सुटडा-सौलंकी, जावदारी, काडेसा आदि।

गौतम ऋषि मन्दिर के नाम 752 बीघा ज़मीन है। इस मन्दिर में पूजा अर्चना विक्रम संवत 1312 में शुरू हुई थी, तब से मेला भरना भी शुरू हो चुका था। यहाँ आज भी लाखों की तादाद में लोग आते हैं। लोग यहीं अस्थियाँ भी विसर्जित करते हैं। मीणा समाज की सर्वोच्च पंचायत भी यहीं होती हैं। मेले के दौरान व्यवस्था खुद समाज सँभालता है, वर्दी पहने हुए पुलिसकर्मी यहाँ मेले के दौरान बिलकुल नहीं आ सकते।

यहाँ पर जर्मन की लड़ाई का एक चित्र व प्रसिद्ध किंवदन्ती भी मशहूर है, इस युद्ध की ऐतिहासिकता क्या है, कुछ ज़्यादा जानकारी नहीं मिल पाई। मेले के दौरान नदी तो बिलकुल सूखी रहती है, लेकिन मन्दिर के प्रवेश द्वार पर स्थित कुएँ में गंगा आती है, तपती रेत में थोड़ा खोदते ही पानी का आ जाना यहाँ का विशेष चमत्कार माना जाता है।

यहाँ पर मीणा पंच पटेलों की कोर्ट भी है जहाँ पर बैठकर शायद फ़ैसले किये जाते हैं, वहाँ मीणा फ़ौज भी लिखा हुआ है। यहाँ की फ़ोटो वगैरह लेना सख्ती से मना है। हमने अच्छे से सारी जगहों को देखा, लोगों से मिले और बातें कीं तथा सिरोही वापस लौटने को चल पड़े। पूरा राम जी ने भी गौतम ऋषि मन्दिर और यहाँ के बारे में आम जनता में व्याप्त जानकारियों से हमें लाभान्वित किया।

सारणेश्वर महादेव मन्दिर

सिरोही शहर में स्थित सिरनवा पहाड़ी की ढलान में एक किलानुमा मन्दिर है, जो दूर से देखने पर किसी दुर्ग जैसा लगता है। इसका निर्माण परमार शासकों द्वारा कराये जाने की जानकारी मिलती है, इसमें विष्णु प्रतिमा भी है और 108 शिवलिंग भी स्थापित हैं, इसका स्थापत्य सुन्दर है। इसे सिरोही के तत्कालीन देवड़ा शासकों का कुल मन्दिर होने का गौरव भी प्राप्त है। मुख्य दरवाज़े पर बने आकर्षक, विशाल हाथी भव्य लगते हैं। यह धर्मस्थल निश्चित रूप से काफ़ी प्राचीन है, यहाँ की ईंटें और मन्दिर की निर्माण शैली इसे चन्द्रावती नगरी की सभ्यता के समय का बताती हैं, लेकिन 15वीं सदी के बाद इसके जीर्णोद्धार के तथ्य मिलते हैं। आज भी यहाँ होली के दिन बड़ा मेला भरता है। जिसमें सभी लोग बड़ी संख्या में आते हैं, लेकिन उसके दूसरे दिन भरने वाले एक दिवसीय मेले में केवल देवासी समुदाय के लोग आते हैं। बताया जाता है कि एक दिन के लिए देवासी ही यहाँ के राजा होते हैं। इस दिन देवासी लोग यहाँ गैर नृत्य खेलते हैं, उस दिन ज़िला कलक्टर की तरफ़ से अवकाश रहता है। यह मेला

सिरोही ज़िले का सबसे बड़ा मेला माना जाता है। यहीं पास में पीपुल्स फ़ॉर एनिमल्स की गौशाला भी है।

सिरोही दुर्ग का अधूरा विज़िट

सिरोही का किला अब आम लोगों के लिए नहीं खोला जाता। संयोग से हम जब वहाँ पहुँचे तो मुख्य दरवाज़ा खुला हुआ था। हमने मौका देख कर अन्दर प्रवेश किया और वहाँ के केयर टेकर से अनुरोध किया कि हम सिरोही का यह दुर्ग देखना चाहते हैं, लेकिन उस भले आदमी ने हमें पूरी दृढ़ता से मना कर दिया। उसका यह कहना था कि पूर्व राजपरिवार की इजाज़त के बिना कोई भी इसमें नहीं जा सकता। हालाँकि उसने यह भी कहा कि एक दिन के लिए यह खुलता है, जब सब लोग इसमें स्थित एक मन्दिर तक जा कर पूजा-अर्चना कर सकते हैं। हमने ज़्यादा समय वहाँ बिताना उचित नहीं समझा, तब तक बोधि फ़ाउंडेशन के तत्कालीन सचिव प्रदीप बोधि हमसे मिलने पहुँच गए थे। हम पूरा राम जी के घर लौटे और दोपहर का भोजन किया, कुछ देर बातें हुईं, पूरा राम जी और उनके परिवार को धन्यवाद पत्र सौंपा और पिण्डवाड़ा के लिए निकल गए। सिरोही हाईवे पर बना टनल अरावली पर्वत शृंखला को काट कर बनाया गया है, यहाँ जगह-जगह पर 'चट्टानें गिर सकती हैं' की चेतावनी लिखी हुई थी। रास्ते में एक होटल पर चाय पी ताकि धूप और भोजन से पैदा आलस से मुक्ति पाई जा सके।

लोदरा माताजी, पीपेला

सिरोही से पिण्डवाड़ा होते हुए हम रोहिड़ा पहुँचे, लगभग 31 किलोमीटर का सफ़र चालीस मिनट में तय हो गया। यह पिण्डवाड़ा तहसील का गाँव है और जालोर सिरोही संसदीय क्षेत्र में आता है। यहाँ लोग मारवाड़ी बोलते हैं। पढ़े-लिखे लोग हिन्दी बोलते हैं और अधिकांश लोग हिन्दी समझ लेते हैं। राष्ट्रीय राजमार्ग क्रमांक 27 से यहाँ पहुँचा जा सकता है। यहाँ निकट में सागी और कृष्णावती नदियाँ हैं, जो सदानीरा नहीं हैं, बरसाती हैं। सात-आठ हज़ार की आबादी वाला यह गाँव अब किसी कस्बे से कम नहीं है। हमारे रोहिड़ा पहुँचने पर सामाजिक कार्यकर्ता ओम प्रकाश जी दहिया मिल गए। उनके साथ प्रवासी पत्रकार दिनेश्वर जी माली भी थे, दोनों का साथ मिल जाने से हमारे लिए इस गाँव को जानना आसान हो गया।

दिनेश्वर जी का प्रस्ताव था कि अरावली के मुसाफ़िरों को रोहिड़ा के सुप्रसिद्ध गुलाब जामुन खिलाये जायेंगे। हमें बाज़ार में ले जाया गया और वहाँ पर बिठा कर चाय-नाश्ता करवाया गया। दिनेश्वर जी इसी गाँव के मूल निवासी हैं, परन्तु रहते मुंबई में हैं, वे राजस्थानी कवियों, लेखकों और मंच संचालकों की डायरेक्ट्री निकालते हैं। उनके आलेख विभिन्न पत्र-पत्रिकाओं में प्रकाशित होते हैं। वे यहाँ-से-वहाँ प्रवास करते हैं और मुंबई तथा रोहिड़ा को एक-दूसरे से जोड़े रखते हैं।

दिनेश्वर जी और ओम जी ने कहा कि हम सबसे पहले आपको एक ऐसी जगह ले जाना चाहते हैं जहाँ कभी सोने, चाँदी और ताम्बे जैसी बहुमूल्य धातुओं की खान थी, वहाँ पर एक मन्दिर में गुफ़ा है जो माउन्ट आबू जाकर निकलती है। यह सुनकर तो मेरी भी तीव्र इच्छा उक्त स्थान को देखने की हो आई। हम लोग गाड़ी में सवार हुए और लोदरा माता जी मन्दिर पीपेला पहुँच गए। मन्दिर काफ़ी पुराना लग रहा था, प्रतिमा देखने के साथ-साथ हमें उस गुफ़ा के भी दर्शन हो गए, शायद कभी यह गुफ़ा काम में ली जाती रही होगी, अब तो उसमें पत्थर और मिट्टी ही भरी नज़र आई, वैसे भी इतनी संकरी गुफ़ाओं से कैसे लोग एक जगह से दूसरी जगह जाते रहे होंगे, क्या उनका दम नहीं घुट जाता था? यहाँ धर्मशाला में स्थित पहाड़ी चट्टान में चमगादड़ भरे पड़े हैं। यहाँ पर शिलाजीत रिसता रहता है, स्थानीय साथी हमें सामने की पहाड़ी तक ले गए, जहाँ पर विदेशी लोगों ने खुदाई शुरू की थी, कोई व्यवस्थित माइनिंग तो नहीं मिली, लेकिन लोग इस बात पर पक्का यकीन करते हैं कि यहाँ सोने-चाँदी की खुदाई होती है। हमें बताया गया कि यहाँ के बारे में डॉ. पूना राम विस्तृत जानकारी रखते हैं जो हिस्ट्री के लेक्चरार हैं। हम डॉ. पूनाराम से नहीं मिल पाए।

रोहिड़ा में अलाउद्दीन खिलजी द्वारा ध्वस्त किया गया एक मन्दिर भी है। उसे भी देखने गये। इस मन्दिर के बारे में ज़्यादा जानकारी स्थानीय निवासियों से नहीं मिल पाई, अधिकतर सुनी-सुनाई बातें थीं। मुझे तो इस बात में भी संदेह लगा कि इसको धवस्त करने अलाउद्दीन आया होगा, लेकिन हो भी सकता है। ऐसी ही एक कहानी सारणेश्वर मन्दिर की भी सुनाई गई। आजकल हिन्दू-मुस्लिम द्वेष की कथाएँ खूब प्रचलन में हैं, यह बात भी सही है कि जब भी एक राजा दूसरे राजा पर हमला करता था तो वह मन्दिर तोड़ देता था, इसमें मुस्लिम और हिन्दू दोनों तरह के शासक थे। कुछ का उद्देश्य धार्मिक भावनाएँ आहत

करना भी रहा होगा, लेकिन ज़्यादातर तो मन्दिर की बेशकीमती मूर्तियाँ और उनके नीचे छिपे कथित खज़ाने के लोभ में भी आक्रान्ता बुत शिकनी करते थे।

मन्दिर, मस्जिद मेरी रुचि के विषय नहीं हैं, लेकिन अरावली के सफ़र में बहुतायत में इन संरचनाओं से पाला पड़ रहा है, इनके ज़रिये भी इतिहास को खंगाला जाना और जन-मानस की आध्यात्मिक, धार्मिक आस्थाओं को पहचानना सरल हो पा रहा है, वैसे भी यह भी समझ में आ रहा है कि अगर अरावली कुछ बचा हुआ है तो उसके दो मुख्य कारण हैं, पहला इन पहाड़ियों पर विभिन्न धर्म स्थलों का होना और दूसरा आदिवासी और अभ्यारण्य का होना, वर्ना तो पूरा अरावली खुदकर खाई बन चुका होता, इसलिए मैंने धर्मस्थलों के प्रति मेरे भीतर मौजूद प्रतिरोध के भाव को दबाकर स्वयं को इस बात के लिए तैयार किया कि इस यात्रा में भाँति-भाँति के लोग और आस्थाओं से मुलाकात होगी। सबका सम्मान करते हुए, सबके प्रति सद्भाव रखकर आगे बढ़ना है। इस यात्रा में 'ना काहू से दोस्ती ना काहू से बैर' का भाव लेकर हम लोग बढ़ रहे हैं।

रोहिड़ा मुझे इसलिए भी खींच रहा था, क्योंकि यह इतिहासकार गौरीशंकर हीराचंद ओझा का पुश्तैनी गाँव है, जहाँ पर उनका परिवार, उनकी हवेली और समाधि स्थित है। ओझा अपने ज़माने के बड़े इतिहासकार थे। मुझे लेखकों, साहित्यकारों, कवियों, कलाकारों के निवास और कर्मस्थलियों पर जाने का सदैव ही आकर्षण रहा है, इसलिए ओझा जी की हवेली देखने को निकले। गली संकरी होने के कारण गाड़ी से जाना मुश्किल ज़रूर था, फिर भी उनकी गली तक तो पहुँच ही गए। सामने बड़ी सी दोमंज़िला हवेली थी, दरवाज़े बंद थे, दिनेश्वर जी ने घंटी बजाई, एक व्यक्ति जिनकी उम्र करीब 65 साल लग रही थी, वे बाहर आये। उनका नाम कमलेश ओझा था, वे इतिहासकार गौरीशंकर ओझा के पौत्र हैं। उन्होंने अन्दर नहीं बुलाया और न ही फ़ोटो लेने की इजाज़त दी, खड़े-खड़े ही बात की। बोले—''जो कुछ भी थे, वे तो ओझा जी थे, हम उनकी संतानें हैं, सिर्फ़ उनके नाम से नहीं जाने जाना चाहते हैं।'' उन्होंने बताया कि चौराहा अरट पर उनकी समाधि है, दरअसल यह ओझा परिवार का फ़ार्म हाउस है, खेतों में फ़सलें लहलहा रही थीं, मज़दूर काम कर रहे थे। हम लोग अब ओझा जी की समाधि पर थे। उस पर शिवलिंग स्थापित है, यह एक छोटा-सा मन्दिर जैसा बन चुका है। कुछ देर वहाँ रुके और रोहिड़ा गाँव में लौट आये। दिनेश्वर जी माली ने कहा—''साहित्य, कला और इतिहास पेट भरने का विषय

नहीं है।'' उनकी यह टिप्पणी शायद गौरीशंकर हीराचंद ओझा की स्मृतियों के सहेजे नहीं जाने अथवा उनकी उपेक्षा कर दिए जाने से उभरी होगी।

दिनेश्वर माली जी ने हमें बताया कि इतिहासकार गौरीशंकर हीरानंद ओझा का जन्म 15 सितम्बर 1863 को इसी रोहिड़ा गाँव में हुआ। उनकी प्रारम्भिक शिक्षा मुंबई में हुई। उन्होंने प्राकृत व संस्कृत का अध्ययन किया और रॉयल एशियाटिक सोसायटी की लाइब्रेरी में उन्होंने इतिहास ग्रंथों का गहन अध्ययन किया, इसी दौरान वे रोम और राजपूताने के इतिहास की तरफ़ आकृष्ट हुए। उनको प्राचीन शिलालेख और ताम्रपत्र पढ़ने में विशेष महारत हासिल हुई। इतिहासकार ओझा की मदद से कविराज श्यामलदास कृत *वीर विनोद* की रचना संभव हो पाई। उन्होंने सन् 1911 में सिरोही राज्य का इतिहास प्रकाशित करवाया। उन्होंने इतिहास की कई किताबें लिखीं और बहुत सारी पुरा सामग्रियों का संपादन किया। उनको राय बहादुर, महामहोपाध्याय, साहित्य वाचस्पति जैसी उपाधियाँ मिलीं। वे हिन्दी, अंग्रेज़ी, पाली, प्राकृत, गुजराती और मराठी भाषाओं में सिद्धहस्त थे। 27 मई 1948 में उनका निधन हो गया।

ओझा जी की समाधि से लौटे तो ओम जी दहिया ने अपने घर पर चाय तैयार करवा दी थी। उनके आग्रह को टालना मुमकिन नहीं था, वैसे भी चाय के लिए कौन मना करता है, कम-से-कम मैं तो कभी मना नहीं करता। मुझसे चाय का अपमान बर्दाश्त नहीं होता, मेरे लिए चाय संजीवनी बूटी है। मैं बिना कुछ खाए चाय के सहारे सफ़र करता हूँ और अपना काम करता रहता हूँ, हालाँकि अत्यधिक चाय एसिडिटी करती है और भूख को भी मार देती है। मेरे लिए जनसम्पर्क का सबसे अच्छा ज़रिया चाय है। इसलिए ओमजी के घर की चाय स्वीकार की गई। चाय अच्छी थी, उबली हुई और कम शक्कर वाली, पीकर ताज़गी आई। यहाँ आने का एक और फ़ायदा हुआ, ओमजी के पिताजी रामा राम जी दहिया से मुलाकात हो पाई, जो भारतीय सर्वेक्षण विभाग में सेवारत थे, अब सेवानिवृत्त हो चुके हैं। उन्होंने अपने सेवाकाल के दौरान एकत्र की गईं वस्तुओं की पेटी खोल दी, जिसमें तरह-तरह के सामान रखे थे। सर्वे के दौरान विभिन्न जगहों से उन्होंने पाषाणों, धातुओं, सिक्कों, डाक टिकटों, पात्रों व तलवारों तक का कलेक्शन किया था। इस एंटीक सामग्री को देखकर बड़ा अच्छा लगा। इसी दौरान उन्होंने अपनी एक डायरी दिखाई जो वे प्रतिदिन लिखते थे, हालाँकि इसमें सिर्फ़ हिसाब-किताब और कहाँ गए, आये इसका

ही विवरण था। इस डायरी के कुछ पन्ने चूहे कुतर चुके थे। इसमें दर्ज हिसाब पढ़ना रोचक था—तब प्याज एक रुपये किलो मिलता था और मिर्च, गोभी तथा टमाटर रुपयों में नहीं बल्कि पैसों में मिलते थे। भरपेट भोजन 1 रुपया 20 पैसे में उपलब्ध था, घी वगैरह बहुत सस्ते थे, किराया बहुत मामूली था। आज की तुलना में कितना सस्ता था सब कुछ यह जानकर कुछ देर ही सही अच्छा लगा।

रोहिड़ा में अब हमारा अंतिम कार्यक्रम रोहिड़ा के मेघवाल समाज के रामदेव मन्दिर में आयोजित किया गया था। हमने यहाँ पर आये साथियों से बातचीत की। उनकी तरफ़ से बँधवाये गए साफ़े और माला को अहोभाव से स्वीकार किया और हमारी ओर से यहाँ एक देवालय पुस्तकालय की स्थापना की गई। हमें भी दिनेश्वर जी माली ने कुछ किताबें और पत्र-पत्रिकाएँ भेंट कीं, जिनके लिए उनको शुक्रिया कहते हुए हम कोटड़ा की राह पर चल दिए।

रोहिड़ा से कोटड़ा मार्ग सिंगल रोड है पर अच्छा है। इस मार्ग पर आवागमन का मुख्य साधन महिंद्रा की जीपें हैं, जिनको यहाँ जीपड़ा कहा जाता है। इन जीपड़ों को देखकर आश्चर्यचकित हुए बिना नहीं रहा जा सकता। ग्यारह सीटर इन गाड़ियों में 45 से 50 सवारियाँ लाद कर महिंद्रा कम्पनी की ये जीपें सरपट दौड़ती हैं, इसमें पच्चीस लोग सीटों पर, पाँच लोग बोनट पर और 15 लोग जीप की छत पर बैठते हैं। ड्राइवर लटक कर गाड़ी चलाते हैं, अगर उनको स्टीयरिंग का सहारा न हो तो कभी भी गिर सकते हैं, पर गिरते नहीं हैं। बड़े सिद्धहस्त ड्राइवर हैं, बस जितनी सवारियाँ जीप में ढो लेते हैं। आदिवासी लड़के हों अथवा लड़कियाँ हर कोई जीप की छत पर सवारी करने से लेकर पीछे लटक कर यात्रा करने के रोमांच से वंचित नहीं होना चाहता।

रोहिड़ा से भूला, गोपालाबेड़ा, कुकावास, जेड, बारवेल, मांडवा आदि गाँवों में होकर हमने उदयपुर ज़िले में प्रवेश किया, फिर साडमारिया, कागवास, कोदरमाल, गोदाफल आदि गाँवों से गुज़रे। रास्ता सघन वन क्षेत्र से होकर निकला। ढाक, पलाश, सीता फल, खजूर, चंद्रजोत, बेर, इमली, नीम के बड़े-बड़े घने पेड़ मिले, खेतों में सौंफ, सरसों, गेहूँ, राइड़ा, गन्ना आदि की खेती देखकर मन मुदित हुआ। सफ़ेद सींगों वाली गायें और बैल यहाँ की विशेषता हैं, आदिवासी महिलाएँ अपनी परम्परागत पोशाक में यत्र-तत्र आती-जाती दिखती रहीं, यहाँ अब भी लोग साइकल पर चलते हैं। आदिवासी युवा मोटर बाइक तो बहुत ही तेज़ और रफ़ ड्राइव करते देखे जा सकते हैं। यह स्टाइल

मारना कई बार बहुत ही घातक साबित होता है, पर इस पीढ़ी को रफ़्तार से बहुत प्यार है। वे स्लो होना या रहना जैसे जानते ही नहीं हैं। ग्राम पंचायत धधमता का बोर्ड दिखा, उससे आगे निकले तो लेफ़्ट साइड में एक नहर नज़र आई जो सिंचाई के लिए दूर तक ले जाई गई। कुकावास में राशन की उचित मूल्य की सरकारी दुकान पर भारी भीड़ मिली। सरकार की खाद्य सुरक्षा योजना इन दुर्गम आदिवासी क्षेत्रों के लिए कितनी आवश्यक है, यह यहाँ आने पर ही पता चल पाता है, जो लोग फ्री बीज या खैरात की बातें करते हैं, उनको यह समझना पड़ेगा कि एक कल्याणकारी राज्य की नागरिकों के पोषण में सुनिश्चित भूमिका होनी ही चाहिए।

कोटड़ा पहुँचने तक सड़क के दोनों तरफ़ झोंपड़ी, दुकानें और टी स्टाल दिखे, पहाड़ों पर छितरे हुए मकान और बिखरी हुई आबादी, खजूर के पत्तों से बने घर आते रहे, सजे-संवरे स्टाइलिश आदिवासी युवक-युवतियाँ गाँव-गाँव में घूमते मिले। कुछ गाँवों में पहाड़ की टेकरियों पर लोग जमा थे। पूछने पर ज्ञात हुआ कि आजकल आदिवासी अंचल में उत्सवों का मौसम है। देवी-देवताओं की नई मूर्तियों की स्थापना से लेकर शादी-ब्याह तक इन्हीं दिनों चलते हैं। आदिवासी समाज मूलत: संतोषी, अपरिग्रही और उत्सवधर्मी है। वह अभावों में भी नाच सकता है और जी भर कर गा सकता है, वह नैसर्गिक है, उसमें बनावटीपन अब भी उतना प्रभावी नहीं है, जितना अन्य समुदायों में घर कर गया है।

करीब दो-ढाई घंटे का सफ़र होने को था, शाम होने में अभी कुछ देर थी। हम लोग आदिवासी विकास मंच के कोटड़ा स्थित कैम्पस में पहुँच चुके थे, जहाँ पर सरफ़राज़ शेख साहब, उदय सिंह जी और अन्य साथियों की मौजूदगी में हमारा आदिवासी परम्परा के अनुसार स्वागत किया गया। हमने गाड़ी से सामान उतारा और बचे हुए समय का उपयोग करते हुए हाफ़िज साहब से मुलाकात हेतु जाने की जल्दी की, सरफ़राज़ साहब साथ थे, कुछ ही देर में हम हाफ़िज साहब के सामने थे, फिर तो उनसे जो बातें हुईं, वे दुनिया जहाँ की थीं।

आपको बताते हैं कि हाफ़िज मियां आखिर हैं कौन और सरफ़राज़ भाई हमको उनसे मिलवाने क्यों लाये? 78 वर्षीय हाफ़िज साहब का पूरा नाम है अब्दुल हफ़ीज खान। पूर्व सरपंच हैं। इनके पिता अब्दुल अजीज खान भी सरपंच रहे हैं, उनको लोग अजीज फ़ौजदार के नाम से जानते थे। यह खानदान

मूलतः अफ़गानिस्तान से आया, आफरीदी पठान है। कहते हैं कि ये युसुफजई कबीला कासगंज का है, इनको इस इलाके में डकैतों से बचाव के लिए अंग्रेज़ लेकर आये थे।

कोटड़ा एक सैन्य छावनी थी, यह बड़ी सामरिक महत्त्व की जगह रही है। यहाँ चारों तरफ़ आदिवासी हैं, लेकिन कोटड़ा कस्बे में पठान मुस्लिम ठीक-ठाक संख्या में आज भी निवास करते हैं। आदिवासियों और मुस्लिमों के मध्य का रिश्ता सदैव से भाईचारे तथा सौहार्द का रहा है। आदिवासी लोग अपने झगड़ों में सुलह आदि के लिए अजीज फ़ौजदार की मदद लेते थे। फ़ौजदार परिवार भी होली के वक्त गैर नृत्य का आयोजन अपनी तरफ़ से करता था। आदिवासी इन पठान मुस्लिमों को अपना भाई बन्धु ही मानते रहे हैं। यह भाईचारा अब तक कायम है, हालाँकि कुछ दशकों से यहाँ वनवासी कल्याण परिषद जैसे संगठन सक्रिय हैं जो हिन्दू-मुस्लिम और आदिवासी भाईचारे के प्रति संदेह का भाव रखते हैं, लेकिन अधिसंख्य आदिवासी आज भी सह अस्तित्व से जीते हैं और एक-दूसरे की खूब मदद करते हैं।

हम हाफ़िज जी के पास जोगीवड गाँव पहुँचे हुए हैं जहाँ उन्होंने बेहद गर्मजोशी से हमारा इस्तकबाल किया। चाय पेश की और बातें शुरू हुईं। वे राष्ट्रीय एकता और सौहार्द के लिए काम करते हैं। बीच-बीच में वे 'सुनिये न' कहना नहीं भूलते थे। यह एक तरह से उनका तकिया कलाम ही था। उन्होंने जब बोलना शुरू किया तो फिर वे ही बोले, हमें तो मज़ा आ रहा था, उनके बात करने के तरीके और जानकारियाँ हमें चकित कर रही थीं। सबसे पहले तो उन्होंने अपने खानदान की गर्व और घमंड से भरी कहानी बयां की, जिसमें शूरवीरता के किस्से थे। उन्होंने बताया कि उनके पुरखों ने इस जंगल में आदमखोर शेर तक को मारने का काम किया है।

हाफ़िज साहब ने कहा—"यह अरावली आदिवासियों की माँ है, दोनों का रिश्ता बहुत गहरा है, माँ-बेटे की तरह रहते हैं एक साथ। अरावली पहाड़ ने इनका बहुत साथ दिया, खूब वन उपज होती थी, मूसली वगैरह। सफ़ेद मूसली तो अब ख़त्म ही हो गई है। कोटड़ा के पास जो नदी है, 1918 तक कोटड़ा की उस नदी से भिश्ती अपनी मश्क से पानी सप्लाई करते थे, यहाँ पर मेवाड़ भील कोर की बटालियन थी, जिसमें आदिवासी और मुसलमान सैनिक हुआ करते थे।"

हाफ़िज जी आदिवासी विकास मंच और आस्था संस्थान से अपने जुड़ाव को भी याद करते हैं और बताते हैं कि शुरू-शुरू में जिनी श्रीवास्तव यहाँ आई थीं, हमसे मिलीं और अपने मंसूबों के बारे में बताया तो हमें बड़ी ख़ुशी हुई, तब से उनकी संस्था को हमारी मदद रहती है। ये लोग अच्छा काम आदिवासियों के बीच कर रहे हैं। बात लम्बी होती जा रही थी, दिन भर की थकान अपना असर दिखाने लगी थी। मैंने सरफ़राज़ जी को इशारा किया और हमने हाफ़िज साहब से फिर मिलने का कहते हुए विदाई ली। आस्था के सेंटर पर जो अब आदिवासी विकास मंच का मुख्यालय है, वहाँ पर रुकने और खाने की व्यवस्था की गई थी। परम्परागत आदिवासी भोज ने यात्रा की सारी थकान मिटा डाली। जमकर खाया और फिर मौका पाकर नींद की आगोश में समा गए ताकि कल फुलवारी की नाल का सफ़र कामयाब हो सके।

पाँचवाँ दिन

उड़ने वाली गिलहरियों के इलाके में

आज हमारे साथ आदिवासी विकास मंच के वरिष्ठ कार्यकर्ता धर्मचंद जी खैर और बाबूलाल जी हैं। ललित ने कैमरा लेकर मोर्चा सँभाल लिया है और हीर जी ने गाड़ी का स्टेरियिंग हाथ में ले लिया है। मैं और धर्म जी बातचीत के मोर्चे पर डटे हैं। सुबह-सुबह नाश्ते की जगह हमने खाना ही खा लिया। आज फुलवारी की नाल में जाना है, खाना तो दूर चाय और मोबाइल का नेटवर्क भी मिलना मुश्किल होगा, ऐसी बातों से हमें डराया जा चुका है और हमने भी पर्याप्त डरने का अभिनय कर लिया है।

फुलवारी की नाल वन्य जीव अभ्यारण्य है, नाल का आशय है दर्रा अथवा यों समझ लीजिये कि पुराने वक़्त का रास्ता। पूरे अरावली में बहुत सी नालें हैं, जिनका ज़िक्र अक्सर आता रहेगा। फुलवारी के दर्रे को वन्य जीव अभ्यारण्य 6 अक्टूबर 1983 को घोषित किया गया था। यह उदयपुर ज़िले में कोटड़ा और झडोल तहसीलों में फैला हुआ है, इसका विस्तार गुजरात की सीमा तक है। इस अभ्यारण्य में 134 गाँव बसे हैं, जिनमें से कुछ गाँवों में आज हम जायेंगे और वहाँ के निवासियों के साथ समूह चर्चा करेंगे।

फुलवारी की नाल की यह ख़ासियत है कि इसमें उड़ने वाली गिलहरियाँ पाई जाती हैं। बड़ी हसरत थी कि अपने यहाँ चलने वाली गिलहरियों को यहाँ उड़ते हुए देखेंगे, हालाँकि यह संभव नहीं हुआ। शायद हमारे आने की खबर पाकर वे पहले ही उड़ गई होंगी, उड़ने वाली चीज़ों का क्या भरोसा? न जाने कब फुर्र हो जायें।

और भी वन्य जीव जो इस सेंचुरी में पाए जाते हैं वे अनूठे ही हैं। चार सींगों वाला मृग जिसे यहाँ चौसिंगा कह कर पुकारा जाता है, मैं उसे देख कर सोचने लगा कि क्या इसे पता है कि हम इसे क्या कहते हैं? या वो हमें क्या

कह कर बुलाते होंगे, हमारे सिर से सींग गायब होने की वजह से क्या वे हमको बेसिंगा कहते होंगे? कौन जाने?

कोटड़ा से फुलवारी की नाल के भ्रमण में हम धर्मचंद जी से यहाँ के आदिवासी जन जीवन और इस इलाके के बारे में जानने का प्रयास करेंगे, इसलिए गाड़ी में बैठते ही बातचीत शुरू हो जाती है। आस्था संस्थान और आदिवासी विकास मंच से जुड़े सामाजिक कार्यकर्ता धर्मचंद जी खैर बहुत मीठे तरीके से ठहर-ठहर कर बोलते हैं। उनके पास ज्ञान और अनुभव का भंडार है, वे स्वयं भी आदिवासी हैं और विगत 30 सालों से अपने समुदाय के सवालों को देश के हर मंच पर उठा चुके हैं। उनके समृद्ध अनुभवों और समझदारी का लाभ आज हम लेने के लिए सन्नद्ध हैं। जैसे-जैसे वो बोलते हैं, मेरी जिज्ञासा बढ़ती जाती है।

धर्म जी बताते हैं—"कोविड से पहले आदिवासी समाज में शादियाँ मार्च, अप्रैल, जून और जुलाई में होती थीं, लेकिन इस बार नवम्बर, दिसम्बर, जनवरी, फरवरी की सर्दियों में हो रही हैं। हमारे जीवन में भी बदलाव आ रहा है। अब खेत-खलिहान, पर्यावरण सब दूषित हो गए हैं, पहले सब कुछ यहीं से लेते थे, यहीं रहते थे, यहीं का पानी पीते थे, यहीं का धान खाते थे, सब्ज़ियाँ मंडी से खरीद कर लाने का प्रचलन नहीं था, अपनी ज़रूरत की सब चीज़ें हम अपने घर और खेतों में उगा लेते थे, बेचने जितना नहीं, लेकिन खरीदने की भी ज़रूरत नहीं पड़े इतना उपजा लेते थे। अब हमें काम के सिलसिले में बाहर जाना पड़ता है। इस प्रवास के चलते बाहर की समस्याएँ, बीमारियाँ, रासायनिक बीज और दवाएँ और अन्य चीज़ें हम पर प्रभाव डाल रहे हैं। जंगलों में तो नॉर्मल डिलीवरी ही होती थी, अब हॉस्पिटल जाना पड़ता है, बड़ी बीमारियाँ नहीं थीं, कैंसर जैसी तो कभी नहीं सुनी, शुद्ध खाते थे और जमकर काम करते थे, अब जब सब उपलब्ध है तब कुपोषण ज़्यादा नज़र आता है।"

मैं सोचता हूँ कि धर्म जी क्या अतीत में चले गए हैं? वे भी सामान्य लोग जिस तरह से पहले और अब में तुलना करते हैं, वैसा ही कर रहे हैं? क्या हर कार्यकर्ता एक समय के बाद ऐसा हो जाता है? क्या यह निराशा है या बस वो कहने के लिए ही ऐसा कह रहे हैं? क्या वाकई पहले सब कुछ अच्छा था और अब सब बिगड़ चुका है? मैं उनकी बातें सुनते हुए एक अन्तर्द्वन्द्व का शिकार हो जाता हूँ और अपने आप से लड़ने लगता हूँ और खुद को समझाता हूँ कि

मैं इतना जल्दी क्यों आलोचनात्मक हो जाता हूँ, मुझमें धैर्य से बातें सुनने और सहने की आदत क्यों नहीं विकसित हो जाती, मैं अपने आप में ही डूबा रहता अगर धर्मचंद जी की आवाज़ मुझे वर्तमान में नहीं खींच लाती तो...।

अब धर्म जी अपनी रोचक यादों की कहानियों की तरफ़ मुड़ गए हैं। वे बताते हैं—''पहली बार हमारे घर में गुड़ की चाय बनी थी, पतीली में? नहीं जी, वो तो होती ही नहीं थी, मिट्टी की हंडिया में बनी, जिसे बुजुर्गों ने प्यालों में पिया। हम बच्चों को चाय नहीं दी जाती थी। सब्ज़ियाँ बहुत कम तेल, मसालों की बनती थीं पर वैसा स्वाद अब कहीं नहीं मिलता। चने के पत्तों की भाजी बनती थी, गुंदे के फूल और कोमल कोंपलें भी इस्तेमाल की जाती थीं, एक कुंवाड़ा नामक वनस्पति होती है, उसको पालक की तरह बनाया जाता था। रात में मकई निकालने के बाद बचे डून्डियों पर आग लगा कर मक्की के आटे के पानीये बनाये जाते थे। इनको पानिया इसलिए कहा जाता था, क्योंकि यह पान (पत्तों) में रखकर सेंके जाते थे। इसका आकार इडली से थोड़ा सा बड़ा होता था और पतला भी, अक्सर ये सफ़ेद मक्की के आटे से बनाये जाते थे। साथ में देशी मुर्गा और उड़द की दाल होती थी तथा लाल मिर्च की सिलबट्टे पर पिसी हुई चटनी साथ में खाने को मिलती थी।''

धर्म जी जब यह वर्णन कर रहे थे तो मुझे किसी रिज़ोर्ट्स या स्टार होटल की याद आ रही थी, जहाँ पर यह देशी स्वाद हज़ारों रुपये के भुगतान पर उपलब्ध होता है, उसमें भी ऐसे स्वाद की गारंटी नहीं जैसा इस आदिवासी अंचल के किसी भी गाँव में सहज ही प्राप्य है। अभी धर्म जी का खान-पान सम्बन्धी वार्तालाप समाप्त नहीं होने जा रहा है, वे किसी मास्टर शेफ़ की भूमिका में आ गए हैं लेकिन पुराने वक्त के जो शायद सदियों बाद फिर से पृथ्वीलोक के दौरे पर आये हुए हों और हर चीज़ को अपनी पुरातन स्मृतियों की तुला पर तोलने को उद्धत हों।

खैर, धर्मचंद जी खैर ने बताना जारी रखा, अब वे कालांतर में खाद्य तेल की उपलब्धता पर बात कर रहे थे। उन्होंने बताया—''शुरू में तेल था ही नहीं, रात में हांडी में कुछ वृक्षों के फूल और पत्ते आदि चढ़ा देते थे, रात भर पकता, सुबह निचोड़ कर मोम को गर्म करके अंगारे पर डाल कर उसके धुएँ की छौंक (बघार) लगा देते थे। मसाले के नाम पर मिर्च, लहसुन, नमक और धनिया डालते थे। नॉनवेज में मुर्गा, बकरा, भैंसा, मछली, तीतर, खरगोश और जंगली

सूअर बनता था, सिर्फ़ गर्म पानी के अदहन में पकाते थे, ऊपर से पूरी मिर्च डालते थे, घी की छौंक लगाते थे, दही भी डालते थे।''

हमारे इस आदिवासी इलाके में बहुत ज़रूरी होने पर तेल जंगल के डोलमा के पके फलों से निकाला जाता था। डोलमा यहाँ महुआ के बीजों को कहा जाता है, तो महुआ के बीज लेकर उन्हें ओखल में कूटते थे और जब उसमें से चिकनाई रिसने लगती तो कपड़े की पोटली में लेकर निचोड़ लेते थे, यही तेल था, बहुत मुश्किल से थोड़ा सा निकलता था, इसलिए उपयोग भी बहुत कम किया जाता था। घी का ही प्रचलन अधिक था, कच्चा तेल निकालने की बैलों वाली घाणी और मशीनें तो बहुत बाद में हमारे यहाँ तक पहुँचीं।

धर्मचंद जी अब भोजन से सीधे अपने इतिहास में कूद गए। अपने खैर आदिवासी वंश की वंशावली पर उन्होंने बात कुछ इस तरह से बताई—चित्तौडगढ़ से हमारा भाट आता है, वो बताता है—हम खैर लोग चित्तौड़ से निकले हैं, हमारे पुरखे खर्व राजपूत थे, जो अब खरवड़ कहलाते हैं, उनका भाट और हमारा भाट एक ही है। हमारे पुरखों ने पारगी आदिवासियों के संग खान-पान किया, हुक्का पिया तो बाकी राजपूतों ने इस पर आपत्ति जताई और उनका बहिष्कार कर दिया। इस तरह हम लोग आदिवासी समाज में शामिल हो गए।

अन्य दलित आदिवासी और पिछड़ी जातियों के उद्‌भव एवं क्रमिक विकास के कथानक भी खान-पान अथवा स्त्री संसर्ग के अनुलोम-प्रतिलोम व्यवहार की ही एक सी घटनाएँ बयां करते हैं। सब तरफ़ ऐसी ही बातें न केवल कही-सुनी जाती हैं बल्कि उनके लिखित जातीय इतिहासों में भी यह दर्ज है, उनके वंशावली लेखक भी उनको यही कहानी सुनाते आये हैं सदियों से, मैं इसमें एक सा पैटर्न देखता हूँ।

धर्मचंद जी बोले—समाज का जो इतिहास बना, पहले तो सिर्फ़ मानव समाज का ही था। जंगली कंद-मूल से अन्न पर आया होगा, पहले अक्षत अनाज खाया होगा, फिर उसे पत्थर पर, अंगारों पर सेंका होगा, खाया होगा, ऐसे देखें तो सबके पुरखे आदिवासी ही थे। धर्म जी के पिताजी रूपा राम जी 100 बरस तक जिये। वे गाँधी जी से मिले थे, जीवन भर निर्व्यसनी जीवन जिया। कभी बीमार नहीं पड़े। आदिवासियों में आध्यात्मिकता व शाकाहार का प्रचार-प्रसार करने वाले भगत मूवमेंट से जुड़े रहे थे।

पहले यहाँ लंगोटी को पपोटी कहा जाता था। जन्मदिन, उम्र और समय

का कोई मसला यहाँ नहीं रहा है। लोगों को जो समय बताओ, उस पर वे आ जायेंगे, इसकी उम्मीद करना व्यर्थ ही है। वे सुबह नौ बजे आने की हामी भर कर शाम को छह बजे आते हैं और माफ़ी भी नहीं माँगते, कभी-कभी तो आते भी नहीं, मस्त रहते हैं। उनको समय से नहीं बाँधा जा सकता, वे घड़ी की सुइयों के आधार पर चलना उचित नहीं मानते। उनके पास अनंत समय है और अनंत आशाएँ हैं, उम्र के बारे में पहले तो यह हाल था कि स्कूल में एडमिशन के समय जब टीचर पूछता कि उम्र क्या है बच्चे की तो माँ या पिता बच्चे को आगे करके टीचर से कहते थे—"इसको देख लो।" धर्मचंद जी और बाबूलाल जी कहते हैं कि हम आदिवासियों में जन्मदिन मनाने का कोई रिवाज नहीं है। कोई भला एक दिन में जन्मता है, जन्म-मरण तो सतत प्रक्रिया है, उसे किसी एक दिन या क्षण में बाँधना कुदरत के साथ अन्याय है।

अब हम नयावास गाँव में आ गए हैं, यहाँ पर हमें खैर वंश के बारे में और भी जानकारी मिलने वाली है। अब तक मैंने लिखित इतिहास पर ही भरोसा किया, यही बताया गया कि जो लिखा हुआ है और छपा हुआ है, वही इतिहास है, बाकी तो गप्पें हैं। बाद में जाकर समझ आया कि सरासर गपोड़े लिखित में भी मौजूद हैं और बेसिर पैर की बहुत सारी अविश्वसनीय बातें भी इतिहास के तौर पर परोसी जाती हैं। जबकि मैं तो वाचिक परम्परा से आया हूँ, हमारे यहाँ कंठी परम्परा को मान्यता दी गई है, जिसका मतलब होता है पीढ़ी-दर-पीढ़ी बातों को कंठस्थ करके आगे बढ़ाते रहना। मौखिक इतिहास को इतिहास नहीं मानने का खतरा यह है कि शास्त्र प्रमाण बन गए और शब्द ने ब्रह्मा का रूप धार लिया और कही-सुनी बातें महज़ कहा-सुनी तक सीमित कर दी गईं। लोग फिर अनुभव आधारित सच को सच मानने के बजाय एक व्यक्ति की बातें कहकर नकारने लगे, जबकि कही हुई बातें कभी एकल नहीं होतीं, वे तो सामूहिक स्मृति से आती हैं और बहुत सी बार समूह में ही कही जाती हैं।

आगे के गाँव नयावास में ओरल हिस्ट्री के प्रकांड इतिहासकारों से भेंट होने वाली है। गाड़ी काफ़ी दूर खड़ी करनी पड़ी, पैदल पगडंडी पर चलते-चलते एक स्थान आया जहाँ मोलेला के कलाकारों द्वारा बनाये गए घोड़े की टेराकोटा मूर्तियाँ सैंकड़ों की तादाद में नज़र आईं, यह आदिवासी देवरा है। जहाँ न पक्का निर्माण है और न ही देवता के बरसात से बचने का कोई उपाय, हर मौसम देवी-देवता को भी सहना पड़ता है। जैसे भगत वैसा ही देवता।

इसके बाद खेतों की मेड़ों पर होकर हम आगे बढ़ते हैं। काफ़ी देर चल चुकने के बाद नयावास आता है, जिसका चबूतरा तो काफ़ी पुराना है, टूटा-फूटा है, न कोई बिछायत है और न जल्दबाज़ी है, हमारे पहुँचने पर लोग आराम से आते हैं और एक गोल घेरे में हमारे पास बैठते जाते हैं। नयावास के सरपंच रायसा राम खैर से धर्मचंद जी हमारा परिचय करवाते हैं, फिर 70 वर्षीय लादू वेलाजी से मिलवाते हैं, अब हमारे पास बैठे हैं अनदा जमाल जी, चुन्नी लाल नरसाजी, मोती लाल लखमाजी, वजिया एनाजी और वेलिया नाथा जी। हमारे साथ आये सामाजिक कार्यकर्ता धर्मचंद जी को यहाँ अलग-अलग नाम से पुकारा जा रहा था। कोई उन्हें धर्मा कह रहा था तो कोई धर्म सिंह। धर्मचंद जी तो सिर्फ़ हम बोल रहे थे।

बुज़ुर्ग लादू वेलाजी अपने दाँत कुरेदते हुए बात करना पसंद करते हैं, उनको इस बात से कोई मतलब नहीं है कि आप बातचीत के दौरान दाँत कुरेदना अच्छा समझते हैं या बुरा। लादू जी के बाल सफ़ेद हो चुके हैं। उनको खैर वंश का इतिहास ज्ञात है, उनके अनुसार चित्तौड़गढ़ से खैरों का वंश चला, आबू पर्वत आये, आबू तक चार भाई साथ थे, इसके बाद वो वर्तमान गुजरात में स्थित कालीकाकर आये, चलते-चलते उनको प्यास लगी तो एक कुएँ के पास गए। वहाँ ननद-भोजाई पानी खींच रही थीं, चार गबरू जवानों को सामने पाकर दोनों महिलाएँ थोड़ी घबराईं, पर ननद जो कि अभी तक कुंवारी थी, वह एक भाई पर रीझ गई, भाई भी मन-ही-मन उसको दिल दे बैठा, भौजाई ने यह देखा तो बोली-"पसंद है तो साथ रह जाओ। वे आदिवासी औरतें थीं।"

भाइयों में फूट पड़ गई, दो भाई नाराज़ होकर आगे बढ़ गए, दो वहीं रह गए, जिनका नाम हाफ जी और मेहाजी था, वो यहीं रह गए, बाद में दोनों भाइयों ने आदिवासी लड़कियों से शादी कर ली और आदिवासी समाज में समाहित हो गए, पर लड़ाके तो थे, उनकी औलादें भी शूरवीर हुईं, मेहा जी के चार बेटों में खातरा और झाला लड़ाकू थे, उन दिनों बंजारे बालद लेकर आते थे, वे बैलों की पीठ पर सामान लाद कर गाँव-गाँव जाकर बिक्री करते थे, इसलिए बालदिया बंजारे कहलाते थे, इस बालद की डाकुओं से रक्षा की ज़िम्मेदारी दोनों भाइयों की थी।

दोनों भाइयों ने धीरे-धीरे पोशीना नामक गाँव तक आपराज्य (अपना राज) स्थापित कर लिया, यहाँ आदिवासी स्वशासन चलता था। वे टैक्स लेते थे

और लोगों को सुरक्षा देते थे, धीरे-धीरे उनकी ख्याति फैलने लगी, आदिवासी युवा उनके साथ जुड़ने लगे। एक बार वे बंजारों की बालद को सुरक्षित पार करवा कर लौट रहे थे कि पोशीना में वहाँ के ठाकुर करण सिंह बाघेला की जाजम से घोड़े पर बैठकर निकल गए। उस दिन से ठाकुर ने खातरा और झाला से झगड़ा शुरू कर दिया, बाद में बाघेला के जाजम प्रभारी जो कि एक आदिवासी था, उसने समझौता करवा दिया।

कहानी बहुत लम्बी होती जा रही थी, आदिवासी कहानियों की यह ख़ासियत मानी जाये कि उनकी एक कहानी में कई कहानियाँ होती हैं, जो कभी ख़त्म होने का नाम ही नहीं लेतीं, शायद आज हमारे साथ भी यही होगा, क्योंकि अभी तो यह शुरुआत भर थी, उपरोक्त कहानी ख़त्म होने को ही थी कि लादू वेलाजी ने दूसरी कहानी प्रारम्भ कर दी। कहानी उन्हीं खातरा जी और झाला जी नामक दो गबरीले जवानों की वीरता की ही थी, जो अब पोशीना के राजा के दोस्त बन चुके थे, मगर बाघेला राजा तो आततायी था। कहते हैं कि खेरोद और सांगद में जैनी बनियों का कोई आयोजन होने वाला था, शाकाहारी पकवान बन रहे थे, जैनियों ने बाघेला राजा को खाने का निमंत्रण नहीं दिया, राजा नाराज़, उसने आदेश दिया कि जैनियों के भोज को अशुद्ध किया जाये, उसने भैंसे कटवा कर भोजन में डलवा कर खाना अशुद्ध कर दिया। हिन्दू राजा की इस हरकत से नाराज़ जैनी शिकायत लेकर मुस्लिम बादशाह के पास पहुँचे, मदद माँगी, सुल्तान ने फ़ौज भेज दी।

अब देखिये स्थिति यह थी कि झगड़ा जैनियों और बाघेला के बीच और सुल्तान की फ़ौज पोशीना को जलाने निकली जिसकी खबर बोहरा मुसलमानों को लगी तो उन्होंने ख़त पढ़कर आदिवासी खातरा और झाला से मदद माँगी। रिमजी बोहरा ने वह रण का कागज़ जिसे यहाँ 'मारा नूं कागद' कहा जाता है, पढ़ा था और दोनों आदिवासी भाइयों को मदद का सन्देश भेजा कि पनारी में आकर कुल्ला करना और पोशीना को बचाना, अब बड़ी दिक्कत हो गई, इनके हथियार तो सिरोही खज़ाने में पड़े थे, तब रिमजी बोहरा ने अपना शस्त्रागार खोला। जंगली खैर की लकड़ी पर तलवारें चलाकर हथियारों का परीक्षण किया और तलवारें लेकर निकल पड़े।

दूसरी तरफ़ बाघेला राजा के लोग बच्चों और औरतों सहित महल छोड़ कर पहाड़ी की तरफ़ चले गए। तब खातरा और झाला ने कहा कि हम खाली

महल के लिए क्यों लड़ें? सबको वापस बुलाया और काजा वास और अम्बा महुआ तक लड़ाई लड़ी, खूब मारकाट हुई, अंततः हरारी का नाका तक बादशाही फ़ौज को धकेलने में कामयाबी मिली, लेकिन युद्ध में खातरा जी और झाला जी दोनों ही वीरगति को प्राप्त हो गए, उनके सिर कट गए, तब भी धड़ लड़ते रहे।

कहानी अभी भी ख़त्म नहीं हुई, तत्कालीन रिवाज के अनुसार खातरा की पत्नी करमी बबुरनी और झाला की औरत खोखरनी अपने पतियों के साथ ही चिता पर जल गईं। उस वक्त सतीप्रथा थी और औरतें इस तरह से जलाई जाती थीं, वही उन दोनों महिलाओं के साथ हुआ। बाद में उन दोनों की मूर्तियाँ लगा दी गईं। आज भी किसी भी खैर के कुछ भी मांगलिक प्रसंग होगा, शादी–ब्याह और बहन–बेटी के बच्चों के जन्म तक में यहाँ बकरे की बलि चढ़ाई जाती है।

आजकल धर्मचंद जी खैर आदिवासी गीतों पर काम कर रहे हैं। वे लोकनाद के विनय महाजन और चारुल भरवाडा के साथ मिलकर 14 गीत लिपिबद्ध कर चुके हैं। आदिवासी गीतों में बारिश, अकाल, लोहा, जस्ता, ताम्बा, जीवन चक्र के बारे में बात होती है। हमने यहाँ चबूतरे पर मौजूद तमाम पुरुषों को धन्यवाद दिया, पास में ही लड़कियाँ खड़ी थीं, उनकी तरफ़ हाथ जोड़े तो वे शर्मा कर आगे बढ़ गईं।

गाड़ी में बैठते ही धर्मजी का स्वर सुनाई देने लगा—''तलवार चाहिए तो सिरोही की, ढोल देलवाड़ा का, छुरी पोशीना की, तवा, मटका आगिया मतोड़ा का, मिट्टी के घोड़े पोशीना लाम्बडिया के, मूर्तियाँ मोलेला की और धातु प्रतिमाएँ नाथद्वारा की, बिस्तर इडर के, देवी–देवता की तस्वीरें इस इलाके में कोटड़ा की फ़ेमस हैं।'' कोटड़ा से चले तो पामरी नदी पार करके गुजरात में घुस आये, सामने ही कोटड़ा छावनी की फ़ौजी बैरक अब भी जीर्ण–शीर्ण ही सही, पर हैं, उधर सिंगल रूट है, ऑटो, मोटर बाइक और जीपें खूब मिलीं, जो बहुत रफ़्तार से चल रही थीं।

फुलवारी की नाल में चलते हुए हम महुआ के वृक्ष, जामुन, तेंदू पत्ते, बांस, धावड़े, गोदल, खरनी, पलाश, हल्दू, इमली, बिल्व पत्र आदि की बहुतायत पा रहे थे। धर्म जी ने बताया कि महुआ की घाटी भी इसी नाल में है, इमली के फूलों की चटनी की भी उन्होंने जानकारी दी। प्राप्त जानकारी के मुताबिक फुलवारी की नाल में एक लाख से ज़्यादा पेड़ हैं। महुए के एक पेड़ के पचास से लेकर सौ किलो तक फूल पैदा होते हैं। इन पेड़ों से उठने वाली महक के चलते

ही इसे महुआ की घाटी कहा जाता है। महुआ ऐसा पेड़ है जिसका हर भाग काम में आता है, इसके फूल, फल, बीज और तने की छाल तक काम आती है। यह आदिवासियों के लिए आय का प्रमुख स्रोत है। इसके औषधीय गुण काफ़ी हैं।

लंगोटिया भाटा और भीम पहाड़

आगे बढ़े तो उस जगह पहुँच गए, जहाँ पर *महाभारत* के पांडव भीम ने वाकल नदी के प्रवाह को रोकने की कोशिश की थी। किंवदन्ती ऐसी है कि बलिष्ठ भीम ने अपनी झोली में पत्थर भर कर नदी में डाले, पहाड़ से नदी में गिराये गए पत्थरों की दो धाराएँ साफ़ नज़र आती हैं। हो सकता है कि यह कोई भूगर्भीय संरचना हो, लेकिन जन आस्था तो इसे भीम का कारनामा ही मानती है। धर्म जी और हम लोग गाड़ी से उतर आये। उन्होंने बताया कि सरकार अब इस जगह पर बाँध बनाने जा रही है, यहीं से लीलाधर बावसी का मन्दिर नज़र आया, हमने प्रार्थना की।

आगे बढ़े तो लंगोटिया भाटा भी दिखा, जिसकी कहानी भी भीम पहाड़ जैसी है। फुलवारी की नाल में हम वाकल नदी के किनारे-किनारे चलते रहे, ऐसा महसूस होता है जैसे वाकल नाचते-इठलाते गाते हुए आगे बढ़ती है।

छठा दिन

प्रताप की राजतिलक स्थली पर

आज गाड़ी में हीर जी, मैं और ललित तीनों हैं। हम झडोल फलासिया के बजाय देवला होकर गोगुन्दा पहुँच गए। प्रिय मित्र लखन जी सालवी जो कि *दैनिक भास्कर* से जुड़े पत्रकार हैं, उनसे दोस्ती पुरानी है। हमने कई साल साथ मिलकर काम किया। लखन जी की लेखनी और पत्रकारिता को लेकर उनके समर्पण के प्रति मेरा सदैव अनुराग रहा है। हम आज उनके मेहमान बनने वाले हैं, सबसे पहले लखन जी के घर गए, घर पर उनके बेटे-बेटियों ध्रुव, रिया और प्रिया से मुलाकात हुई तथा लखन जी की पत्नी वर्षा द्वारा बनाई गई भाखरी और दही फ्राई का आनंद लिया और फिर हम निकल गए अभियान पर। सबसे पहले धोल्या जी पहुँचे, गाड़ी अब हीर जी के बजाय लखन जी ड्राइव कर रहे थे। यह अरावली की पाँचवें नंबर की सबसे ऊँची चोटी है, जहाँ पहुँचने के लिए पहले कच्ची पगडण्डी थी, अब पक्की सड़क किसी सरकारी विभाग अथवा संस्था ने नहीं बल्कि तुलसी राम प्रजापत नामक एक व्यवसायी ने अपनी निजी आस्था के चलते करीब एक करोड़ रुपया खर्च करके बनवाई है। ऐसा लखन जी ने बताया, मेरी नज़र उनके गाड़ी के संचालन पर थी, हालाँकि मुझे उनकी ड्राइविंग पर पूरा भरोसा था, लेकिन पहाड़ पर ऊपर जाती सिंगल सड़क पर बढ़ती बोलेरो पर कम यकीन था, यातायात विभाग का नारा समझ आया- 'सावधानी हटी, दुर्घटना घटी', खैर घटी नहीं।

गोगुन्दा से तीन किलोमीटर दूर राणा गाँव के पास नदी से होकर आगे बढ़ने पर ऊँचा पहाड़ नज़र आता है। यहाँ एक शिला के दो भाग हैं। इन्हीं दोनों शिलाओं में धोल्या जी है, जो दरअसल भैरवजी है। इस पर्वत का नाम भी धोल्या जी का पहाड़ है। धोल्या जी की दोनों शिलाओं पर सिंदूर से भैरव

बनाये गए हैं। यहाँ पेड़ पर एक बड़ा पीतल का घंटा लगा है और साथ ही बहुत से अन्य घंटे भी लटके हुए हैं। बड़े घंटे को बजाने पर वह काफ़ी देर तक प्रतिध्वनित होता है। दोनों तरफ़ सीढ़ियों से थोड़ा नीचे उतरना पड़ता है, धोल्या जी के सामने दानपात्र रखा हुआ है, नारियल चढ़ते हैं, अगरबत्ती, अनाज के अक्षत, धूप-दीप की सामग्री रखी मिलती। जगह सुरम्य है। लखन जी ने बताया कि बारिश में यहाँ आना ज़बरदस्त अनुभव होता है। धोल्या जी की शिलाओं के पास रेलिंग लगी हुई है, यहाँ खड़े होकर बादलों का विचरण देख सकते हैं। यहाँ से मौसम साफ़ होने पर सज्जनगढ़ और माउंट आबू के पहाड़ दिखते हैं। ऊपर पहुँच कर अच्छा लगा, यहाँ ऊपर काफ़ी समतल ज़मीन है, जिसके कुछ हिस्से पर सीमेंट, कंक्रीट की पक्की फ़र्श भी बनी हुई है। एक धर्मशाला है, लोग यहाँ रात्रि जागरण करने और दाल-बाटी का भोग लगाने आते होंगे। मद्यपान के शौकीन भी अच्छी-खासी संख्या में आते होंगे क्योंकि तरह-तरह की ब्रांड की खाली बोतलें यहाँ बिखरी हुई नज़र आ जाती हैं, यहाँ के अवशेष बताते हैं कि बीयर इस वक्त का सबसे लोकप्रिय नशीला पेय है। व्यक्ति जितना ऊपर उठता है, उसे नशा उतना ही पसंद आने लगता है। इस जगह को मेवाड़ का कश्मीर और उदयपुर का माउंट आबू कहा जाता है। शाम के समय जंगली भालू, पैंथर, अजगर, नील गायें, साँप और अन्य वन्य जीव आ जाते हैं, इसलिए रात में इधर आना सुरक्षित नहीं माना जाता है।

कपिल देव का मजावड़ी बालिका वन

इसके बाद वापस नीचे उतरे और फिर पूर्व सरपंच पर्यावरण प्रेमी कपिल देव जी पालीवाल के मजावड़ी स्थित बालिका वन में पहुँचे। कपिल जी ने बहुत सहृदयता से स्वागत किया और अपने इस भगीरथ प्रयास के बारे में घूम-घूम कर जानकारियाँ दीं।

कपिल जी ने बताया कि मैंने गाँव में लोगों को इकट्ठा किया, मीटिंग ली और लोगों का विश्वास जीता। उनसे पूछा कि अगर आप सब लोग इकट्ठे होकर साथ देते हैं तो अपने ये काम कर लेंगे। उन्होंने कहा कि नहीं-नहीं हम सब लोग साथ में हैं, पर क़ब्ज़ा नहीं होना चाहिए। मैंने कहा कि क़ब्ज़ा कोई नहीं होगा, चरनोट भूमि है, सरकार इसकी मालिक है, नियम, क़ायदे-क़ानून हैं। अगर इसको बिगाड़ा तो हमने बिगाड़ा। अच्छा करेंगे तो भी हम लोग मिलकर

करेंगे। फिर हम लोगों ने नरेगा के आयुक्त और सीईओ साहब को बुलाया, वो आये और उन्होंने निरीक्षण किया। उनको एक्शन प्लान बताया कि मैं यहाँ सबसे ज़्यादा औषधीय और फलदार पौधे लगाना चाहता हूँ, ताकि उनसे गाँव के बेरोज़गार लोग बेच कर कुछ कमाई कर सकें।

हमारे यहाँ पर सीताफल बहुत होते हैं, हाईवे पर सीताफल लेकर बैठें तो इनको आमदनी होगी और बाहर के लोग भी जानेंगे। सबको प्रेरणा मिली। धीरे-धीरे यह जगह कम पड़ती गई, पेड़-पौधे लगने आरम्भ हो गये।

कपिल जी ने बताना जारी रखा—''लखन सालवी जी की इस बालिका वन को डवलप करने में अडवाइज़ रही। देशी प्रजाति और औषधीय पौधे संरक्षित करने के मिशन में मैं लग गया। सीईओ साहब थे अविचल जी। उन्होंने कहा कि तेरे को स्वीकृति तो मैं दे रहा हूँ, पर तुझे पौधे फलदार लगाने पड़ेंगे। मैंने आम, सीताफल आदि जो भी पौधे लगाये, फलदार लगाए।

यहाँ पर बने शेड पर लिखा हुआ है—'बेटी बचाओ, बेटी पढ़ाओ। फल से भरे वृक्ष हम नित्य लगाएँगे, वृक्ष से बनती पतवार-इनसे होती नैया पार। वृक्ष के हैं लाभ अपार, बिन इनके सूना संसार। वृक्ष हैं प्रगति के प्रतीक-ये हैं जीवन के संगीत।' अंदर जाने पर लिखा नज़र आया—'बेटी परिवार की अनमोल निधि है। स्वच्छ भारत-स्वस्थ भारत। वृक्ष संरक्षण हो ऐसे-बच्चों का संरक्षण हो जैसे।'

यहाँ पर दो कमरे बने हैं, जो ऑफ़िस और आगंतुकों के लिए स्वागत कक्ष के रूप में काम आते हैं। यहाँ बिठा कर हमको कपिल जी ने लेमन ग्रास की चाय पिलाई। उन्होंने भ्रमण करवाया, चार प्रकार का ग्वारपाठा, कपास, देशी केला, गन्ना, नीम, गिलोय, सूरजमुखी जैसे विभिन्न प्रकार के हज़ारों वृक्ष हैं। कपिल पालीवाल ने बालिका वन में जगह-जगह पानी के पौण्ड बनाए हैं, जहाँ वन्य जीव आकर पानी पीते हैं।

यहाँ पर पक्षियों के लिए दाना डालने का चबूतरा और पानी पीने के लिए एक जगह बना रखी है। पौधों से मेरा किस तरह जुड़ाव बना मुझे नहीं मालूम, लेकिन जैसे ही कोई पेड़ को काटता है तो मैं उसे रोक देता हूँ। मैं सोचता हूँ कि इतना बड़ा पेड़ क्यों काटा जा रहा है। कितने भूखे-प्यासे पक्षियों का यह बसेरा है। हर आदमी को मैं रोक नहीं पाता पर मुझे बहुत दुःख होता है।

फिर उन्होंने हमें इशारा करके एक पीपल का पेड़ दिखाया और बोले कि

यह ताज़ा कटा हुआ है। मैं यहाँ ले आया और उसको लगा दिया। ऐसे ही वट वृक्ष को काट कर फेंक रहे हैं, वो समझ ही नहीं पा रहे हैं कि एक बड़े तने के पेड़ को खड़ा करने में कम-से-कम दस साल लगते हैं। अब दस साल में यह पेड़ बड़ा हो रहा है, वो भी किस की बदौलत? प्रकृति की बदौलत! इंसान कर नहीं पा रहा है, प्रकृति कर रही है, उसको लोग काट रहे हैं।

बड़े-बड़े लोग मेरे परिचय में हैं। मैंने सबसे प्रेरणा ली, लोगों का मानवीय स्वभाव है, काम निकल जाने के बाद भूल जाते हैं। मैंने कहा कि मातृभूमि के लिए पैदा हुए, अपने पुरखों ने इसी धरती के लिए बलिदान दे दिया, कम-से-कम हम तो इस मातृभूमि को सुरक्षित करें ताकि सार्वजनिक ज़मीन बची रहे, उस पर पेड़-पौधे लगाएँ ताकि पर्यावरण बचा रह सके। यही मेरी सेवा है।

निश्चित रूप से आज कपिल पालीवाल का बनाया बालिका वन इस क्षेत्र का तीर्थ क्षेत्र बनता जा रहा है। लोग बेटियों के पैदा होने की ख़ुशी में पौधे लगाते हैं, जन्मदिन यहाँ मनाते हैं और यह स्थल दिन-ब-दिन विकसित होता जाता है। यहाँ पर चारागाह, जल संरक्षण कमेटी बनी हुई है जिस पर लिखा हुआ है—'मॉडल गाँव मज़ावड़ी औषधीय बालिका वन'। इस कमेटी के अध्यक्ष कपिल देव पालीवाल स्वयं हैं और सचिव तुलसी राम प्रजापति हैं।

यहाँ पर पहाड़ों के बीचोंबीच बने एनीकट की दीवार पर खड़े होकर देखने पर अद्भुत दृश्य दिखाई देता है। कपिल जी ने ग्रामीणों और शासन-प्रशासन के सहयोग से बंजर पहाड़ों को न केवल हरा-भरा कर दिया है, बल्कि इस स्थान को आज दर्शनीय स्थल बना दिया है। पर्यटकों के लिए यह बेहतरीन जगह है।

निकलते-निकलते कपिल जी ने सामने का पहाड़ दिखाते हुए कहा—"गोगुन्दा वीरों के साथ-साथ संतों और तपस्वियों, सिद्धों की भी भूमि है। स्वामी रामदेव के दादा गुरु कृपालु देव जी कनखल भी यहीं सेमटाल गाँव के थे। जैन साधु पुष्कर मुनि भी सेमटाल के थे और यहीं से सामने खमाण की पहाड़ी स्थित है, जो नाथ सिद्धों की तपोभूमि है। अंधोरा धुणी और धोलिया जी तथा खमाण तीनों टॉप पहाड़ हैं जो माउंट आबू से कुछ ही कम ऊँचाई के हैं।"

हमने कपिल जी को उनके प्रकृति प्रेम और जल, जंगल, ज़मीन के संरक्षण हेतु किये जा रहे कार्यों के लिए साधुवाद कहा, धन्यवाद का पत्र सौंपा और आगे के लिए चल पड़े। हम राजतिलक स्थली जाने वाले हैं। पता चला

कि प्रसिद्ध समाजसेवी करण सिंह झाला अभी घर पर हैं, उनसे मिलना ज़रूरी है, क्योंकि उनके पास गोगुन्दा के बारे में बहुत सारी जानकारियाँ हैं। हम निकल पड़े...।

करण सिंह जी झाला से मुलाकात

गोगुन्दा निवासी करण सिंह जी झाला से उनके घर पर मुलाकात हुई। गर्म और ताज़गी देने वाली चाय के साथ हमारी बातचीत शुरू हुई। उन्होंने यात्रा को जारी रखने के लिए आर्थिक मदद की और गोगुन्दा के इतिहास से वाकिफ़ करवाया। करण सिंह जी ने बताया कि गोगुन्दा अरावली के मध्य में बसा हुआ ऐतिहासिक क़स्बा है। यहाँ की जलवायु इतनी निर्मल है कि जब महाराणा उदयसिंह बीमार हो गए तो राज वैद्यों ने उन्हें गोगुन्दा की आबोहवा में जाकर स्वास्थ्य लाभ करने की सलाह दी थी। वे काफ़ी दिन तक यहाँ रहे और बाद में उनका यहीं देवलोकगमन हुआ। महाराणा उदय सिंह जी का अंतिम संस्कार राणे राव तालाब के किनारे पर किया गया, वहाँ पर महाराणा की स्मृति में विशाल छतरी भी बनी हुई है।

करण सिंह जी के पास गोगुन्दा के बारे में अथाह जानकारियों का भंडार था। हमने उनकी स्मृतियों के समुंदर से कुछ जल कण प्राप्त किये। उनका लहज़ा मीठा और धीमा था, लेकिन वे प्रामाणिक इतिहास बता रहे थे। उन्होंने कहना जारी रखा—''गोगुन्दा की धरती का कोना-कोना शौर्य गाथाओं का साक्षी है, यहाँ वीरता और स्वाभिमान के किस्से हर तरफ़ मौजूद हैं। इसी धरती पर वीर शिरोमणि महाराणा प्रताप का सर्वाधिक समय बीता। यहीं उनका राजतिलक हुआ, यहीं रहकर उन्होंने अपनी सेना संगठित की और यहीं उनका शस्त्रागार था, यहीं उन्होंने अज्ञातवास बिताया और इसी से जुड़े इलाकों में उन्होंने युद्ध भी किये।''

करण सिंह जी का मस्तक गर्व से ऊँचा था और चेहरा महाराणा प्रताप की शौर्य गाथा से देदीप्यमान। उन्होंने जानकारी दी कि जब उदय सिंह जी का निधन हुआ, तब कुछ सरदारों ने जगमाल को राजगद्दी सौंपने का फ़ैसला कर लिया। मेवाड़ और वागड़ के अधिकांश सरदार चाहते थे कि ज्येष्ठ पुत्र होने तथा सेनानायक के रूप में अपने शौर्य का बेहतरीन प्रदर्शन कर रहे प्रताप सिंह को राजगद्दी मिले, इसलिए सबने मिलकर तय किया कि मेवाड़ के महाराणा के

रूप में प्रताप का राजतिलक किया जाये, इसलिए तुरंत ही गोगुन्दा की महादेव बावड़ी पर सन् 1572 में होली के दिन महाराणा प्रताप का राजतिलक किया गया और उनको मेवाड़ की बागडोर सौंप दी गई। राजतिलक के समय पई उन्दरी के भील शामिल थे। अंग्रेज़ों ने हर रियासत का राज चिन्ह विकसित किया। राज चिन्ह भारत की परम्परा नहीं है बल्कि यह ब्रिटिश कल्चर है। महाराणा प्रताप को पूंजा भील की सेना की अपने युद्धों में बहुत मदद मिली। आज भी मेवाड़ महाराणा ट्रस्ट राणा पूंजा पुरस्कार केवल आदिवासी को देता है।

उन्होंने बताया कि गोगुन्दा के पैलेस में जयदेव कृत कृष्ण की पेंटिंग्स लगी हुई हैं। यहाँ मिट्टी के मटके बनते हैं, इन मटकों में वाष्पीकरण की प्रक्रिया चलती है, मटकी झरती रहती है। गोगुन्दा के बारे में अधिकृत जानकारी कविराज श्यामलदास कृत *वीर विनोद, हकीकत बहिड़ा,* अबुल फ़जल लिखित अकबरनामा से भी मिलती है, *अकबरनामा* में तो यहाँ तक लिखा है कि गोगुन्दा का जब घेराव किया गया और पड़ाव लम्बा हुआ तो यहाँ सेना को घोड़े मार कर खाने पड़े।

हमने करण सिंह जी से बहुत सारी जानकारियाँ लीं और राजतिलक स्थली को देखने निकल पड़े। यह स्थल उदयपुर जाने वाले मुख्य राष्ट्रीय राजमार्ग पर टोल नाके के पास ही स्थित है। आज भी वह बावड़ी और उसकी प्राचीन ऐतिहासिक छतरियाँ मौजूद हैं। महाराणा प्रताप की आवक्ष प्रतिमा शिव मन्दिर के पास स्थित छतरी पर लगी हुई है, वहाँ खड़े होकर स्वातंत्र्यवीर प्रताप को नमन किया और उनकी याद में बने स्मारक का अवलोकन करने आगे बढ़े।

पत्रकार साथी और अरावली के सफ़र के आज के हमारे सहयात्री लखन जी सालवी ने बताया—"महाराणा प्रताप से जुड़ी ऐतिहासिक धरोहरों को बचाने तथा पर्यटन को बढ़ावा देने के लिए राजस्थान सरकार द्वारा आरम्भ की गई मेवाड़ कॉम्प्लेक्स योजना के तहत 15 बीघा ज़मीन पर पर्यटन विभाग ने वर्ष 2006-07 में 6 करोड़ 76 लाख रुपये स्वीकृत कर राजतिलक स्थली का विकास करवाया। उस वक्त यहाँ पर महाराणा प्रताप तथा राणा पूंजा की विशाल प्रतिमायें स्थापित की गईं, जिनका अनावरण मुख्यमंत्री अशोक गहलोत ने किया। इस जगह पर पाथवे, म्यूज़ियम, एम्पीथियेटर, रेस्टोरेंट, बावड़ी व अन्य संरचनाओं का निर्माण किया गया, फव्वारे लगाये गए, गार्डन विकसित हुआ। पेयजल हेतु टंकी बनाई गई। इस स्थल का इतना विकास हुआ कि देखने आने

वालों की भीड़ उमड़ने लगी, लेकिन समय के साथ सरकारों के बदलने और प्रशासनिक उदासीनता के कारण आज यह जगह उपेक्षित सी है और खंडहर में तब्दील होती जा रही है।''

लखन जी की कही बात को हम अपनी आँखों से देख रहे थे, वास्तव में आज महाराणा प्रताप की ऐतिहासिक राजतिलक स्थली की भयंकर दुर्दशा हो चुकी है, यहाँ तक कि महाराणा की प्रतिमा भी अपना मूल स्वरूप खोती जा रही है। छोटी-छोटी बातों में देशभक्ति की दुहाई देने वाले और जातीय सेना बना कर 'मायड़ थारो वो पूत कठे-वो महाराणा प्रताप कठे' दोहराने वालों को भी इस ऐतिहासिक धरोहर की याद नहीं आती।

अभी महाराणा प्रताप से जुड़े स्थलों की यात्रा बाकी थी। हालाँकि अब दोपहर ढल चुकी थी और सूरज तेज़ी से अस्त हो रहा था। मौसम सुहाना होने लगा था। लखन जी का कोई भी काम अस्त-व्यस्त नहीं होता, वे मिनट-टू-मिनट प्रोग्राम बनाते हैं और कोशिश करते हैं कि समयबद्ध तरीके से इस काम को किया जाये। आज भी यही हुआ है। अब तक, हमने एक भी मिनट कहीं बर्बाद नहीं किया। सुबह धोल्या जी, फिर मजावड़ी, करण सिंह जी से संवाद, राजतिलक स्थली और अब मायरा की गुफ़ा के लिए प्रस्थान हो चुका है। यह स्थान थोड़ा हटकर है, दुर्गम पहाड़ियों में अतिदुर्गम रास्ते पर हम आगे बढ़ रहे थे। अच्छा है कि हम बोलेरो में सवार हैं और हमारे दक्ष ड्राइवर हीर जी हैं, अगर कोई नीचे अड़ने वाली गाड़ी होती और अप्रशिक्षित चालक होता तो हम या तो चट्टानों से टकराते अथवा खाइयों में जा गिरते। सोचने लगा कि आज भी इतना कठिन रास्ता है तो महाराणा प्रताप के समय में कैसा रास्ता रहा होगा, कैसे हाथी-घोड़े आये होंगे और शस्त्र लाये गए होंगे? इस बीहड़ वन प्रान्तर में कैसे महाराणा ने अपना समय निकाला होगा?

गोगुन्दा लोशिंग मार्ग पर गणेश जी का गुडा से पहले कांकण का गुडा के रास्ते पर चलते हुए हम मायरा की गुफ़ा जा रहे थे। लखन जी ने बताया कि दूसरा रास्ता इशवाल से कड़िया होते हुए आता है, यह जल्दी ही सड़क मार्ग बन जायेगा। हमें कुछ खानों के बड़े-बड़े शिलाखंड पड़े दिखाई पड़े, एक खान तो बहुत पहले बंद हुई होगी, जिसकी क्रेन का लोहा अभी तक वहीं था, आगे चले तो ग्रीन मार्बल की एक और माइंस मिली, यह भी बंद थी। इसके प्रस्तर खंडों पर नंबर लिखे हुए थे। अब आगे गाड़ी ले जाना संभव नहीं था, उतर कर पैदल

चले तो एक और खान का मलबा दिखा जो ठीक मायरा की गुफ़ा के ऊपर था। मैंने सोचा कि यहाँ किसने इस माइंस को खनन की इजाज़त दी होगी और फिर वो क्यों बंद हो गई? राहगीरों से पूछा तो पता चला कि वन विभाग ने बंद करवाई। खैर, हम खनन विभाग का काम तो देखने गए नहीं थे, हमारी रुचि तो पर्यटन विभाग में थी, इसलिए हम मायरा की गुफ़ा तक जल्दी पहुँच जाने को उत्सुक थे। रास्ते के किनारे पानी की छोटी सी सुंदर झील दिखाई पड़ी और एक झरना भी दिखा, वहीं रुक कर हाथ की ओक लगाकर पानी पिया।

थोड़े से घुमावदार रास्ते से होते हुए हम नीचे पहुँचे। हमारे सामने वो ऐतिहासिक भूमि और भवन था, जहाँ महाराणा प्रताप ने अज्ञातवास बिताया था और अपना शस्त्रागार बनाया था। यह दो मंज़िला प्राकृतिक गुफ़ा है, जिसमें आराम से छिपा जा सकता था और घोड़े भी बाँधे जा सकते थे। बाद में एक छोटा-सा दोमंज़िला महल भी बनाया गया। यहाँ पानी की बावड़ी भी है जिसमें ऊपर का झरना पानी की आपूर्ति करता है। हमने जूते उतारे और सबसे पहले महल में घुसे, यहाँ से प्राप्त सामग्री अब विभिन्न संग्रहालयों की शोभा है, यहाँ पर केवल भवन बचा है और गुफ़ा है। ऊपर चढ़कर गुफ़ा में गए, जहाँ पर महाराणा प्रताप की एक प्रतिमा रखी हुई थी, अभी उसे स्थापित किया जाना है। हिंगलाज देवी का मन्दिर और शिव का धूणा भी नज़र आया, यहाँ हमें वेदपाठी भारती संप्रदाय के एक दक्षिण भारतीय संत मिले, जो शृंगेरी पीठ से सम्बद्ध हैं, उनसे अच्छी बातचीत हुई, फिर ऊपर गुफ़ाओं में गए और सब जगह घूम-घूम कर देखा।

वन विभाग यहाँ वन्य जीवों की बहुलता की चेतावनी जारी करता है। यह सुनसान पहाड़ी जंगल है और पानी का झरना है, जो वन्य जीवों को आकर्षित करता है, यहाँ अकेले आना असुरक्षित है, मेरा तो मानना है कि अकेले और रात के समय बिलकुल भी नहीं जाना चाहिए।

शाम होते-होते हम वापस गोगुन्दा लौट आये, यहाँ पर हमें अजय जी से मिलने का अवसर मिला। उनको गोगुन्दा के बारे में अच्छी जानकारी है। उन्होंने बहुत सी ऐतिहासिक जानकारियाँ प्रदान कीं। उन्होंने कहा—"आठवीं सदी में रावल गोइंद ने गोगुन्दा बसाया जो सिसोद वंश का था। पालीवाल ब्राह्मण गोगुन्द राम जो कि 13वीं सदी में थे, उनका भी योगदान रहा, चूँकि यहाँ आड़ा पर्वत है इसलिए अरावली को यहाँ पर आडावल भी कहा जाता है। यह भोराट और

भोमट का मिलन स्थल है, अरावली का सबसे सघन भाग है। यहाँ पर बहुत सारी वनस्पतियाँ और वन्यजीव मौजूद हैं। इस इलाके में मौसमी फल खूब हैं, जैसे कि सीताफल, आम, जामुन, महुआ, करमले, गौंद, लाख, पलाश, सेमिया लता, कुसुम और बेर आदि दिखते हैं। अरावली से कई नदियाँ भी हैं, वनों की आस बनास है। बेड़च, बनास, वाकल, साबरमती, मानसी, गौमती आदि का उद्गम यहीं से है। शाम को लखन जी के घर खाना खाया, रात रुके और बातें कीं।

सातवाँ दिन

मेवाड़ की राजधानी—पूर्व का वेनिस

सुबह जल्दी उठे, उदयपुर यहाँ से दूर नहीं है। रास्ता बेहद खूबसूरत है, दोनों तरफ़ हरी-भरी पहाड़ियाँ हैं जो ठोस क्वार्टजाइट पत्थर से बनी हैं फिर भी खोखरिया नाल सुरंग के आस-पास की जगहों पर लिखी चेतावनी बार-बार डराती ज़रूर है। बोर्ड पर लिखा है—'सावधान चट्टानें खिसक सकती हैं!' यह दरअसल चट्टानों के इधर-उधर खिसकने भर का मसला नहीं है, खिसकती हैं तो खिसकती रहें अपनी बला से, हमें क्या फ़र्क पड़ना है। मुश्किल यह है कि वे खिसक कर रोड पर गिरती हैं जहाँ आपकी गाड़ी गुज़र रही होती है। इसलिए बचाव ही उपचार है!

चट्टानें खिसकने की चेतावनियाँ हिमालय में ज़्यादा पढ़ने को मिलती हैं। अरावली में बहुत कम, कहा जाता है कि अरावली पक्का पहाड़ है, काफ़ी बुज़ुर्ग है, परिपक्व हो गया है, लेकिन गोगुन्दा से उदयपुर की 45 किलोमीटर दूरी में 15 किलोमीटर की यात्रा में कच्चे अरावली से आपकी भेंट होती है और उसका खिसकना आपको डराता है।

फ़तेह सागर में नौका विहार

रास्ता पहले इतना अच्छा नहीं था, अब नेशनल हाईवे है, फ़ोरलेन बन चुका है, आप अच्छी गति से चल सकते हैं। बमुश्किल हम आधे घंटे में उदयपुर महानगर की सीमा में प्रविष्ट हो चुके थे। कविता गाँव की तरफ़ से सायफन चौराहा होकर फ़तेहपुरा सर्कल होकर फ़तेह सागर की तरफ़ चल दिए। गाड़ी ठेठ फ़तेह सागर की पार्किंग तक जाती है।

वैसे तो जिस नगर के हम आज मेहमान हैं, उसका नाम ही झीलों की

नगरी है। इतिहास के अनुसार सन् 1888 में बाढ़ की वजह से यह संरचना बनी थी, जिसे बाद में मेवाड़ के महाराणा फतेह सिंह ने 800 मीटर लम्बी दीवारनुमा पाल बनवा कर बाँध का रूप प्रदान करवा दिया था। बाद में इस पर 6 लाख रुपये खर्च किये गये। यह झील उदयपुर के लिए पेयजल का बड़ा स्रोत रही है।

यहाँ प्रवेश तो बिलकुल निःशुल्क है, सैंकड़ों नहीं हज़ारों लोग प्रतिदिन सुबह-शाम और दोपहर में यहाँ आते हैं, घूमते हैं, यहाँ सजी चौपाटी पर खाते हैं, अगर किसी को नौका विहार करना है तो टिकट लगता है जिसकी दर घटती-बढ़ती रहती है। भारतीयों को छूट है, विदेशियों से थोड़ी लूट है। यह पर्यटन का वैश्विक सिद्धांत है, जो बाहरी है उसकी जेब हलकी कर दी जाये। एक तरफ़ फ़िश एम्पोरियम बना हुआ है, तैराक समूहों को अपना अभ्यास करते हुए देख सकते हैं। हमने यहाँ अमेरिकन भुट्टों का स्वाद चखा, नाव में सवार हुए और बोटिंग का आनंद लिया। ललित ने फ़ोटो और वीडियो ले लिया। मुझे पानी से अधिक प्रेम नहीं है, फिर भी पानी की सतह की सवारी डरते-डरते कर लेता हूँ।

फ़तेह सागर का पानी काला लग रहा था, हालाँकि उसको साफ़ रखने के लिए बीचोबीच फव्वारा चल रहा है। किनारे-किनारे बलून बेचते किशोर, ताँगेवाले, घोड़ागाड़ी चलाते बुज़ुर्ग, घुड़सवारी का आनंद दिलाते युवा, फ़ोटो खींचते फ़ोटोग्राफ़र जो कि एक सौ रुपये में आपका एक फ़ोटो खींच कर तुरंत देने का नेताओं की तरह वादा करते हैं। फ़तेह सागर के बीच में एक अंतरीप सा बना हुआ है, वहाँ तक हमारी नौका जाकर लौट आई है। अगर आप उदयपुर में हैं और आपकी कोई सुबह या शाम फ़तेह सागर पर कुर्बान नहीं हुई है तो समझो कि बेकार ही गया आपका भ्रमण।

हमारा उदयपुर का अरावली का सफ़र यहाँ से पुलिस महानिरीक्षक के पद से सेवानिवृत्त हुए आईपीएस सत्यवीर सिंह जी ने अनुदानित कर दिया था। उनकी तरफ़ से सारा खर्च देय था। चाहे नौका विहार हो या अन्य पर्यटन स्थलों को देखने के टिकट, यहाँ तक कि घूमना और खाना तक भी।

आज के सफ़र में शिरकत करने दोनों बेटियाँ ममता और विमला भी पहुँच गईं। वे आज रुकेंगी और फिर चित्तौड़गढ़ में शामिल होंगी। ललित और हीर जी तो साथ थे ही, इस तरह हम पाँच लोग थे। सत्यवीर सिंह जी का आदेश था कि उदयपुर में आपके सम्पूर्ण परिवार को होना चाहिए, लेकिन यह संभव न हो सका। माँ-पिताजी की तबियत कुछ नासाज़ हो गई, तो बड़ा बेटा

अशोक और पत्नी प्रेम नहीं आये। उनको अपनी ज़मींदारी से फ़ुर्सत ही नहीं मिलती, अगर घूमने का कहो तो जानवरों के पीछे घूम कर घूर्णन का एक वृत्त पूरा कर लेंगे, लेकिन मेरे साथ भटकने कभी नहीं आयेंगे, वैसे भी पत्नी और मैं इस मामले में उत्तर दक्षिण ध्रुवों पर खड़े हैं। मुझे घर में ज़्यादा देर रहने से ऊब घेर लेती है और उसे घर से निकल कर बस या गाड़ी से सफ़र करने पर उल्टियाँ होने लगती हैं। पहाड़ों पर चढ़ने से उसका दिमाग घूमता है और मेरा तो दिमाग ही घूमने से चलता है। ऐसे विपरीत स्वभाव के हैं हम, मैं आवारा और वो मूलनिवासी!

महाराणा प्रताप स्मारक

फ़तेह सागर से फ़ुर्सत मिली तो मोती डूंगरी चढ़े, जहाँ महाराणा प्रताप स्मारक, चेतक प्रतिमा और प्राचीन महल मन्दिर है। वैसे तो गाड़ी ऊपर तक जाती है परन्तु हमने पैदल जाना ही ठीक समझा। मोती मगरी को आजकल पर्ल हिल के तौर पर अधिक जानते हैं, ऊपर चढ़ने के लिए रोड और सीढ़ियाँ दोनों मौजूद हैं। हमने सीढ़ी-दर-सीढ़ी चढ़ाई की। शानदार पेड़-पौधे हैं, चढ़ाई सुहाती है। पर्यटन विभाग के मुताबिक इस स्मारक का निर्माण वीर शिरोमणि महाराणा प्रताप को श्रद्धाँजलि स्वरूप 18वीं सदी में महाराणा भगवत सिंह ने निर्मित करवाया। यहाँ पर महाराणा प्रताप की चेतक पर सवार आदमकद प्रतिमा लगी है, साथ में उनके साथियों की भी जिसमें झाला मान सिंह, भामाशाह भी हैं, राणा पूंजा और हकीम खां सूर की प्रतिमाएँ अलग से लगी हुई हैं। चेतक पर सवार महाराणा की प्रतिमा तक सुबह की प्रचंड गर्मी में जाना बहुत पाँव जलाऊ प्रक्रिया है, लेकिन सुबह-शाम तो ठीक है, हमने स्मारक में बने युद्ध चित्रों को देखा, दीर्घाओं में मेवाड़ का इतिहास मूर्तियों, चित्रों के ज़रिये प्रदर्शित है। महाराणा प्रताप के अस्त्र-शस्त्र जिसमें भाला, गुर्ज, डंगा, पट्टा, तलवार, ढाल और तीर-कमान तथा उनका युद्ध का बाना, जिरह बख्तर भी यहाँ संरक्षित है। चित्तौड़ और कुम्भलगढ़ के किलों और हल्दी घाटी का युद्ध के मॉडल सजीव वर्णित हैं।

बाहर निकलने पर तीन पार्कों का एक बोर्ड लगा है, जिस पर लिखा हुआ है—भीलू राणा पार्क, झाला मान पार्क और सनसेट पार्क। हम भीलू राणा पार्क की तरफ़ बढ़े। आगे वीर भीलू राणा प्रतिमा, जिसे प्रधानमंत्री राजीव गाँधी ने 8 फरवरी 1989 को अनावृत्त किया था, वह खड़ी दिखती है। यहाँ लगे बोर्ड पर

भीलू राणा का संक्षिप्त परिचय लिखा गया है। इस बोर्ड से भीलू राणा के आगे लिखे पूंजा नाम को हटाने की कवायद की गई है, यह किसने किया होगा? शायद ये वो लोग हैं जो इतिहास से जूझ रहे हैं। बोर्ड का एक फ़ोटो लिया, आगे राणा पूंजा की प्रतिमा के साथ हम सबने बारी-बारी से फ़ोटो लिए, नमन किया। यहाँ पर राणा पूंजा के नाम पर लगे बोर्ड पर वीरवर राणा पूंजा लिख कर कवि नरेंद्र मिश्र की ये पंक्तियाँ लिखी हुई हैं—'संकट में धरती पुत्रों का माता ने जब आह्वान किया, तब एकलव्य की निष्ठा से पूंजा ने शर-संधान किया।'

कुछ देर के लिए इन पंक्तियों ने मुझे एक जगह ठहरने को मजबूर किया। मैं सोचने लगा कि क्या पूंजा को अपने शौर्य का उचित सम्मान मिला, या वह भी एकलव्य की तरह उपेक्षित होकर अन्याय सहने का प्रतीक बना। बहुत से विचार उमड़ने लगे, लेकिन उनको विराम दिया और आगे बढ़े, जहाँ पर चेतक पर सवार महाराणा प्रताप और हाकिम खान सूर की प्रतिमाएँ देखने को मिलीं। हम चेतक सवार महाराणा की कांस्य प्रतिमा तक गए, यहाँ प्रतिमा के चारों तरफ़ फव्वारा लगा हुआ है। चेतक के नीचे एक तरफ़ बैटल ऑफ़ हल्दी घाटी और दूसरी तरफ़ चेतक के आखिरी साँस लेने को चित्रित किया गया है। आगे सूर्य प्रतिमा का प्रतीक स्थापित है। वहाँ से फतेह सागर का मनोरम दृश्य देखा और प्रतिमा को पार करके आगे स्थित महाराणा उदयसिंह के निवास मोती महल के अवशेष में घुसे, जहाँ उनकी आराध्य देवी चामुंडा का प्राचीन मन्दिर भी है, लेकिन अब वह दर्शकों के लिए बंद किया जा चुका है।

महाराणा प्रताप स्मारक सुबह 9 से शाम 6 बजे तक खुला रहता है। भारतीय वयस्कों के लिए बीस रुपये फ़ीस है। बच्चों के लिए 10 रुपये है तथा विदेशी लोगों को 50 रुपये देने पड़ते हैं। यहाँ पर लाइट साउंड शो भी होता है, जो साढ़े सात बजे के बाद चलता है। इसमें प्रवेश हेतु अलग से शुल्क लगता है, हम तो यहाँ सुबह-सुबह ही पहुँच गए थे, इसलिए इसे देखना हमें नसीब न हुआ।

सज्जनगढ़ वन्यजीव अभ्यारण्य

अब हमारी गाड़ी सज्जनगढ़ वन्यजीवों के अभ्यारण्य की तरफ़ भाग रही थी। समय अधिक नहीं था, आज शाम तक उदयपुर के अधिकांश स्थलों की परिक्रमा करके आगे बढ़ना है, इसलिए हम तेज़ी से सब कुछ देख रहे थे, वैसे

तो उदयपुर के सारे स्थलों को देखने के लिए पाँच दिन का समय मिले तो अच्छा है।

प्रवेश द्वार पर टिकट हमको मिल गए। आगे बढ़े तो गाड़ी पार्किंग में खड़ी करके पैदल चलना प्रारम्भ किया ही था कि पर्यटन विभाग के ई-रिक्शे आ पहुँचे। सब लोग उसमें बैठ गये, ई-रिक्शा मेरी पसंदीदा सवारी है, धरती से ज़ुड़ी हुई, बैठने के लिए अतिरिक्त कोशिश नहीं करनी पड़ती है, न आवाज़ और न डीज़ल-पेट्रोल का खर्च, यानी कि ध्वनि और धुएँ का प्रदूषण दोनों ही नहीं।

भ्रमण शुरू होते ही चीतल हिरणों से भेंट हुई। आगे बारहसिंगों की फ़ौज आराम फ़रमाती मिली। मोर तो इतने दिखे कि 'यह दिल मांगे मोर' कहने की ज़रूरत ही नहीं पड़ी। भालू दिखा तो सही लेकिन हमसे रूठा-रूठा सा था, पूरे समय पीठ दिखाए खड़ा रहा, लेपर्ड तो दो टेबल पर अकेला सोया हुआ था। ऊदबिलाव पता नहीं किस बात पर लड़ रहे थे। सेही अपने नाम के मुताबिक सोई हुई थी। कछुए बहुतायत में अपनी सदियों पुरानी चाल में चल रहे थे। घड़ियाल प्रचलित मुहावरों के अनुसार घड़ियाली आँसू बहा रहे थे, उनके आँसुओं से ही शायद वह झील भरी हुई थी, जिसमें उनके कुछ बच्चे नहा रहे थे और शेष नवजात किनारे पर आराम कर रहे थे। ये भी बड़े होकर नेताओं की तरह बन जायेंगे और बात-बात पर घड़ियाली आँसू बहायेंगे। ये घड़ियाल के बच्चे भी फिरंगी सैलानियों के मिज़ाज के हैं। वे झील किनारे सनबाथ लेने में मस्त थे, उनके माँ-बाप अब भी पानी में थे और शायद और बच्चे बनाने में व्यस्त थे।

फिर तो बाघ भी नज़र आया और बब्बर शेर भी जो आज अन्यमनस्क भाव से खड़ा था। उसके बाद कुछ कदम चला, रुका फिर चला, हल्का सा दहाड़ा और घास में जाकर आराम की मुद्रा में लेट गया। हमने बहुत से वन्यजीव देख लिए थे, साथ ही फल, फूल के सैंकड़ों पेड़-पौधे देखे, लगभग घंटा भर यहाँ घूम कर हम सज्जन गढ़ पैलेस की चढ़ाई को निकल पड़े।

सज्जनगढ़ का मौसमी महल

सज्जनगढ़ मेवाड़ के महाराणा सज्जन सिंह के नाम पर है जिन्होंने मेवाड़ पर सन् 1851 से 1884 तक शासन किया था। उन्होंने उदयपुर में स्थित अपने महल सिटी पैलेस से सात किलोमीटर की दूरी पर अरावली पर्वत का बांसडेरा चोटी

पर समुद्र तट से 944 मीटर (3100 फ़ीट) की ऊँचाई पर एक बहुमंज़िला वेधशाला का निर्माण शुरू करवाया जो उनके जीवनकाल में पूरा नहीं हो सका। बाद में उनके वारिस महाराणा फतेह सिंह ने इसे मौसमी महल का रूप देकर पूरा करवाया।

सज्जनगढ़ पैलेस बादल और बारिश के दृश्य देखने के लिए बनाया गया है, यहाँ प्रवेश करते ही एक उद्घाटन पट्टिका आपका स्वागत करती है जिस पर लिखा है—'महामहिम राजाधिराज महाराणा भगवत सिंह जी बहादुर ने इस भवन को अपनी प्रिय प्रजा को सन् 1956 में समर्पित किया।'

चार मंज़िले इस किले से आप अरावली और उदयपुर का विहंगम दृश्यावलोकन कर सकते हैं। इस किले को बनाने वाले भवन शिल्पियों ने वर्षा जल संग्रहण का अद्भुत काम किया है। किले की प्रत्येक मंज़िल पर खुले भाग में गिरने वाले पानी को इसी मंज़िल की छत के भीतरी भाग पर निर्मित टंकियों में एकत्रित कर किले की सुदृढ़ दीवारों में बनाई गई पाइपलाइन के ज़रिये भूतल पर बनी पानी की टंकियों में संग्रहित किया जाता है। यही जल वर्ष पर्यंत सज्जनगढ़ के प्रवासियों के काम आता था।

जब हम सज्जनगढ़ गए, मुख्य प्रवेशद्वार की मरम्मत का काम चल रहा था। गाड़ी ऊपर तक चली जाती है, कोई दिक्कत नहीं होती है, ऑटो भी जाते हैं, सैलानियों की बसें भी जाती हैं, ऊपर से विभिन्न स्थानों से फ़ोटो खिंचवाने और सेल्फ़ियाँ लेने की आपाधापी साफ़ नज़र आती है। हमने भी इन स्मृतियों को कैमरे और मोबाइलों में कैद कर लिया।

यहाँ पर लगी कठपुतलियाँ इतनी सजीव थीं कि एक बच्ची ने उनको वास्तविक समझ लिया और उसने अपने खाने के वेफ़र्स एक कठपुतली को ऑफ़र कर दिए। यह दृश्य इतना मोहक और प्रेरक था कि मैंने अपने मोबाइल में उसे ज़िन्दगी भर के लिए कैद कर लेना उचित समझा। बच्चे वाकई दिल के कितने अच्छे होते हैं, उनको कोई फ़र्क नहीं पड़ता कि सामने कोई ज़िंदा इन्सान है या उसकी बोलती तस्वीर है, वह परिचित है या अपरिचित है। बस उस बच्ची के मन में आया कि जो मैं खा रही हूँ, वह सामने की तस्वीर में दिख रहे इन्सान को भी खिला दूँ! क्या हम बच्चों से कुछ सीख सकते हैं?

कुछ देर हमने ऊपर बने पार्क में वक़्त गुज़ारा और फिर नीचे उतर आये। अभी दोपहर का भोजन करके पिछोला की पाल पर स्थित सिटी पैलेस जाना है

जो मेवाड़ की राजधानी का मुख्य महल था। हमने जल्दी से होटल आमंत्रणा में मिड डे मील चखा और बाहर निकल कर पंडित की लेमन टी पी, जिसमें पुदीने की एक छोटी सी टहनी तोड़ कर डाली गई थी, स्वाद बेजोड़ था, पैसा वाजिब, बहुत सी सेलेब्रिटी यह चाय पीने यहाँ आ चुकी हैं, थोड़ी सी दूरी पर तंदूरी चाय मिल रही थी, पास जा कर देखा तो समझ आया कि तंदूर में मिट्टी के कुल्हड़ों को गर्म करके उसमें चाय ढाली जा रही थी। हमने उसे सिर्फ़ निहारा।

सामने ही सहेलियों की बाड़ी थी, जहाँ पर मेवाड़ की रानियाँ आमोद प्रमोद के लिए आती थीं, वे कमल के फूलों के पानी से नहाती थीं, फव्वारे उनको नहलाते थे, झीलें उनको पानी देती थीं, फूल उनको देखकर खिलते थे और मुस्कराते थे। रानियों का यह मनोरंजन दसियों दासियों के श्रम का परिणाम था। यहाँ पर बने बाग-बगीचे और कलात्मक भवनों को देखकर मुझे उनकी भव्यता के साथ-साथ श्रमिकों के श्रम की स्थिति और उनसे ली जाने वाली बेगारी की याद दिलाते हैं। क्या उनको अपनी मेहनत का मुआवज़ा मिला होगा, क्या उन्होंने इस बाड़ी का आनंद उठाया होगा या वे अपना सम्पूर्ण जीवन सिर्फ़ इनके रंजन के लिए बलिदान कर गए होंगे। मैं बार-बार सोचने लगता हूँ और बातें करता जाता हूँ, क्या मैं ग्रथित हूँ, कुंठित हो रहा हूँ या मैं व्यथित हूँ? हो सकता है कि मैं पूर्वाग्रहों से ग्रसित हूँ और मुझे हर महल तिबारे सामंतवाद के प्रतीक लगते हों, जो भी हो मेरा मन क्यों उचट जाता है, मैं ऐसा क्यों हूँ, मैं आम सैलानी जैसा मज़ा क्यों नहीं लेता? इन सब प्रश्नों से जूझते हुए सिटी पैलेस की तरफ़ भागे, जहाँ पर कोई टिकट लेकर हमारा इंतज़ार कर रहा था।

सिटी पैलेस

गाड़ी से टिकट काउंटर तक पहुँचे, पार्किंग यहीं होने की वजह से गाड़ी नीचे ही छोड़ कर हम चल दिए सिटी पैलेस की तरफ़। वैसे तो ऊपर तक गाड़ी छोड़कर भी आ सकती थी, लेकिन हमने चलने की सोची। पाँच मिनट की वॉक के बाद हम भव्य दरवाज़े पर थे। मेवाड़ी में विशाल प्रवेश द्वार के लिए पोल शब्द इस्तेमाल होता है, वैसे तो महल में कई प्रवेश द्वार हैं, जिनके बारी पोल, हाथी पोल, त्रिपोलिया और तोरण पोल जैसे नाम हैं। सिटी पैलेस के जिस दरवाज़े से हमने प्रवेश किया, वह सूरजपोल कहलाता है। सिटी पैलेस के एक हिस्से में अरविन्द सिंह जी मेवाड़, जो कि महाराणा मेवाड़ फ़ाउंडेशन के अध्यक्ष हैं,

उनका परिवार निवास करता है, ऐसा हमें बताया गया। अरविन्द सिंह जी मेवाड़ बहुआयामी व्यक्तित्व के धनी हैं। उन्होंने पुरातात्विक महत्त्व के स्थलों, धार्मिक स्थानों और पर्यावरण तथा ऊर्जा, वैश्विक मैत्री, इतिहास, कला, खेल व संस्कृति के संरक्षण-संवर्धन के कार्यों के ज़रिये अपनी विशिष्ट पहचान बनाई है। वे हर वर्ष कला, साहित्य, शोध, खेल, समाजसेवा, संगीत आदि के लिए विशेष पुरस्कार भी प्रदान करते हैं। महल का दूसरा हिस्सा दर्शकों के लिए टिकट पर उपलब्ध है और तीसरा हिस्सा एक हेरिटेज होटल है जो पिछोला के उत्तरी हिस्से पर निर्मित है, वैसे तो यह पूरा महल ही पिछोला लेक पर ही बना हुआ है।

सिटी पैलेस मेवाड़ की राजधानी उदयपुर का मुख्य महल है। इसका निर्माण महाराणा उदय सिंह ने 1559 में करवाया था। हालाँकि यह सम्पूर्ण महल लगभग 400 साल की कालावधि में विभिन्न राजाओं ने अपने-अपने कार्यकाल में बनवाया था। सिटी पैलेस अपनी विशालता, भव्यता और कलात्मकता में अद्‌भुत है। महल, आंगन, गलियारे, छतें, कमरे, हैंगिंग गार्डन्स, संग्रहालय, चौक, गुम्बद, मेहराबें और मीनारें तथा दरवाज़े देखते ही बनते हैं। अकेले सिटी पैलेस को देखने के लिए ही पूरा दिन लग सकता है, लेकिन हमारे पास सिर्फ़ दो घंटे थे इस महल के लिए। हमने गाइड नहीं लिया, क्योंकि वो जो बातें बताते हैं, वो विभिन्न स्थानों पर लिखी हुई होती हैं। हर समूह के साथ एक गाइड होता ही है जो इतने ज़ोर से बोलता है कि आप निःशुल्क भी उसके ज्ञान से लाभान्वित हो सकते हैं, वैसे भी आपका मोबाइल गूगल बाबा के ज़रिये भी आपको बहुत कुछ बताता रहता है। राजसी महलों में गाइड जिस अंदाज़ में राजशाही के गुणगान करते हैं, मुझे वह भी प्रिय नहीं है, इसलिए भी मैं पैसे देकर अप्रिय काम करने का इच्छुक नहीं रहता, साथ ही गाइड बहुत हड़बड़ी में भी होता है, वह आपको निपटा कर दूसरे सैलानी को पकड़ने की फ़िराक में भी होता है, जबकि मैं कुछ चीज़ें गौर से देखता हूँ और कुछ को छोड़ देता हूँ।

इस महल में अमर विलास, बड़ा महल, फ़तेह प्रकाश, दरबार हॉल, भीम विलास, चीनी चित्रशाला, छोटी चित्रशाला, कृष्ण विलास, माणक महल, मौर चौक, रंग भवन, शीश महल जैसी संरचनाओं को देखा जा सकता है। हमने यह सब तो नहीं देखा, पर जितना देखा, वह भी कम नहीं था। आखिर एक महल में छोटे-बड़े ग्यारह और महल हैं। कितना देख पाते? किसी अज्ञात शायर ने क्या खूब कहा—'मैंने उसको उतना देखा, जितना देखा जा सकता है—पर इन

दो आँखों से कितना देखा जा सकता है'।

मेरे अब तक देखे अधिकांश राजमहलों में कहानी एक जैसी ही होती है, इन महलों में एक दरबार होता है, जहाँ बैठकर राजा राज करते थे, फिर उनका शयन कक्ष होता है, जहाँ वो विभिन्न रानियों के साथ भोग विलास करते थे। उनके ताश खेलने की जगह, मसाज का स्थान, नहाने के कुंड, आराम बाग, घूमने की जगह, हुक्का पीने की दीर्घा, रानी का स्नानघर, राजा के बैठने का तख़्त, फव्वारे, नहाने का टब, बाग-बगीचे इन्हीं राग रंग वैभव की गाथाओं को आप सुनते हैं, कहीं भी उस समय के आम नागरिकों, शिल्पियों, कारीगरों, साधारण सैनिकों की स्मृति का कोई स्मारक नहीं है, क्या ये भव्य और विशाल पैलेस किसी राजा के हाथ की मेहनत का परिणाम हैं, क्या इनमें राजा और रानियों की कड़ी कमाई का पैसा लगा है? जब इन महलों का निर्माण हुआ तब राजशाही की आम प्रजा इसमें बेगार करने के लिए अभिशप्त रही होगी और आज लोकतंत्र के हम आज़ाद नागरिक पैसा देकर इसे देखने को लालायित हैं। उन्होंने हमारे पुरखों का श्रम और ये हमारे गाँठ की पूंजी का हरण करने पर उतारू हैं। मैं इस महल को देखते हुए ऐसे ही सोचता रहता हूँ। मेरे भीतर क्या कोई कम्युनिस्ट छिपा हुआ है जो राजशाही के प्रतीकों को देखने के वक्त बार-बार उभर आता है।

खैर, पर्यटन के नाम पर महल और मन्दिर के अलावा दिखाया भी क्या जाता है, अगर आप में चाहत है तो जैव विविधता और प्राकृतिक स्थलों तक जा कर भी रुक सकते हैं, जो हम बीच-बीच में करने की कोशिश करते हैं। सिटी पैलेस में महाराणा कर्ण सिंह द्वारा स्थापित सूर्य गोखड़ा विशेष रूप से देखा गया, मोर चौक का निर्माण भी इन्हीं कर्ण सिंह ने करवाया, यहाँ अंतिम महाराणा भूपाल सिंह का चित्र भी अन्य महाराणाओं की भाँति लगा हुआ है। भूपाल सिंह ने भारत गणराज्य में विलय की संधि पर बिना शर्त सबसे पहले हस्ताक्षर किये, उन्हें नवनिर्मित राजस्थान का महाराज प्रमुख नियुक्त किया गया था।

मेवाड़ रियासत का कभी भी दिल्ली के साथ तालमेल नहीं बैठ पाया था, अब जबकि स्वतंत्र भारत की राजधानी दिल्ली बन चुकी थी। उस भारत में मेवाड़ को साथ आने को तैयार करना मुश्किल कार्य था, लेकिन सरदार वल्लभ भाई पटेल की कूटनीति के सामने सब फ़ेल थे। वे मेवाड़ के विलय हेतु अंतिम शासक महाराणा भूपाल सिंह के पास 14 जनवरी 1949 को उदयपुर पहुँचे। इसी

राजमहल में पटेल आये, लेकिन वे महाराणा के सामने बैठे नहीं खड़े रहे, जब उनको बैठने का निवेदन किया गया तो सरदार बोले—"महाराणा साहब, हम तो आपको दिल्ली ले जाने के लिए आये हैं, चलिए दिल्ली का सिंहासन सँभालिये, आपके पुरखों के बलिदान से ही तो आज़ादी का यह अवसर आया है!" सरदार वल्लभ भाई पटेल की यह बात सुनकर महाराणा की आँखें भर आईं। उन्होंने मेवाड़ का विलय भारत संघ में करने की अनुमति प्रदान कर दी। इसका राजस्थान की अन्य रियासतों और राजाओं पर सकारात्मक प्रभाव पड़ा और अन्य लोग भी इसके लिए तैयार हो गए। वर्ना जैसलमेर, जोधपुर, बीकानेर, डूंगरपुर और बांसवाड़ा नरेश अपनी रियासतों को स्वतन्त्र बनाये रखने के इच्छुक थे।

इस महल में 1940 में एक लिफ़्ट लगाई गई थी। महाराणा भूपाल सिंह का वज़न तोलने का एक कांटा भी दिखाई पड़ा, जिसमें एक घड़ी लगी हुई है, पैलेस में ताम्बे, जस्ते के धातु पात्र रखे हुए हैं, एक प्राचीन लालटेन देखी जो किसी मीनार जैसी है, एक जगह भारतीय चूल्हे और पात्र रखे गए हैं, जिसमें घट्टी, ओखल, तराज़ू, चरी, परात, मिर्च-मसाले पीसने का सिलबट्टा, छाछ बिलोने की चकरी, घड़ा और इडूनी तथा शराब की सुराहियों के आप दीदार करते हैं। प्राचीन काल के पंखे, झूले, कोयले गर्म करने की सिगड़ी, स्वर्ण जड़ित पालकियाँ दृष्टिगोचर होती हैं।

आगे बढ़े तो पार्श्वनाथ के पगल्या जी नज़र आये, ये मार्बल पत्थर के बने पदचिन्ह है, यहाँ लगे बोर्ड पर लिखा है—'हिन्दू, बौद्ध, जैन धर्म में पदचिन्हों की पूजा की सर्वमान्य परम्परा रही है, इन्हें प्राणियों के ऊर्जा प्रदाता के रूप में भी माना जाता है। कई बार प्रतिमा का प्रतिनिधित्व चरण चिन्ह करते हैं, अतः इन चिन्हों को प्रतिमा मान कर उनकी पूजा की जाती है, यहाँ रखे पदचिन्हों पर 'श्री पार्श्वनाथाय नमः' खुदा हुआ है, जिसका अर्थ है—हम भगवान पार्श्वनाथ को नमन करते हैं।' उल्लेखनीय है कि पार्श्वनाथ जैन धर्म के 23वें तीर्थंकर हैं। सिम्फनी ऑफ़ मेवाड़ दीर्घा में ट्रांज़िस्टर, ढोलक, हारमोनियम, गिटार, वीणा, तानपुरा, वायलिन, इकतारा, पियानो, दिलरुबा, ग्रामोफ़ोन, पखावज और क्लेरिनेट रखे दिखाई दिए, इनके ऊपर रागमाल पेंटिंग्स ऑफ़ मेवाड़ के नाम से फ़ोटो प्रदर्शनी लगी हुई है।

अंत में अरविन्द सिंह मेवाड़ के परिवार की बड़ी सी तस्वीर आपको

विदा करती है। इस तरह हम राजमहल से निकले और जनता की सड़क पर लौटे। खुली हवा में साँस ली, अब हमें आधा घंटा बोटिंग करनी है, पिछोला के लहरें मारते अथाह जल के तल पर भ्रमण के बाद हमने आकाशगामी होने का निश्चय किया और रोपवे से करणी माता मन्दिर तक गए, थोड़ा चलना पड़ा, ऊपर से उदयपुर के नज़ारे देखकर वापस आते समय बड़ी बेटी ममता ने पूछा कि आपने सफ़ेद चूहे देखे। मैंने कहा—"कहाँ थे सफ़ेद चूहे?" तब सबने कहा—"मन्दिर में थे," तब मैं उनको देखने वापस लौटा। दरअसल मैंने प्राकृतिक नज़ारे देखने के चक्कर में सफ़ेद चूहे छोड़ दिए थे, लेकिन लौट कर देखे, बीकानेर ज़िले के देशनोक में स्थित प्रसिद्ध करणी माता मन्दिर में ऐसा ही दृश्य पहले भी देख चुका था।

रोपवे से लौटे तो सूर्यास्त होने लगा, दिन भर की भागदौड़ से थकान आने लगी थी और भूख भी सता रही थी। हमें प्रतिष्ठित सामाजिक संस्था आस्था के ट्रेनिंग सेंटर में रात्रि विश्राम करना है। हम वहाँ पहुँचे और गणेश जी के आतिथ्य का लाभ लिया, सुस्वादिष्ट भोजन, आत्मीय मिलन और ढेर सारी बातों के बाद हम पर नींद सवार हो गई जो दूसरे दिन के बड़े तड़के उतरी।

आठवाँ दिन

भूरेटिया नी मानूं रे भूरेटिया...

उदयपुर में बड़े सवेरे जग कर बेदला की सुखदेवी माता की टेकरी तक जा कर आया, तब तक बाकी लोग तैयार हो चुके थे। अब यहाँ से हम तीन यात्री ही आगे जायेंगे, बेटियाँ आज भीलवाड़ा लौट जायेंगी। वे चित्तौड़ पहुँचने पर फिर ज्वाइन करेंगी।

दोनों बेटियों को बस स्टैंड ड्रॉप करके हम डूंगरपुर के रास्ते पर आगे बढ़े, उस समय इस नेशनल हाईवे का नंबर 8 था, आजकल बदल गया होगा। अब हम राष्ट्रीय राजमार्ग संख्या 48 पर बढ़ रहे थे। दोनों तरफ़ अरावली की सघन उपस्थिति थी। इन पर्वत शृंखलाओं पर आदिवासी समुदाय के लोग अलग-अलग घर बना कर रहते हैं। छोटे-बड़े बहुत सारे होटल्स भी दिखते हैं। काश, अभी फरवरी के बजाय जुलाई-अगस्त का बरसाती मौसम होता और गाड़ी में बरसात पर गाने धीमे-धीमे बजते रहते, हम सड़क किनारे के ढाबों पर गाड़ी रोककर गर्मागर्म पकौड़ी की फ़रमाइश ताज़ा चाय के साथ करते। वाह, क्या अद्‌भुत आनंद मिलता, लेकिन यह तो मन के लड्डू थे, जो बहुत मीठे और बेशुमार थे, पर थे ही नहीं।

जेवरी, जेवर या जावर

विचार प्रवाह एक पहाड़ी के ऊपर लिखे सफ़ेद नाम से बाधित हुआ, जो दूर से ही दिखाई दे रहा था। साफ़ पढ़ने में आ रहा था—'जावर माइंस' (Jawar Mines)। जावर माइंस का ज़िक्र आते ही हिन्दुस्तान ज़िंक नामक कंपनी के बारे में समाचार पत्रों में पढ़ी खबरों का ख़याल आया, जिनसे पता चला कि अब यहाँ जावर माइंस के बनाये फुटबाल ग्राउंड पर राष्ट्रीय स्तर का प्रशिक्षण दिया

जाता है। हिन्दुस्तान ज़िंक की सामाजिक दायित्व निधि से प्रशिक्षित सैंकड़ों युवा न केवल अच्छे फ़ुटबॉलर बन रहे हैं, बल्कि उनको सरकारी नौकरियाँ भी मिल रही हैं। आस-पास के दर्जनों गाँवों से हज़ारों लोग यहाँ होने वाले फ़ुटबाल के मैच को देखने पहुँचते हैं।

पर आज हम खेल की दृष्टि से जावर की बात नहीं कर रहे हैं, हम एक प्राचीन सभ्यता की बात कर रहे हैं। जावर माइंस का उल्लेख तो बहुत सी प्राचीन किताबों में भी मिलता है, जिनके मुताबिक यहाँ से हज़ारों सालों से जस्ता, सीसा और चाँदी निकाली जाती रही है। कहते हैं कि जावर सभ्यता कम-से-कम तीन हज़ार साल पुरानी होगी, जिसके खंडहर आज भी मिलते हैं। यहाँ एक गढ़ भी रहा है जिसे हरिन्यागढ़ कहा जाता था। एक प्राचीन शिलालेख के अनुसार पाँच साल पहले मेवाड़ के एक महाराणा रायमल की बहन रमा बाई ने मन्दिर का निर्माण करवाया था, अगर इस सभ्यता का ठीक से उत्खनन करवाया जाये तो यहाँ जैन, बौद्ध और हिन्दू धर्म से सम्बन्धित विभिन्न आस्था स्थल मिल सकते हैं।

कहते हैं कि यहाँ जो जावर माताजी का शक्तिपीठ है, उस मन्दिर में जेवर चढ़ाने की परम्परा रही है, तो क्या यह जेवर से जावर नाम हुआ होगा, क्योंकि पहले सारे आभूषण जस्ते और चाँदी से ही निर्मित होते थे, चूँकि हज़ारों साल से यहाँ से निकल रही धातुओं से जेवर बनाने और उन्हें देवी को चढ़ाने का प्रचलन रहा है। इससे जावर नाम प्रचलित हुआ हो। जावर माता मन्दिर के गर्भगृह के बाहर लगी प्रतिमाएँ नौवीं शताब्दी की हो सकती हैं। मेवाड़ के शासक महाराणा लाखा के शासनकाल के ताम्रपत्र में भी इस मन्दिर का उल्लेख है। रियासत कालीन विभिन्न दस्तावेजों और ख्यातों तथा लोक आख्यानों में जावर माता और जावर माइंस का विवरण मिलता है। इतिहास में जावर पर आक्रमण और लूटपाट का भी उल्लेख है। सन् 1303 में अलाउद्दीन खिलजी द्वारा जावर पर हमला करने और उसे लूटने का प्रमाण मिलता है, उसने न केवल लूटा बल्कि मन्दिर की प्रतिमा को भी खंडित करवाया। इस भग्न मन्दिर व मूर्ति का जीर्णोद्धार बाद के महाराणाओं ने करवाया।

हम उदयपुर से अब तक लगभग 40 किलोमीटर चल चुके होंगे, टीडी नाल नामक दर्रे के चौराहे से पाँच किलोमीटर आगे आने पर यह पहाड़ दिखाई दिया। मैं गूगल पर जावर माइंस के बारे में पढ़ने लगा। वहाँ पर मिले एक

आलेख के अनुसार शोधार्थी इतिहासकार अरविन्द कुमार ने तो यहाँ तक दावा किया है कि जस्ता जैसे वाष्पीकृत होने वाली धातु का प्रगलन पूरी दुनिया में सबसे पहले जावर में लगभग हज़ार साल पहले हुआ था। बताया जाता है कि आज की ज़िंक नगरी सातवीं सदी में भी आर्थिक नगरी थी और यहाँ की माइंस चाँदी का सर्वाधिक उत्पादन करती थी। जावर मेवाड़ की आर्थिक प्रगति और महाराणाओं के राज्य संचालन में जावर माइंस से प्राप्त धातुओं का बड़ा योगदान रहा है। महाराणा प्रताप ने भी यहाँ अज्ञातवास का कुछ समय गुज़ारा था।

उदयपुर अहमदाबाद हाईवे पर ट्रक, बस, ट्रॉले बड़ी संख्या में चलते हैं। सघन पहाड़ियाँ हैं। यह रोड अरावली की छाती को चीर कर निकाला गया लगता है। दोनों तरफ़ मेवात, काठियावाड़ी और देशी ढाबे तथा होटलों की भरमार है। रास्ते में एक होटल पर चाय पीने के लिए रुके। 65 किलोमीटर चलने के बाद हम पहुँच गए केसरिया जी, जहाँ पर जैन तीर्थंकर ऋषभदेव का विशाल मन्दिर है। यह देश का ऐसा मन्दिर है, जहाँ जैन धर्म के श्वेताम्बर और दिगम्बर दोनों धाराओं के लोग एक साथ पूजा-अर्चना करते हैं। हालाँकि आदिवासियों का दावा है कि यह उनका काला बाबा है। यह अलग-अलग नाम से जाना-पहचाना जाता है। लोग इसे केसरिया जी, ऋषभदेवजी, धुलिया जी और काला बाबा के नाम से भी पुकारते हैं। शायद यही एकमात्र मन्दिर है, जहाँ वैष्णव, शैव, भील और जैन मतावलम्बी समान रूप से एक ही मूर्ति की पूजा करते हैं। यह मन्दिर लगभग एक किलोमीटर के घेरे में बना हुआ है। हमने गाड़ी पार्किंग में रोकी और पैदल ही निकल पड़े। बाज़ार में होकर मन्दिर के प्रवेश द्वार पर पहुँचे।

बाज़ार के व्यापारी बहुत लालायित नज़रों से ग्राहकों को देखते हैं। उनको उम्मीद रहती है कि आने वाला व्यक्ति धर्मभीरु भक्त है, देवता की तस्वीर लेगा अथवा प्रसाद, कुछ नहीं तो धार्मिक दुपट्टा ही गले में डाल लेगा, नारियल या फूल तो लेगा ही। मन्दिर में भी पण्डे मिले जिन्होंने बड़ी हसरत से तिलक लगाया, मौली बाँधी, मन्त्र बाँचे, उसको भी उम्मीद थी कि जजमान अपनी जेब ढीली करेगा, लेकिन मैं भी पूरा कंजूस ठहरा, दान देना मेरे वश की बात नहीं। मैं धर्मस्थलों पर श्रद्धा की वजह से नहीं जाता, मुझे तो मूर्ति की बनावट, मन्दिर के स्थापत्य कला और भव्यता तथा इतिहास में अभिरुचि है। मैं यही करता रहता हूँ। लोग धार्मिक जगहों से घर के लिए प्रसाद ले जाते हैं और दान करके पुण्य कमाते हैं। मैं तो वहाँ भी किताबें ढूँढता हूँ भले ही वे धर्म, अध्यात्म की हों या कि इतिहास अथवा अर्थशास्त्र की। मेरी भूख ज्ञान की भूख है। मुझे मोक्ष से क्या

लेना-देना, स्वर्ग-नरक, पाप-पुण्य का मैं क्या करूँ भला?

खैर, ऋषभदेव मन्दिर भव्य है, इसमें सफ़ेद संगमरमर की संरचनाएँ मनमोहक हैं, मुख्य प्रतिमा काले पत्थर की है, 24 तीर्थंकर सहित बावन जिनालय हैं। यहाँ मूर्तियों पर, कलशों पर स्वर्ण और चाँदी से मढ़ी हुई है। इस मन्दिर पर अलाउद्दीन खिलजी के हमले की कहानियाँ भी कही जाती हैं। वैसे मूलतः यह एक आदिवासी धर्मस्थल था जो अब जैन धर्म का प्रसिद्ध स्थल बन चुका है।

ओरिलिटी लैब रिसर्च फ़ाउंडेशन के पुस्तकालय पर एक दिन मुझे भाई विनीत अग्रवाल और बहन प्रियाक्षी अग्रवाल के सान्निध्य में एक पुरानी किताब जो फ़ोटोकॉपी की शक्ल में थी, उसे पढ़ने का मौका मयस्सर हुआ। किताब का नाम था— *बनेड़ा राज्य का इतिहास*। इस पुस्तक में ऋषभदेव को लेकर एक अध्याय पढ़ने को मिला जो इस प्रकार है—

> ऋषभदेव के मन्दिर का प्रकरण-धुलेव ग्राम में ऋषभदेव का एक सुप्रसिद्ध जैन मन्दिर है। इन्हें श्वेताम्बरी तथा दिगम्बरी तो मानते ही हैं। सनातनधर्मी तथा भील लोग भी मानते हैं। वन्दना और पूजन करते हैं। दोनों जैन उपसम्प्रदाय पूजन करते हैं तथा ध्वजा दण्ड चढ़ाते हैं। वि.सं. 1990 में दोनों उपसम्प्रदायों में विवाद खड़ा हो गया।
>
> दिगम्बरी जैनों का कहना था कि ऋषभदेव के पूजन का प्रथम अधिकार उनका है। उन्हीं की पद्धति के अनुमार पूजा होनी चाहिए। श्वेताम्बरी कहते थे कि श्वेताम्बरी पूजा विधि के अनुसार पूजन होना चाहिए तथा पूजा का प्रथम मान उनका है। विवाद का निपटारा करने में दोनों सम्प्रदायों में कई बार उग्र झगड़े हुए। अन्तिम झगड़े में मन्दिर में ही एक व्यक्ति की मृत्यु हो गई। तब महाराणा को इस प्रकरण में हस्तक्षेप करना पड़ा, क्योंकि धुलेव ग्राम मेवाड़ राज्य के अन्तर्गत था। महाराणा ने एक समिति बनाई जिसके सदस्य निम्नांकित थे—
>
> 1. राजा अमरसिंह बनेड़ा
> 2. मि. सी.जी.सी. ट्रेंच सी.आई.ई. रेवेन्यु कमिश्नर
> 3. बाबू बिन्दुलालजी
> 4. पं. रतिलाल अंताणी
>
> महाराणा ने वैशाख बदी 1 वि.सं. 1991 (31 मार्च सन् 1934 ई.) को आदेश दिया कि कमेटी के चारों सदस्य निश्चित दिवस पर

एकत्रित हों। पक्षकारों को प्रमाण प्रस्तुत करने का पूर्ण अवसर दें। उनकी आपत्तियाँ ध्यानपूर्वक सुनें तथा पूजा विधि की सम्पूर्ण जाँच करके अपनी सम्मति प्रस्तुत करें।

यह प्रकरण उन दिनों जनता के आकर्षण का केन्द्र रहा। कमेटी जिस दिन इस प्रकरण की सुनवाई करती। उस दिन सैंकड़ों की संख्या में जनता वहाँ एकत्रित हो जाती। दोनों सम्प्रदाय धनी थे और अपनी टेक रखना चाहते थे। यह प्रकरण दोनों की प्रतिष्ठा का प्रश्न बन गया था। दोनों पक्षकारों की ओर से भारत के विख्यात वकीलों को बुलवाया गया था। मि. मोहम्मदअली जिन्ना, श्री कन्हैयालाल माणिकलाल मुन्शी, सर चिमनलाल सीतलवाड़ तथा मोतीलाल सीतलवाड़ इस प्रकरण में वकील थे। ऐसे दिग्गज वकीलों का वाद-विवाद सुनने का सौभाग्य राजा अमरसिंह को प्राप्त हुआ।

दोनों सम्प्रदाय झुकने को तैयार नहीं थे। यह प्रकरण एक वर्ष तक चलता रहा। चैत्रबदी 3 वि.सं. 1992 (ता. 1 अप्रैल सन् 1935) को राजा अमरसिंह धुलेव गये। विवादास्पद स्थान का निरीक्षण किया तथा वास्तविकता का पता लगाया। दोनों पक्षकारों के वकीलों के तथ्यों तथा विवाद को सुनकर समिति के सदस्य इस निर्णय पर पहुँचे कि ''इस मन्दिर की यह परम्परा रही है कि प्रत्येक सम्प्रदाय अपनी पूजा विधि के अनुसार पूजन करता है। जो व्यक्ति अथवा सम्प्रदाय अधिक धन देता है, वही प्रथम पूजन का अधिकारी होता है। सदा से चली आ रही यह प्रथा भविष्य में भी प्रचलित रखी जानी आवश्यक है। इसमें हेर-फेर करने की आवश्यकता नहीं है। इस आशय की रिपोर्ट समिति ने महाराणा को प्रस्तुत की, जिसे महाराणा ने स्वीकार किया। उक्त निर्णय से दिगम्बरी, श्वेताम्बरी, सनातनी तथा भील सभी संतुष्ट हो गये।

केसरिया जी से फ्री होकर हम खैरवाडा की तरफ़ चले, जहाँ पर दोपहर का भोजन किया और डूंगरपुर पहुँच गए। डूंगरपुर नगरपालिका की सतत मेहनत से यह अब स्वच्छ शहर की श्रेणी में आता है। यहाँ हम सामाजिक कार्यकर्ता मधुलिका जी के निवास पर मेहमान होने वाले हैं। उन्होंने शिक्षक नेता और आदिवासी चिन्तक हेमंत खराड़ी जी को आमंत्रित कर रखा था। हम मधुलिका

के इको फ्रेंडली आवास पर पहुँचे, जिसकी बहुत चर्चा मैं सुन चुका हूँ। आगे हम इस मकान की बात भी करेंगे, अभी तो हम सिर्फ़ डूंगरपुर के बारे में जानने को उत्सुक हैं। खूब सारी ऑक्सीजन से भरपूर हवादार इस मकान की डाइनिंग टेबल पर गर्मागर्म चाय का आनंद लेते हुए अब हम लोग डूंगरपुर का इतिहास खंगाल रहे हैं।

हेमन्त खराड़ी जी वामपंथी विचारों के एक शिक्षक संघ से भी जुड़े हुए हैं। वे विभिन्न मसलों पर खुलकर अपनी राय रखते हैं। उनकी साफ़गोई गज़ब है। जब मैंने उनसे कहा कि डूंगरपुर क्या किसी डूंगर सिंह नामक राजा ने बसाया है या कि यहाँ अरावली के बड़े-बड़े डूंगर (पहाड़) हैं, इसलिए इसे डूंगरपुर कहा गया है? मैंने जानबूझकर ऐसा प्रश्न किया ताकि हेमंत जी अपनी ज्ञान मंजूषा को हमारे लिए खोल दें और अपने नज़रिये से हमें डूंगरपुर के इतिहास के बारे में बताएँ।

शिक्षक नेता हेमंत खराड़ी भले ही नेता हैं, परन्तु मूलतः शिक्षक हैं, इसलिए उनके पास अधिकृत जानकारियाँ तो हैं ही, वे अपने आदिवासी लोगों से बेहद करीब हैं, इसलिए उनकी जानकारियों में लोक से श्रुत कहानियाँ, किंवदन्तियाँ और लिखित इतिहास की जानकारियाँ भी हैं।

हेमन्त जी ने कहा—"डूंगरपुर डूंगर भील ने बसाया, उससे छीन कर राजा-महाराजा बन बैठे दूसरे लोग।" मैं यह सुनकर आश्चर्य से भर उठा। मुझे यह अतिरेक लगा कि हर जगह किसी-न-किसी भील आदिवासी राजा की कहानी लोक की जुबान से सामने आती है, पर शास्त्रों में उसके प्रमाण कहाँ मिलते हैं?

मेरे सामने मुहनोत नैनसी की *ख्यात* पेश की गई, जिसके पृष्ठ संख्या 100 पर लिखा है—

> उन दिनों डूंगरपुर की जगह एक भील पाँच हज़ार मनुष्यों के दल-बल के साथ रहता था और उसकी बड़ी ठकुराई थी। रावल समरसी मन में कपट रख कर उस भील के पास नौकरी के निमित्त उससे मिला। डूंगर भील ने पुछवाया कि उसके यहाँ आने का कारण क्या है? रावल ने जवाब भेजा कि चित्तौड़ तो हमने भाई को दे दिया, अब कहीं अच्छा स्थान देख कर अपने आदमियों को चार महीने वहाँ रखना चाहते हैं, फिर कहीं अन्यत्र नौकरी के वास्ते चले जायेंगे और

दिल्ली या मांडू के बादशाह के पास जा रहेंगे। इतने तुम कहीं पग थम्बन को ठौड़ बतलाओ तो वहाँ आन रहें। डूंगर ने पहले तो यही कहा कि कल के दिन तो तुमने चौरासी मलिक को मारा है, अब यहाँ आकर हमको मारोगे। मैं तुम्हारा विश्वास नहीं करता। समरसी ने उत्तर भेजा कि हमारी चौरासी को मारने की कोई मंशा न थी, परन्तु डोम ने आकर पुकारा तब वह काम करना पड़ा। वह धरती डोम ही भोगता है, यदि तुम चाहो तो ख़ुशी से अपने आदमी भेज कर वहाँ अधिकार कर लो। हमारा वहाँ कोई भी नहीं है और न हमें उस भूमि से कुछ सरोकार है। इस तरह डूंगर भील से बहुत सी लल्लो पत्तो की, तब डूंगर भील ने रावल समरसी को रख लिया, बाद में रावल ने अपनी बेटियों के विवाह के नाम पर एक बाड़ा तैयार करवाया और बारातियों के आने की सूचना डूंगर को दी। उसकी इजाज़त लेकर सारी तैयारियाँ कीं और लग्न के दिन से एक-दो दिन पहले रावल ने भील को जाकर कहा कि कल परसों तक बारात आ जाएगी, तब तो हम उनके सत्कारादि में लग जाएँगे, हमारे लिए अच्छी बात होगी कि कल आप अपने सारे लोगों के साथ भोजन वहीं करें। डूंगर भील ने न्यौता मान लिया। रातोंरात रसोई तैयार की गई, उसमें धतूरा और वत्सनाग मिला दिया। पीने के लिए तेज़ शराब खिंचवाई। दूसरे दिन डूंगर भील अपने भाई, बेटों, प्रधान, नौकर-चाकरों सहित सात सौ लोगों के साथ ज़ीमने आया। बड़े बाड़े में पान्तिया दिया, भली-भाँति भोजन परोसा और खूब शराब पिलाई जिससे वे सभी अचेत हो गए। नौकर-चाकर व दूसरे 400 लोग दूसरे बाड़े में बिठाये गए। जब देखा कि वे सब बेहोश हो गए हैं तो दोनों बाड़ों में आग लगा दी। वे सब तो जल मरे और जो द्वार पर आये, उनको वहीं मार गिराया। रावल ने कई आदमी डूंगर के घरों पर भी भेज दिए थे, जो कोई वहाँ रहे थे, उनको भी मार दिया। उनका धन-माल सारा ले लिया और इस प्रकार डूंगरपुर पर अधिकार कर वहाँ अपनी राजधानी स्थापित की। बड़ी ठकुराई हुई, बनजारे चलने लगे और बहुत सा दान, महसूल आने लगा।''

हेमंत खराड़ी जी ने जो कहा वह सही था, रावल समरसी ने धोखे

से डूंगर भील से डूंगरपुर कब्ज़ाया था। एक आदिवासी राजा जिसने रावल को शरण दी, उसके लोगों को समरसी ने ज़हर दिया। आग में ज़िंदा जलाया और मार डाला, धन-माल लूटा और वहीं राज स्थापित कर लिया। कितना क्रूर है यह इतिहास और कितना जघन्य है आदिवासियों के साथ किया गया यह नरसंहार!

मन कुछ कसैला सा हो गया। आगे कुछ जानने को बचा नहीं और न ही डूंगरपुर के महल और अन्य स्थल देखने का मन किया। बस कालीबाई पेनोरमा देखने की इच्छा बची, जिसे देखने रात होने से पहले जाना था, इसलिए चाय वार्ता के बाद हम राजस्थान सरकार द्वारा बनाये गए पेनोरमा पर पहुँचे। उपेक्षित सा खड़ा था कालीबाई पेनोरमा। यह कालीबाई कौन थी जिसका पेनोरमा बनाया सरकार ने। आइये उनके बारे में भी जान लेते हैं।

अमर बलिदानी कालीबाई भील

डूंगरपुर शहर से होते हुए हम एक विशाल दरवाज़ा पार करके अपेक्षाकृत कम भीड़ वाली सड़क पर बढ़ते जा रहे थे। हमारे साथ अब हेमंत खराड़ी जी और मधुलिका भी जुड़ चुके हैं। हम पाँच किलोमीटर आगे स्थित कालीबाई पेनोरमा तक जायेंगे। इस सड़क के बारे में बताया गया कि कभी यहाँ सिर्फ़ राजपरिवार के लोग ही चल सकते थे, अब सब चलते हैं। यह लोकतंत्र की ख़ूबसूरती है, वर्ना कौन कालीबाई भील का नाम लेने देता, उनकी स्मृति में पेनोरमा की बात तो दूर रही।

कालीबाई एक आदिवासी बालिका थी, जो डूंगरपुर रियासत के रास्ता पाल गाँव में डूंगरपुर संघ द्वारा संचालित होने वाले विद्यालय में पढ़ती थी। स्थानीय सामंत को यह पसंद नहीं था कि कोई आदिवासी बच्चों को पढ़ाये, विशेषकर आज़ादी के आन्दोलन में भाग ले रहे गाँधी मार्ग पर चलने वाले लोगों द्वारा होने वाली गतिविधियों को न अंग्रेज़ बर्दाश्त करते थे और न ही रियासती सामंत। दोनों मिलकर प्रजा को लूटते थे। हर बात का कर वसूलते थे, यहाँ तक कि शादी-ब्याह के लिए भी टैक्स चुकाना पड़ता था। टिलड़ी बराड़ (तिलक टैक्स) लिया जाता था, लूटने और अत्याचार करने में कोई भी पीछे नहीं था। जनता को पढ़ने-लिखने की आज़ादी नहीं थी, विशेष रूप से

दलित व आदिवासी समुदाय को अनपढ़ रखने का पूरा बंदोबस्त था। ऐसे में आदिवासियों के लिए स्कूल खोलना क्या बगावत नहीं माना जायेगा और वो भी खादीधारियों द्वारा।

स्थानीय ज़मींदार ने डूंगरपुर नरेश को सूचना दी और उन्होंने अपने गोरे आकाओं को बताया। गाँव में चेतावनी जारी की गई। स्थानीय ठाकुर ने स्कूल बंद करवाने के लिए एक मीटिंग भी बुलाई, जिसमें कोई भी शामिल नहीं हुआ। लोग शिक्षा दे रहे लोगों के साथ थे। शिक्षकों ने भी सामंत की चेतावनी को अनसुना कर दिया और स्कूल बंद करने से साफ़ इनकार कर दिया और यहाँ तक कह दिया कि यह विद्यालय डूंगरपुर संघ के आदेश से चल रहा है, इसमें रियासत और अंग्रेज़ सरकार की कोई मदद नहीं है। हम किसी भी कीमत पर रास्तापाल का स्कूल बंद नहीं करेंगे।

डूंगरपुर संघ की स्थापना भोगी लाल पंड्या, शोभा लाल और माणिक्य लाल वर्मा ने सन् 1942 के भारत छोड़ो आन्दोलन के बाद की थी, जो औपनिवेशिक सत्ता और सामंतशाही के खिलाफ़ राजस्थान की जनता में चेतना भर रहे थे। ये लोग प्रजामंडल से जुड़े थे, जो दलितों व आदिवासियों की शिक्षा हेतु स्कूल संचालित किया करता था। रियासतों पर भारी दबाव था कि वे अपने इलाकों में प्रजामंडल की किसी भी तरह की गतिविधि न होने दें, वैसे भी सामंत खुद भी आदिवासियों को शिक्षित होने देने के पक्ष में नहीं थे, इसलिए प्रजामंडल के स्कूलों को बंद करवाने में वे भी पीछे न थे।

रास्तापाल गाँव में नाना लाल खांट के घर में विद्यालय संचालित होता था, जिसमें कालीबाई कलसुआ भी पढ़ती थी। डूंगरपुर नरेश प्रजामंडल के कार्यकर्ताओं के दमन में जुटा था। रास्तापाल स्कूल बंद करने का आदेश दिया गया, जिसे मानने से नाना लाल खांट ने इनकार कर दिया तो उन पर तरह-तरह के अत्याचार किये गए। 19 जून 1949 को अंग्रेज़ सैनिक आये और उन्होंने रास्तापाल स्कूल के शिक्षक नाना लाल की पिटाई की और गिरफ़्तार कर लिया। उनके साथी शिक्षक सेंगा भाई भील को ट्रक के पीछे बाँध कर घसीट कर ले जाने लगे। कालीबाई भील अपने खेत से घास काट कर लौट रही थी, जब उसने अपने गुरुजी पर यह जुल्म देखा तो उससे रहा नहीं गया। पूरे गाँव में किसी ने हिम्मत नहीं की लेकिन छोटी सी बालिका कालीबाई दराती हाथ में लेकर ट्रक के पीछे दौड़ पड़ी और चिल्लाई, ''मेरे गुरुजी को कहाँ ले जा रहे हो, उनको

छोड़ो।'' ऐसा कहते हुए कालीबाई ने उस रस्से को काट डाला जिससे बाँध कर सेंगा भाई घसीटे जा रहे थे, इससे सेंगा भाई भील की जान तो बच गई, लेकिन बेरहम अंग्रेज़ों ने उस अदम्य साहसी नन्ही बालिका को गोली मार कर घायल कर दिया।

अपने गाँव की बेटी की हिम्मत देखकर अन्य लोगों में भी जोश आ गया। आदिवासी इलाके में युद्ध घोष वारु ढोल बज उठा। हज़ारों लोग हथियार लेकर रास्तापाल पहुँचने लगे। घायल कालीबाई को डूंगरपुर के अस्पताल में भर्ती करवाया गया, जहाँ उसने प्राण त्याग दिए। इस तरह वीर आदिवासी बालिका ने अपने प्राणों का बलिदान दे दिया।

कालीबाई की याद को चिरस्थायी बनाने के लिए रास्तापाल में एक स्मारक राजस्थान के मुख्यमंत्री अशोक गहलोत के शासनकाल में बनवाया गया तथा एक उद्यान और प्रतिमाएँ लगाई गई हैं और ज़िला मुख्यालय पर पेनोरमा स्थापित किया गया है। इस पेनोरमा का उद्घाटन तत्कालीन मुख्यमंत्री वसुंधराराजे ने किया था। हालाँकि इसमें कालीबाई का चित्रण काफ़ी कमज़ोर है। यह पेनोरमा आम तौर पर उपेक्षित ही रहता है। डूंगरपुर शहर के मुख्य बाज़ार में भी कालीबाई सर्कल है और प्रतिमा भी लगी हुई है, जहाँ पर हर वर्ष मेला आयोजित होने की जानकारी हमें दी गई है। राजस्थान सरकार अब सरकारी विद्यालयों में पढ़ने वाली प्रतिभाशाली बालिकाओं को कालीबाई भील स्कूटी योजना के तहत निःशुल्क स्कूटी वितरित करती है। इस तरह कालीबाई की शहादत को संजोने का कुछ काम ज़रूर हुआ है। कालीबाई के बारे में स्कूली शिक्षा के पाठ्यक्रम में अध्याय जोड़े गए हैं।

हमने कालीबाई पेनोरमा के सामने स्थित तालाब पर नरेगा श्रमिकों और स्थानीय सिविल सोसायटी एक्टिविस्ट के साथ मीटिंग की। यहाँ भू माफ़िया द्वारा सार्वजनिक तालाब को हड़पने के लिए किये जा रहे षड्यंत्र की जानकारी ली और मधुलिका के घर लौट आये। शाम को हमारी वहाँ राजस्थान असंगठित मज़दूर यूनियन के साथी निखिल शेनॉय से भेंट हुई। स्वादिष्ट रात्रि भोज के बाद हम आराम करने पहुँचे। कल जल्दी उठना है, हम कालीबाई के शहादत स्थल जायेंगे और वहाँ से मानगढ़ धाम जहाँ हज़ारों आदिवासियों का नरसंहार हुआ था, जलियांवाला बाग हत्याकांड से भी भयंकर नरसंहार... !

नौवाँ दिन

कालीबाई भील और नाना लाल जी खांट का बलिदान

सुबह जल्दी उठे और गाड़ी लेकर सुबह का भ्रमण गैप सागर पर कर आये। अच्छी बात यह है कि गैप सागर शहर में है और यहाँ का दृश्य मनोरम है। सुबह-सुबह नौका विहार की ज़रूरत नहीं पड़ी, दिन होता तो यहाँ भी नाव की सवारी की ही जाती। पर्यटकों के लिए तरह-तरह की बोट यहाँ उपलब्ध हैं, यथा जिप्सी बोट, शिकारा बोट आदि। झील के फव्वारे अलग ही छटा बिखेरते हैं, लेकिन वो भी संध्या के समय। हम जिस वक्त यहाँ आये हैं, यह शहरी मध्यमवर्गीय हेल्थ कांशस लोगों के मॉर्निंग वॉक का टाइम है और धर्म भीरुओं के धर्मस्थलों में पूजा-अर्चना का। झील में शिव का विशाल स्टेच्यु नयनाभिराम है। इतिहास में दर्ज है कि इस झील का निर्माण सन् 1428 में महाराजा गोपी नाथ द्वारा करवाया गया। यहाँ झील के किनारे बैठना सुकून देता है, हमारी सुबह की शुरुआत गैप सागर पर आने से अच्छी हो गई है। उम्मीद है कि आज का दिन भी बन जायेगा। देखने को तो डूंगरपुर में भी बादल महल आदि बहुत से महल, भवन तथा मन्दिर हैं, उद्यान हैं और एक राजकीय संग्रहालय भी है, लेकिन आज समय बहुत कम है इसलिए शिक्षक नेता हेमंत खराड़ी जी को साथ लेकर हम रास्तापाल गाँव के लिए निकल लिए।

रास्ते भर हेमंत जी से बातें होती रहीं। उन्होंने बताया कि कालीबाई खांट थी, कलसुआ गोत्र की, रास्तापाल सीमलवाड़ा इलाके में पड़ता है। कालीबाई की शहादत बहुत से सवाल खड़े करती है, क्या शिक्षा को लेकर डूंगरपुर में जनता का कोई मूवमेंट था, क्या लोग शिक्षा प्राप्ति हेतु संघर्षरत थे ? जो अंग्रेज़ हर जगह शिक्षा पहुँचाने की कोशिश में लगे थे, वे रास्तापाल के स्कूल के खिलाफ़ क्यों थे ? या सामंत नहीं चाहते थे कि आदिवासियों को शिक्षा मिले ?

क्या कालीबाई का पेनोरमा बना कर सरकार मूल प्रश्नों को दरकिनार कर देना चाहती है? देशभर में आदिवासियों में शिक्षा के प्रसार हेतु अंग्रेज़ों ने काफ़ी प्रयास किये, भले ही उनका प्राथमिक उद्देश्य धर्मांतरण रहा हो, लेकिन आदिवासी क्षेत्रों में शिक्षा पहुँचे इसके लिए मिशनरियों के साथ मिलकर अंग्रेज़ सरकार प्रतिबद्ध रही है, तो फिर रास्तापाल में अंग्रेज़ शिक्षा के खिलाफ़ क्यों हो गए? यहाँ का स्कूल वे बंद करवाने पर क्यों उतारू थे? जबकि खैरवाडा ईसाई मिशनरीज़ का सेंटर था। मिशनरीज़ ने लसुडिया में हॉस्पिटल खोल दिया था। वे जगह-जगह स्कूल खोल रहे थे। ऐसे में सामंती और आदिवासी विरोधी ताकतें सचेत हो गईं कि कहीं आदिवासी पढ़-लिख न जायें, इसके लिए ईसाई मिशनरीज़ के विरोध में बहुत सारे आन्दोलन उभारे गए। सन् 1883 में शुरू हुआ सती सुरमाल का भगती मूवमेंट भी क्रिश्चियन मिशनरीज़ के खिलाफ़ ही था। तो क्या हम यह कहें कि सती सुरमाल ब्राह्मणवाद से प्रभावित थे, वह एंटी कन्वर्जन हीरो थे। हालाँकि उस दौर में जब आदिवासी किसी मन्दिर में नहीं जा सकते थे, तब आम आदिवासी को पूजा-पाठ आराधना का विकल्प बताया, इस तरह सती सुरमाल प्रगतिशील भी कहे गए। हेमंत जी कहते हैं कि हमें विभिन्न विषयों के बहुआयामी पहलुओं पर सोचने की ज़रूरत है।

हेमंत जी के भीतर का कामरेड आज विद्रोही रूप अख़्तियार कर चुका था। बोले—"हम आदिवासी तो बराड़ (कर) भी चुकाते थे और राजाओं के बच्चों की रक्षा का दायित्व भी माथुगामडा के कटारा मामा करते थे, शुरू से ही हमारी अपनी पाल व्यवस्था थी, जिसका मुखिया गमेती होता है। हभारा इतिहास लिखा नहीं गया कभी, गीतों में गाया जाता है। क्या आपने कहीं पढ़ा है कि कालू कटारा ने राजा को टिलड़ी बराड़ देने से मना करके विद्रोह कर दिया था। हमारे गीतों में माला कटारा और साम जी भराइयाँ के बारे में गाया जाता है, उनमें हमारे संघर्ष, लोकल जेलों, आततायी शासकों और टैक्स की शोषणकारी व्यवस्था की मुखालफ़त साफ़ नज़र आती है।"

इसके बाद हेमंत जी ने हमको डॉ. केसरी लाल निनामा, डॉ. गणेश निनामा और रामचन्द्र पलात की किताबों के बारे में भी जानकारी दी। उन्होंने कहा कि सामंतों और आदिवासियों के बीच सदैव ही संघर्ष का रिश्ता रहा है। चुण्डावाडा, बिछीवाडा के जागीरदार ने जब जंगल से लकड़ी काटने पर प्रतिबन्ध लगाया और जेल में लकड़ी के पिंजरे बना कर आदिवासी रखे जाते थे, तब वालीबाई

के नेतृत्व में जेल तोड़ा गया। वालीबाई को तीर लगा और उनकी मृत्यु हो गई। आज भी पालेजा गाँव में वालीबाई की याद में लोग एक जगह पर पत्थर रखकर जाते हैं।

रास्तापाल पहुँचने तक की सड़क के दोनों तरफ़ फ़सलें थीं, अलग-अलग तरह के वृक्षों, लोगों और फ़सलों को देखते हुए हम आगे बढ़ रहे थे, शीघ्र ही रास्तापाल पहुँच गए। वहाँ पर शहीद कालीबाई कलसुआ की मूर्ति का अनावरण व लोकार्पण मुख्यमंत्री अशोक गहलोत के प्रथम शासनकाल में 19 जून 1999 को हुआ था, यहाँ पर हमें थानेश्वर जी कलसुआ मिल गए जो कालीबाई के परिवार से ताल्लुक रखते हैं और इसी इलाके में प्रधानाध्यापक हैं। उन्होंने बताया कि पीठ सीमलवाडा के ठाकुर ने डूंगरपुर के ज़िला मजिस्ट्रेट को शिकायत की थी। थानेश्वर जी ने बताया कि शहीद कालीबाई के माता-पिता सन् 1965 तक ज़िंदा थे। सेवा संघ डूंगरपुर इस गाँव में विद्यालय चलाता था, उस दिन दो शिक्षक यहाँ थे—सेंगा भाई रोत और शिव लाल रोत।

शिक्षा की प्रतीक बनी कालीबाई का गाँव आज उपेक्षित सा है, एक अदद रोडवेज़ तक की बस भी नहीं आती। उच्च माध्यमिक विद्यालय है, जिसमें कुल 32 पद स्वीकृत थे, जिनमें से 17 पद रिक्त थे। 647 बालक-बालिकाओं का नामांकन था। व्याख्याता के 11 पद, वरिष्ठ अध्यापक के 3 पद और प्रयोगशाला सहायक, पुस्तकालयाध्यक्ष तथा प्रधानाध्यापक तक का पद खाली है। कालीबाई स्मारक भी सरकारी उदासीनता का शिकार है। 19 जून को कुछ आयोजन होता है। हम लोग उस जगह पर भी रुके जहाँ पुराना स्कूल था और जहाँ से घसीटते हुए सेंगा भाई रोत को ले जाया जा रहा था, जिसे बचाते हुए कालीबाई को अंग्रेज़ सिपाहियों ने गोली मारी थी। स्कूल में नाना लाल खांट की प्रतिमा भी लगी हुई है। यहाँ पर विद्यालय स्टाफ़ ने हमको चाय पिलाई और हम विदा लेकर आगे बढ़े, कल से मन खिन्न है। सारी कहानियाँ शोषण, अन्याय और अत्याचार तथा विश्वासघात से सनी हुई हैं, इनको जानकर कैसे खुश हुआ जा सकता है। जिस कालीबाई के नाम पर पूरे सूबे की बेटियों को स्कूटी मिल रही है, उस कालीबाई का पेनोरमा बनता है तो उसमें कालीबाई का चित्रांकन भी सही नहीं किया जाता है और दूसरी तरफ़ कालीबाई का मूल गाँव एकदम ही उपेक्षा का शिकार है, यह क्या बात हुई भला?

गलियाकोट दरगाह में भेदभाव और डायन प्रेत का अन्धविश्वास

कालीबाई के गाँव रास्तापाल से गलियाकोट की तरफ़ यात्रा बढ़ी तो चिकली में जाम मिला, लगा कि आज का टास्क पूरा नहीं हो पायेगा। लेकिन आधे घंटे में ही जाम खुल गया, बेतरतीब हो चुकी साँसों को पुनः तरतीब मिली, आगे बढ़े, गलियाकोट डूंगरपुर से 60 किलोमीटर की दूरी पर है। यह मुस्लिम मज़हब के शिया संप्रदाय के बोहरा लोगों का प्रमुख धार्मिक स्थल है। यह शहर माही नदी के तट पर बसा होगा। यहाँ पर सैयद फ़खरुद्दीन नामक सूफी फ़क़ीर की बेहद अमीर दरगाह है। जिसे मज़ार-ए-फ़खरी कहा जाता है, भव्यता और विशालता में यह मज़ार अग्रणी कही जा सकती है। सैयद फ़खरुद्दीन एक धार्मिक व्यक्ति थे जो घूम-घूम कर ज्ञान देते थे। इसी तरह के प्रवास में उनकी मौत गलियाकोट में हो गई, जहाँ पर उनकी कब्र पर मजार बनाई गई। अब सफ़ेद मार्बल की बहुत बड़ी दरगाह यहाँ पर है, जहाँ पर देश-विदेश से बड़ी संख्या में बोहरा मुसलमान आते हैं।

गाड़ी के लिए पार्किंग आराम से मिल गई। हमने सोचा कि मजार के दीदार के बाद भोजन यहीं करेंगे, क्योंकि बहुत सारे ढाबे नज़र आ रहे थे और बड़ी संख्या में लोगों का भी आवागमन था, जहाँ भी लोगों का आना जाना ज़्यादा होता है, उन भोजनालयों में अक्सर ताज़ा खाना मिल जाया करता है। लेकिन पहले मजार तो देख ली जाये, यही तय हुआ। मैं देश भर में बहुत सी मजारों पर जा चुका हूँ, सूफ़ीज़्म मेरे लिए अनजानी विचारधारा नहीं है, दर्जनों उर्सों में मैंने शिरकत की है, बहुत से वलियों से मेरी पहचान रही, हयात वली मोहम्मद हनीफ रहमान मस्तान सैलानी से तो एक युग तक निस्बत रही, ख्वाजा मोईनुद्दीन चिश्ती की दरगाह पर बहुत बार जाना हुआ, जहाँ तक मेरा अनुभव रहा है तो सूफ़ियों की मज़ारों पर प्रवेश को लेकर कोई रोक-टोक नहीं होती है, हालाँकि चित्तौड़गढ़ में काजी चल फिर शाह की दरगाह और हजरत निज़ामुद्दीन औलिया के यहाँ स्थित अमीर खुसरो की मज़ार पर महिलाओं का प्रवेश प्रतिबंधित है, दोनों जगह मैंने खुद को डिस्टर्ब महसूस किया और मैं दरगाह के भीतर जाने के बजाय बाहर से ही लौट गया।

गलियाकोट के मज़ार-ए-फख्र पर गैर मुस्लिम या यूँ कह लीजिये कि अगर आप बोहरा मुसलमान नहीं हैं तो आपको एक सीमा से आगे जाने की इजाज़त नहीं है। खुलेआम ऐसा भेदभाव मुस्लिम धर्म में मुझे तो यहीं नजर

आया, बोहरा चूँकि पढ़े-लिखे, अमीर होते हैं। व्यापारी होते हैं, उनके पहनावे और रंग-ढंग से आप उनको दूर से ही पहचान सकते हैं, इसलिए यह फ़र्क करना और उसे कायम रख पाना आराम से संभव हो पाता होगा कि गैर बोहरा अन्दर न जा पाये, बहुत सारे लोग जिनको इस तरह के भेदभाव और रोक-टोक की खबर नहीं है, वे गलती से यहाँ तक आ जाते हैं और मन मसोस कर लौटते हैं। कुछ लोग भरी दोपहरी में संगमरमर के फ़र्श पर दोनों हाथ उठाये अल्लाह ताला से कुछ दुआ माँग रहे थे, शायद वे यहाँ के मैनेजमेंट को सद्‌बुद्धि देने की प्रार्थना कर रहे होंगे। मुझे तो यह प्रवेश निषेध बिलकुल भी उचित नहीं लगा, मैंने तुरंत ही यहाँ से बाहर निकलने का ऐलान किया।

मज़ार परिसर से बाहर आकर टॉयलेट का इस्तेमाल करने के लिए सामने ही स्थित बोहराओं की सराय जो कि किसी फ़ाइव स्टार होटल जैसा दिखाई पड़ रहा था। उसमें जाने के लिए कुछ ही दूर चले कि गेट पर खड़े गार्ड ने टोक दिया, ''इधर नहीं घुस सकते हैं।'' वहाँ भी बोहरा मात्र प्रवेश के पात्र हैं। उफ़्फ़ कैसे लोग हैं ये, ऐसे कैसे इन्सान और इन्सान में भेदभाव करते हैं ये? दूसरी तरफ़ एक गली दिखी, सोचा, 'इसके अंत में कोई सार्वजनिक शौचालय होगा,' इसलिए उधर को चले। आगे एक अजीब से नज़ारे को देखकर पाँव स्वतः ही रुक गए। मज़ार की तरफ़ मुँह करके दलित, आदिवासी और गरीब महिलाएँ ज़ोर-ज़ोर से चिल्ला रही थीं, मुँह से अजीब सी आवाज़ें निकाल रही थीं, बाल नोच रही थीं, सिर पटक रही थीं, यह कथित भूत, प्रेत व डायनों का बाड़ा था, जिसमें केवल औरतें थीं। मैंने काफ़ी देर तक खड़े रहकर अच्छे से देखा कि उनमें कोई भी पुरुष नहीं था, कोई भी बोहरा मुसलमान औरत नहीं थी। यह इस इलाके के आदिवासी, दलित और पिछड़े वर्ग की हिन्दू महिलाएँ थीं जो यहाँ पर सिर हिला रही थीं, गज़ब का अन्धविश्वास यहाँ दृष्टिगोचर हुआ।

अंधश्रद्धा निर्मूलन वाले लोगों को यहाँ आना चाहिए, दलित आदिवासी को सार्वजनिक स्थलों पर प्रवेश हेतु आन्दोलन करने वालों को भी गलियाकोट आना चाहिए, क्योंकि भाईचारे और मोहब्बत की मिसाल सूफ़ी-संत की बारगाह को कैसे व्यापारियों ने भेदभाव का अड्डा बना रखा है। यह सब देखकर मन कुछ पल भी गलियाकोट रुकने का नहीं हुआ। दोपहर के भोजन का इरादा मुल्तवी करके हम आगे बढ़ गए, कहीं और खा लेने का सोचकर चलते रहे। बाद में मानगढ़ धाम से कुछ पहले एक चौराहे पर एक अच्छा सा भोजनालय मिल गया,

यहाँ पर हेमन्त खराड़ी जी बहुत सारा सलाद कटवा कर ले आये, दो बड़े-बड़े थाल सलाद के सजे और बाद में राजस्थानी थालियाँ आईं। जिनमें सुरुचिपूर्ण भोजन था, खा कर मन तृप्त हुआ और अन्दर का संतप्त हृदय भी थोड़ी राहत महसूस करने लगा।

मानगढ़ : जलियांवाला बाग हत्याकांड से बड़ा नरसंहार!

राजस्थान और गुजरात के बॉर्डर पर चारों तरफ़ जंगलों से घिरी समुद्र तल से 800 मीटर की ऊँचाई पर स्थित अरावली पर्वतमाला की एक चोटी जिसका नाम मानगढ़ है, यहाँ 110 साल पहले भयंकर नरसंहार हुआ था। हमें नीचे से लगभग पाँच किलोमीटर दूर से ही मानगढ़ की पहाड़ी नज़र आने लगी थी। यह स्थान राजस्थान के बांसवाड़ा ज़िले की आनंदपुरी तहसील तथा गुजरात के अरावली ज़िले में संयुक्त रूप से विद्यमान है। इस पहाड़ी का 80 फ़ीसद हिस्सा राजस्थान में है और बाकी गुजरात में। गाड़ी ऊपर तक पहुँच जाती है, धुणी तक जाने से पहले मानगढ़ संग्रहालय आता है, हम वहाँ भी रुके, लेकिन जिसके पास उसकी चाभी थी, वह गार्ड महोदय उस समय कहीं गए हुए होने के कारण हम म्यूज़ियम नहीं देख पाये। 27 मई 1999 को राजस्थान सरकार ने यहाँ शहीद स्मारक बनवाया और राष्ट्रीय अभिलेखागार से इसका इतिहास निकलवाया गया।

हेमंत खराड़ी जी से हमने मानगढ़ का इतिहास जाना, वे बोले—''इस मानगढ़ की पहाड़ी पर 17 नवम्बर 1913 के भी कई दिन पहले से हज़ारों की तादाद में बांसवाड़ा, पंच महाल और डूंगरपुर ज़िले के हज़ारों आदिवासी इकट्ठा थे। उन्होंने पहाड़ी पर अधिकार कर लिया था और अपना आदिवासी स्वशासन स्थापित कर लिया था। उस दिन भी जब अंग्रेज़ फ़ौज ने उनको घेर रखा था, वे निडर होकर गा रहे थे—'ओ भुरेटिया नी मानूं रे, नी मानूं'...मतलब ओ भूरे आदमी (गोरे इन्सान) मैं तेरी नहीं मानूँगा, बिलकुल भी नहीं मानूँगा।
पूरा गीत इस प्रकार है —

भूरेटिया नी मानू रे नी मानूँ...
दाहोद में मारी थाली है, गोधरा में मारो दीवो है।
गोधरा में मारो, दीवो है, अहमदाबाद मारी जाजम है।
अहमदाबाद मारी जाजम है, दिल्ली में मारी कलम है।

दिल्ली में मारी कलम है, बेणेश्वर मारो चोपड़ों है।
बेणेश्वर मारो चोपड़ो है, धूलक में मारो धमको है।
धूलक में मारो धमको है, झांबु में मारी .फ़ौजा है।
झांबु में मारी .फ़ौजा हैं, मानगढ़िये मारी धुणी है।
मानगढ़िये मारी धूणी है, कम्बोई में मारो द्वारो है।
कम्बोई में मारो द्वारो है, मानगढ़िये मारां वेरा है।
भूरेटिया नी मानूँ रे नी मानूँ...
भूरेटिया नी मानूँ रे नी मानूँ... ।

यह 'नहीं मानूं रे...' सिर्फ़ गीत नहीं था बल्कि अंग्रेज़ों के खिलाफ़ आदिवासियों का खुला विद्रोह था जहाँ वे गोरे फिरंगियों की किसी भी बात को मानने से साफ़ इनकार कर रहे थे।

मानगढ़ की पहाड़ी पर गोविन्द गुरु की तपस्या स्थली थी, पहले तपस्वी साधू-संत अपनी धुणी स्थापित करते थे, वे आग जला कर उसके चारों तरफ़ बैठ जाते थे। ये आध्यात्मिक अलाव जन जागृति के केंद्र बनते हैं। गोविन्द गुरु इस इलाके में जागृति के प्रतीक बन चुके थे। उन्होंने अंग्रेज़ों के शोषण तथा अन्याय के खिलाफ़ अपनी आवाज़ बुलंद कर रखी थी।

गोविन्द गुरु राजस्थान के डूंगरपुर ज़िले के बांसिया गाँव के निवासी थे और घुमक्कड़ बंजारा समुदाय से ताल्लुक रखते थे। उन्होंने 1880 के दशक में भीलों के बीच संप सभा बनाकर भगत आन्दोलन शुरू किया जो शराब और मांस का त्याग और अन्य सामाजिक कुरीतियों के विरुद्ध सामाजिक सुधार का सफल प्रयोग था।

जब स्थानीय ज़मींदार, रजवाड़े और अंग्रेज़ों के नेक्सस द्वारा आदिवासियों से बंधुआ मज़दूरी करवाने तथा बेवजह भारी लगान वसूलने, जंगल से लकड़ी लेने पर प्रताड़ित करने का काम बहुत बढ़ गया तो उसके खिलाफ़ गोविन्द गुरु ने लोगों को एकजुट करना शुरू किया। वे सन् 1903 में मानगढ़ की पहाड़ी पर आ जमे और उन्होंने इस पहाड़ी पर धुणी स्थापित कर अग्नि के समक्ष लोगों को संकल्पित करना प्रारम्भ कर दिया। सन् 1910 तक आते-आते उन्होंने अंग्रेज़ों के समक्ष 33 माँगें रखीं, जिनमें बेगार प्रथा पर रोक, लगान माफ़ी और जंगल पर आदिवासियों के अधिकार जैसी माँगें शामिल थीं। अंग्रेज़ों ने इन माँगों को

मानने से इनकार कर दिया और भगत आन्दोलन से जुड़े लोगों को उत्पीड़ित करने लगे।

जब बंधुआ मज़दूरी की माँग सिरे से नकार दी गई तो अक्टूबर 1913 में आदिवासियों ने मानगढ़ पहाड़ी पर कब्ज़ा कर लिया और वहाँ उन्होंने अपनी आज़ादी की घोषणा कर दी। आदिवासियों के असंतोष से बांसवाड़ा, संतरामपुर, डूंगरपुर और कुशलगढ़ रियासतें हिल गईं। संतरामपुर थाने पर आदिवासियों के हमले ने आग में घी का काम किया और अंग्रेज़ों ने मानगढ़ पहाड़ी को चारों तरफ़ से घेर लिया। उन्होंने 13 व 15 नवम्बर 1913 को चेतावनी जारी की कि आदिवासी मानगढ़ की टेकरी खाली कर दें, लेकिन हज़ारों आदिवासियों ने इससे इनकार कर दिया और उन्होंने अंग्रेज़ों के सामने झुकने के बजाय लड़ कर मर जाने को प्राथमिकता देना उचित जाना।

कहते हैं कि अंग्रेज़ अफ़सरों की अगुवाई में मेवाड़ भील कोर तथा बांसवाड़ा, डूंगरपुर, बड़ोदा, जोगरबारिया तथा गायकवाड़ रियासतों की रजवाड़ी सेनाओं ने गुजरात के कुंडा, बांसवाड़ा के भुखिया और मोर्चा वाली घाटी की तरफ़ से मानगढ़ की पहाड़ी को घेर लिया और मशीनगन व तोपों के ज़रिये निहत्थे आदिवासियों पर हमला कर दिया। 17 नवम्बर की सुबह 8 बजे से लेकर 10 बजे तक आदिवासियों पर गोलियाँ बरसाईं। इस नरसंहार में 1500 आदिवासी मारे गए। यह जलियांवाला बाग हत्याकांड से बड़ा नरसंहार था, लेकिन इतिहासकार आदिवासियों की शहादतों को दर्ज करने में कभी कामयाब नहीं रहे, अगर किसी ने लिखा भी तो इसे आज़ादी की लड़ाई नहीं कहा, बल्कि भील विद्रोह कह कर इतिश्री कर ली।

इतिहास भी आदिवासियों पर अत्याचार करता है। यह बार-बार मैं इस इलाके में देख रहा हूँ। मानगढ़ पर अंग्रेज़ों के हमले में हज़ारों भील गणवीर मारे गए। हज़ारों लोग घायल हुए और 900 लोगों को ज़िंदा पकड़ा गया, लेकिन तब भी आदिवासी नहीं डरे और उन्होंने मानगढ़ की पहाड़ी खाली नहीं की। गोविन्द गुरु भी पकड़े गए। उन्हें जेल हुई। सन् 1919 में उनको हैदराबाद की जेल से रिहा किया गया। उनके मेवाड़ और वागड़ तथा डांग इलाके में प्रवेश पर पाबन्दी लगा दी गई। गोविन्द गुरु दूर कहाँ जाते, वे गुजरात के लिम्बडी में बस गए, जहाँ पर उनकी सन् 1931 में मृत्यु हो गयी।

सुप्रसिद्ध साहित्यकार सेवानिवृत्त आईपीएस हरिराम जी मीणा का बहुचर्चित उपन्यास *धुणी तपे तीर* मानगढ़ के इतिहास को अपने समग्र रूप में सामने लाता है। उन्होंने बीबीसी हिन्दी सर्विस के मोहर सिंह जी मीणा को दिए एक साक्षात्कार में कहा था कि—"साल 1903 में गोविन्द गुरु ने संप सभा का गठन किया, उनकी इस मुहिम को भगत आन्दोलन कहा जाता है। उनका जन जागृति का अन्दोलान बढ़ता गया। देशी रियासतों को लगा कि गोविन्द गुरु के नेतृत्व में आदिवासी अलग स्टेट की माँग कर रहे हैं। मीणा जी बताते हैं कि विभिन्न रियासतों के हथियारबंद फ़ौजियों की संख्या भी डेढ़ हज़ार के आस-पास ही रही होगी। ऐतिहासिक तथ्य बताते हैं कि मानगढ़ पर हमला करने में सातवीं जाट रेज़ीमेंट, नौवीं राजपूत रेज़ीमेंट, 104 वेल्सरेज राइफ़ल रेज़ीमेंट तथा महू, बड़ौदा और अहमदाबाद कैंट से एक-एक कंपनी बुलाई गई थी। मेवाड़ भील कोर की दो कम्पनियाँ भी हमलावरों में शामिल रहीं।

आजकल इस जगह को मानगढ़ धाम कहा जाता है, यहाँ एक विशाल शहीद स्मारक का स्तम्भ बना हुआ है। यहाँ पर एक विशाल उद्यान है, जहाँ कई प्रकार के पेड़-पौधे हैं, यहाँ काफ़ी काम हुआ है। राजस्थान सरकार ने और गुजरात सरकार ने भी स्मृति वन बनाया है। जिससे होकर हम इस पहाड़ी चोटी के अंतिम छोर तक गए और वहाँ बनाये गए पॉइंट पर खड़े होकर हमने यहाँ से नीचे का हरित विहंगम दृश्य देखा। नीचे स्थित कडाना डैम का पानी यहाँ से साफ़ नज़र आ रहा था। वास्तव में मानगढ़ पहाड़ी अपने गौरवशाली शहीदी इतिहास और शानदार भौगोलिक स्थिति के कारण दर्शनीय है। जलियांवाला बाग नरसंहार से छह वर्ष पहले हुए इस नरसंहार को इतिहासकार गौरीशंकर हीरानंद ओझा ने महज़ भीलों का उत्पात कह कर अपनी कलम की स्याही सुखा ली।

हमने वहाँ धुणी पर मौजूद बुज़ुर्गों से थोड़ी बातचीत की। पुराने वक़्त के शिलालेख देखे, पढ़े। गोविन्द गुरु और उनके साथियों की प्रतिमाओं व तस्वीरों से रू-ब-रू हुए, चाय पी और दिन ढलने से पहले डूंगरपुर लौट आये। आज मधुलिका और आशीष की चुलबुली बिटिया अनूरी का जन्मदिन है। हमने सुबह के नाश्ते पर ही अनूरी को जन्मदिन मुबारक कह दिया, लेकिन अब्र शाम को उसके जन्मदिन की मिठाई, डिनर पर खाई गई। अनूरी वागडी, हिन्दी, तेलगु,

अंग्रेज़ी बोलती रहती है। पिछले दो दिन से हमने उनके घर पर डेरा जमा रखा है। हमारे मेज़बान उच्च शिक्षित शहरी मध्यमवर्गीय सामाजिक कार्यकर्ता हैं जिहोंने स्वत: स्फूर्त भाव से वागड़ की इस भूमि को अपने कार्य हेतु चुना है। आशीष बाहर थे, आज सुबह लौट आये। चाय पर ज़्यादा बात नहीं हो पाई, इसलिए शाम को हमने अच्छे से वार्तालाप किया। आज एक ज़ूम कॉल भी है देर रात में, इसलिए सबको गुडनाइट कह कर मैं अपने बिस्तर पर आ जमा। ज़ूम मीटिंग के बाद डायरी लिखनी है और सुबह जल्दी भी तो उठना है, वेंकटेश सर से मुलाकात जो होनी है...।

दसवाँ दिन

बैणेश्वर का आदिवासी कुम्भ

हम ऐसे मौके पर डूंगरपुर से बैणेश्वर रवाना हुए जब वहाँ का सुप्रसिद्ध मेला प्रारम्भ होने जा रहा था। आज मेले का पहला दिन है और 'माव जी महाराज' की आज सवारी निकलने वाली है। हमें उम्मीद नहीं थी कि हम मेले के दिन बैणेश्वर धाम में होंगे।

आगे बढ़ने से पहले हमारे आज के मेज़बान श्रीनिवास वेंकटेश सर का परिचय कराना ठीक रहेगा। उनसे मुलाकात गत बार 'जवाबदेही यात्रा' के दौरान अचानक ही डूंगरपुर की सड़क पर हो गई थी। हम लोग कलेक्ट्री के बाहर एक सभा समाप्त करके चाय की टपरी की तरफ़ बढ़ना चाहते थे कि एक बुज़ुर्ग हाथ में साधारण सा थैला पकड़े हमसे मिलने पहुँच गए। उनकी बातचीत से लगा कि वे इस आदिवासी अंचल के तो नहीं हैं। पता चला कि तमिलनाडु के हैं और तेलंगाना में रहते हैं। हैदराबाद में एक विश्वविद्यालय में पढ़ाते थे, फिर उनको संत माव जी महाराज की भविष्यवाणियों की खबर लगी तो खोजते-खोजते पहुँच गए और लगभग पंद्रह साल से वे निरंतर इधर आते-जाते रहते हैं। वे वागड़ी और तमिल के मध्य सामीप्य के सूत्र ढूँढ़ रहे हैं और मावजी की आगम वाणियों का द्रविड़ भाषाओं में अनुवाद कर रहे हैं।

सुनकर रुचि जगी तो हमने उनको चाय ऑफ़र की, साथ चाय पी, घड़ी भर तसल्ली से बातें कीं, मोबाइल नंबरों का आदान प्रदान किया। उन्होंने फिर मिलने को कहा और हमने भी शीघ्र मिलेंगे की औपचारिकता की। इसके बाद श्रीनिवास जी के मैसेज और फ़ोन अक्सर आने लगे। कई बार उन्होंने बैणेश्वर धाम पर होने वाले आदिवासी संगम में आने का न्यौता दिया, हर बार हमने हाँ कहा, लेकिन आना तो हो नहीं पाया, आज अचानक ही यह सौभाग्य मिल गया।

हमने श्रीनिवास जी को कल रात ही अवगत करवा दिया था। उन्होंने कहा कि "आप लोग सुबह दस बजे तक साबला के बस स्टैंड पहुँच जाइये, वहाँ से मैं आपके साथ हो लूँगा।" फिर ऐसा ही हुआ। हम तय समय पर निर्धारित स्थल तक पहुँचे, वे हमारे साथ गाड़ी में सवार हुए और सीधे श्री हरि मन्दिर ले गए। यह काफ़ी पुराना किलेनुमा मन्दिर है। यहाँ पर ही संत मावजी महाराज का जन्म हुआ था। यहाँ पर हमारी भेंट वर्तमान पीठाधीश्वर अच्युतानंद महाराज से करवाई गई। वे एकदम युवा संत थे और काफ़ी व्यस्त भी, बावजूद इसके जब श्रीनिवास वेंकेटश ने उनको हमारे अरावली के सफ़र की जानकारी दी और हमारा परिचय करवाया तो वे प्रसन्न हुए और उन्होंने दो मिनट रुक कर बात की और हमें बैणेश्वर आने का आमंत्रण दिया तथा हमारी यात्रा की सफलता हेतु शुभकामनाएँ दीं।

बैणेश्वर संगम डूंगरपुर से 70 किलोमीटर की दूरी पर माही, जाखम और सोम के संगम पर स्थित है। हालाँकि प्रत्यक्ष रूप से यहाँ संगम सिर्फ़ दो नदियों का ही है माही और सोम का, क्योंकि जाखम तो 22 किलोमीटर पहले ही सोम में आ मिलती है, लेकिन जनता की आस्था है कि तीनों नदियाँ यहीं मिलती हैं। यहाँ वागड़ का आदिवासी कुम्भ लगता है जो बहुत प्रसिद्ध है, इसमें राजस्थान, मध्यप्रदेश और गुजरात के आदिवासी तथा देश व विदेश से अन्य लोग भी शिरकत करते हैं। यह संगम आदिवासियों के पितरों की आत्माओं की शांति का तर्पण स्थल भी है। मेले के दौरान लोग आबू धारा घाट पर खड़े होकर अपने पूर्वजों की आत्माओं को जलार्पण करते हैं। इसी घाट पर शाही स्नान और जल आरती भी होती है। इस मेले में लाखों लोग आते हैं। यह इस अंचल का सबसे बड़ा मेला माना जाता है। लोग रंग-बिरंगे वस्त्र पहन कर मेले में आते हैं। कंडों पर बाटियां सेंकते हैं और उसमें घी, शक्कर डाल कर उसका चूरमा बना लेते हैं, जिसका प्रसाद चढ़ा कर बाँट देते हैं। कई लोग वीणा लेकर आते हैं और संगम तट पर बैठकर भजन गाते हैं।

अब ज़रा मावजी महाराज की भी बात कर लें। उनका जन्म साबला के साद परिवार में हुआ। पिता का नाम दालम जी और माता का नाम केसर बाई था। विक्रम संवत 1784 के माघ महीने की शुक्ल पक्ष की एकादशी को उनका जन्म हुआ। उन्होंने वागड़ क्षेत्र में महाराज पंथ की स्थापना की। उनको मानने वाले लोग आपस में 'जय महाराज' का संबोधन करते हैं। माव जी महाराज को

प्यार से 'माव मनोहर' कहा जाता है। वे साद भक्तों की टोपी और भेष पहनते थे। उन्होंने 750 चौपड़े रचे, जिनमें से 5 चौपड़े आगम बाणी के हैं। माना जाता है कि इनमें मावजी ने भविष्यवाणी की है। इन पाँचों ग्रंथों की मूल प्रतियाँ अलग-अलग स्थानों पर संरक्षित हैं, जिनके नाम हैं *साम सागर, प्रेम सागर, मेघ सागर, रतन सागर, अनंत सागर*।

संत मावजी महाराज को उनके भक्त हिन्दू धर्म का दसवाँ अवतार मानते हैं और उनको निष्कलंक भगवान भी कहते हैं। अन्य लोगों के लिए वे संत, गणितज्ञ, खगोलविद हैं। उनके बनाये चित्रों और लिखे चौपड़ों को बैणेश्वर में बनाये गए संग्रहालय में प्रदर्शित किया गया है। हमने लगभग घंटे भर का समय म्यूज़ियम में बिताया। वर्तमान उत्तराधिकारी की विशेष आज्ञा से इसे हमारे लिए खोल दिया गया। गाइड के रूप में वेंकटेश महोदय हमारे साथ थे ही, उन्होंने मावजी की बाणियों का मतलब भी हमें समझाया।

बैणेश्वर में शिव जी का प्राचीन मन्दिर है, जिसे यहाँ के शाक्त शासक आसकरण ने 1510 ईस्वी में बनवाया था। यहाँ जो शिवलिंग है, वह पाँच जगहों से खंडित है, सनातनी संस्कृति में खंडित विग्रहों की पूजा का विधान नहीं है, पर यहाँ विखंडित शिवलिंग पूज्य है। बैणेश्वर में मावजी के मन्दिर का नव निर्माण उन दिनों ज़ोरों पर था। मेले की वजह से दर्शन की व्यवस्था जारी थी, हम मन्दिर भी गए।

वेंकटेश जी ने हमें बताया कि मावजी महाराज बड़े क्रांतिकारी संत थे। उन्होंने जाति प्रथा का जम कर विरोध किया, स्वयं भी अंतरजातीय विवाह किया और सहभोज पर ज़ोर दिया। उनके अधिकांश शिष्य दलित, आदिवासी और पिछड़े वर्ग के लोग रहे, जिनमें साद, बुनकर, कलाल, दर्ज़ी और भील समुदाय के लोग प्रमुख थे। उन्होंने विधवा विवाह का खुलकर समर्थन किया। भीलों में जन-जागृति के लिए संत मावजी महाराज ने लसाड़िया आन्दोलन चलाया।

हमने एक लम्बा चक्कर बैणेश्वर धाम का लगाया। पैदल चलते हुए पुल पार करके आबू धारा घाट गए। हालाँकि वहाँ पर लोगों द्वारा छोड़े गए कपड़ों और पूजा सामग्री तथा अस्थियों व राख के चलते सफ़ाई की कमी महसूस हुई, फिर भी कुछ समय वहीं बैठे। अंजुरी भर पानी लिया, माथे पर लगाया और उसे नदी की धार में मिला दिया। इसके बाद मेले के होटलों पर चाय-पान हेतु गए। चाय के बजाय ठंडे की उपलब्धता यहाँ अधिक थी, इसलिए लिम्का का

सेवन किया। यहाँ बैठे-बैठे श्रीनिवास वेंकटेश सर ने मावजी महाराज की आगम वाणियों के बारे में शोधपरक और अधिकृत जानकारियाँ बताईं।

श्री वेंकटेश बताते हैं कि मावजी महाराज ने 294 साल पहले अपने ग्रंथों में लिखा है कि—"खारे समुन्द्र का पानी मीठा होगा और पीने के काम आएगा। घर-घर बिजली होगी, नमक का बड़ा व्यापार होगा, धरती का तापमान इतना बढ़ जायेगा कि वह ताम्र वर्णी हो जायेगी। बैलों के सिर से भार उतर जायेगा, खेती मशीनों से होगी। अनाज से कमाई होगी। ऊँट, शेर, बकरी सब साथ बँधे मिलेंगे, जात-पात का भेद खत्म होगा, सब एक जगह एक थाली में जीमेंगे। हवा में बातें की जायेंगी। दीवारों से पानी निकलेगा, पानी पैसों में बिकेगा। पहाड़ गल कर पानी हो जायेंगे, ज़मीन आसमान का परदा फट जायेगा और जल में से आग बरसेगी।" संत मावजी ने ऐसी बहुत सी बातें कहीं जिनका आज के संदर्भ में लोग अलग-अलग अर्थ निकालते हैं और यह मानते हैं कि उन्होंने जो बातें तीन सौ साल पहले कहीं वे आज सच होती प्रतीत हो रही हैं।

मेला जम रहा था, छोटी-छोटी दुकानें सजी थीं। लोग रेलों की तरह आ रहे थे। लगा कि कुछ और देर यहाँ बैठे रहे तो यहाँ से निकलना मुश्किल होगा, हालाँकि वेंकटेश जी ने हमारे रात्रि विश्राम हेतु बात कर रखी थी, लेकिन हम आगे बढ़ना चाहते थे। उन्होंने फिर से हमारे लिए प्रार्थना की और अरावली के इस सफ़र को अपनी शुभकामनाओं से नवाज़ा। हमने उनसे प्रेमपूर्ण विदाई ली। सूर्य लाल होने लगा था, शायद वह अस्त होने को लालायित था और हम देवगढ़ पहुँच कर रात बसेरा वहाँ करना चाहते थे, जहाँ प्रयास संस्था के सामाजिक कार्यकर्ता जवाहर सिंह डागर ने देवगढ़ देवलिया स्थित संस्था परिसर में हमारे रुकने और खाने की व्यवस्था कर रखी थी। हम चल पड़े और रात वहीं जा कर रुके।

ग्यारहवाँ दिन

देवली मीनी की शौर्य गाथा

सुबह उठे, नागुजी डामोर ने नाश्ता तैयार कर दिया। नागुजी प्रयास संस्था के कार्यकर्ता हैं। प्रयास एक सामाजिक संस्था है, जिसे डॉ. नरेंद्र गुप्ता और खेमराज चौधरी जैसे अग्रणी सामाजिक कार्यकर्ताओं ने स्थापित किया। सबसे पहले तो प्रयास के इस सुन्दर कैम्पस का भ्रमण किया, बाद में पास में ही स्थित बस्ती में आदिवासी परिवारों से मिलने पहुँचे। यहाँ से पवन चक्कियों के बड़े-बड़े पंखे दिखाई पड़ रहे थे, पास जाकर देखा तो उन डैनों पर कम्पनी का नाम लिखा था—'रिजेन फ़्यूचर'। खेतों में चने के झाड़ पर हरे चने मन ललचाने को उद्धत थे। हम इनको लीलवा कहते हैं, इधर जाने क्या कहते होंगे। कुछ भी कहते हों अगर खाने को कह दें तो यहीं भून कर खा लें, ऐसा मन किया। हालाँकि टाइम उतना भी नहीं था, पर मन को कौन रोक सकता है। खेतों में चने के अलावा गेहूँ, जौ, सरसों की फ़सलें लहलहा रही थीं। बाड़ों पर तुरई, लौकी, कद्दू की बेलें लटकी हुई थीं। केले, बेर, आम के पेड़ बहुतायत में थे। बांस, बबूल, टिमरू, बरगद, सागवान और तीन पात वाले ढाक के पेड़ दृष्टिगत होते थे।

जब प्रकृति का नज़ारा देख कर भूगोल समझ लिया तो इतिहास जानने की इच्छा जाग उठी। रात में तो कुछ दिखाई नहीं दिया पर सुबह भ्रमण के वक़्त से ही नज़रों में प्राचीन इमारतें समाई हुई थीं, जैसे कोई पुरानी सभ्यता पुकार रही हो। हमने यहाँ स्थित किले में जाने का निश्चय कर लिया। नागुजी हमारे साथ ही थे, किले की तरफ़ आगे बढ़े तो भग्नावशेष दरवाज़ा पार करना पड़ा। सामने दुर्ग भी नज़र आने लगा था। तालाब और मन्दिर भी दृष्टिगोचर होने लगे थे। नागुजी ही हमारे स्रोत व्यक्ति थे। हमने पूछा कि यह गढ़ किला किस राजा का है। उन्होंने बताया कि राजा तो बाद में आये पहले तो हम आदिवासियों का अपना राज

था। भांवर देव आखिरी आदिवासी राजा था। मेवाड़ के गुहिल वंश के क्षेमकरण नामक राजा ने सन् 1437 में तलवार के बल पर इस पर कब्ज़ा किया।

नागुजी ने यह कहानी अपने पूर्वजों से सुनी थी। उनके मुताबिक राजपूत सेना ने ग्यासपुर में डेरा डाला, पहले तो उन्होंने भांवर देव की तरफ़ दोस्ती का हाथ बढ़ाया और अपने डेरे में भोज पर आमंत्रित किया और बाद में धोखे से उसका मर्डर कर दिया। बाद में देवगढ़ पर चढ़ाई कर दी, जब भांवर देव की रानी देवली मीणा को यह खबर लगी कि उसके पति राजा भांवर देव का क़त्ल कर दिया गया है तो उसने हथियार उठा लिए और तलवार भांजती हुई मोर्चे पर आ डटी। देवली मीणा ने राजपूत सेना से जमकर लोहा लिया और अंततः वीर गति को प्राप्त हुई।

राजपूत सेना ने देवली मीणा के शौर्य को कोई दैवीय शक्ति माना और उसका मन्दिर स्थापित किया। मन्दिर तो यहाँ बहुतेरे हैं, देवली मीणा का मन्दिर कौन सा है? इस सवाल का जवाब किसी के लिए आसान नहीं था। शायद राजमहल में जो माताजी का स्थान है वही देवली मीणा की प्रतिमा हो अथवा कहीं और? हमें ज्ञात न हो सका, वैसे भी नागुजी कौन से इतिहासविद थे, वे तो श्रमण की परम्परा के ही एक व्यक्ति हैं, जहाँ कंठ से प्राप्त विद्या को ही असली अक्ल समझा जाता है। लिखित इतिहास को तो नक़ल समझा जाता है।

खैर, साहब इस देवगढ़ देवलिया नामक सरज़मीन पर हमको माता का मन्दिर भी मिला। यहाँ शाक्त और वैष्णव तथा जैन मन्दिर हैं, बीज माता, मल्लिनाथ तथा रघुनाथ द्वारा है जिसमें राम लक्ष्मण दरबार है, यहाँ राम और लक्ष्मण की प्रतिमा की बड़ी-बड़ी मेवाड़ी स्टाइल की मूँछें हैं। शायद भारत ही नहीं बल्कि दुनिया का एकमात्र, मन्दिर होगा, जिसकी प्रतिमाओं की मूँछें हैं।

अब हम महल में घुस गए हैं, बड़ा सा फाटक बंद है पर छोटा दरवाज़ा खुला था। बाहर ही बड़े-बड़े अक्षरों में 'देवगढ़ हैंडीक्राफ़्ट डवलपमेंट' लिखा दिखा, साथ ही यह चेतावनी भी कि अब यह निजी संपत्ति है, कृपया बिना स्वीकृति प्रवेश न करें। वैसे तो यह भव्य और विशाल राजमहल अब तक तीन बार बिक चुका है। राजा के वंशजों ने सबसे पहले इसे एक कबाड़ी को बेच दिया था। फिर उसने जोधपुर के किसी व्यवसायी को पच्चीस लाख में बेच दिया, जिसने एंटिक पीस से कमाई की। अंत में अभी जो मालिक है, उसने खरीद लिया, अब यह उसके स्वामित्व में है।

इस यात्रा ने यह सिखाया कि इतिहास केवल बदलता ही नहीं है बल्कि बिकता भी है और एक पक्ष का इतिहास दूसरे पक्ष के लिए गल्प कथा हो सकता है। इतिहास कौन लिखता है, कौन लिखवाता है और क्यों लिखवाता है, इसमें भी इतिहास की सत्यता के अंश छिपे होते हैं। यह बात भी मैटर करती है कि आप कहाँ खड़े होकर इतिहास पर नज़र मार रहे हैं। इतिहास एक पक्ष के लिए आततायी और ज़ुल्मी तथा निर्दयी होता है जबकि वहीं दूसरे पक्ष के लिए शूरवीर और विजेता माना जाता है, इसलिए इतिहास के अपने-अपने सत्य हैं और अपना-अपना इतिहास है, जो लिखित भी है और मौखिक भी, स्मृत भी और विस्मृत भी, रोमांचक और रहस्यमयी भी और क्रूर तथा निर्दयी भी। इतिहास के अपने-अपने आख्यान हैं और अपनी अपनी व्याख्याएँ हैं।

देवगढ़ देवलिया के किले के अंदर तक जाकर देख आये, एंटिक सामग्री का कारखाना अभी भी चल रहा है। पूरे किले का भ्रमण संभव नहीं था। चौकीदार ने मना कर दिया, बिना सेठ जी की परमिशन के कोई अंदर नहीं जा सकता। खैर, हमने जितना देख सकते थे बाहर से उतना तो देख ही लिया था, अब अधिक देर रुकने में कोई सार नहीं जानकर आगे की राह ली। गाड़ी प्रयास संस्था के परिसर में ही खड़ी थी और हमारे साथ नागुजी थे, तो पैदल ही वापसी की।

नागुजी को धन्यवाद देकर हम जाखम बाँध और सीता माता अभ्यारण्य की सैर को निकले। अनूपपुरा वन नाके से 425 रुपये की रसीद कटवाई, यहाँ पर हमने नाकेदार को पाँच सौ का नोट थमाया, उसके पास चेंज नहीं थी, वह बोला—''साहब शक्कर पड़ गया!'' मैं आश्चर्य में, दूर-दूर तक वहाँ चाय, शक्कर या ऐसी कोई चीज़ नहीं थी, टेबल और रसीद बुक थी और थे हम लोग। फिर शक्कर किसमें पड़ गया और कैसे? मैंने उससे पूछा—''कैसे पड़ा?'' वह बोला—''खुला नहीं है पाँच सौ का...शक्कर पड़ गया!'' अब जा कर मुझे ध्यान आया कि यहाँ च को श बोलने का मामला है, तो खुले का चक्कर है लेकिन उन्होंने शक्कर पटक दिया, मेरी हँसी छूट गई। वह मेरी तरफ़ देखने लगा। मैंने कहा—''कोई शक्कर नहीं पड़ेगा, मेरे पास चेंज है, मैं दे देता हूँ।'' पैसे दिए और रसीद ली तथा आगे बढ़े।

रास्ते में वन विभाग की चारदीवारी आ गई, बस्तियाँ भी बसी हुई हैं। आदिवासियों के परम्परागत मन्दिर भी थे। उनके अपने लोक देवता, माई के

थान, भैरू जी बावजी और रामदेव जी के देवरे जिन पर सतरंगी झंडे लगे थे। एक बड़े स्कूल पर भी नज़र गई, आगे चौराहा देख कर चाय पीने की इच्छा हो गई। यहाँ तक शायद बस आती होगी। एक बस खड़ी थी जिस पर लिखा था- लबाना बस सर्विस। बात करने पर पता चला कि यह हर दिन प्रतापगढ़ जाती है और वापस आती है। यहाँ पर हमने एक मईडा आदिवासी की दुकान से गोफण खरीदी। यह गुलेल का ही एक प्रकार है जो खेतों से पक्षियों को भगाने के काम आती है और आदिवासी तो इससे लड़ाइयाँ भी लड़ते रहे हैं। उन्होंने बहुत सी फ़ौजों को ऊँचाई पर खड़े होकर गोफण से ही मार भगाया है। तीर-कमान के बाद गोफण आदिवासियों का प्रमुख हथियार है। हमने भी बचपन में फ़सलों की तोतों से रक्षा के लिए गोफण चलाई थी। आज यहाँ गोफण दिखते ही खरीदने का मन हुआ तो चालीस रुपये में ले ली। इस चौराहे से पहले डैम बनाते वक्त बसी कॉलोनी के भवन अभी तक सुरक्षित खड़े हैं, कुछ में तो बाँध विभाग वालों ने अपना आपातकालीन ऑफ़िस बना रखा है।

इस चौराहे पर धरती आबा बिरसा मुंडा का बोर्ड लगा है, जो आदिवासियों में सबसे ज़्यादा प्रभावी संगठन आदिवासी परिवार ने लगा रखा है। थोड़ा ही चलना पड़ा कि जाखम बाँध दिखाई पड़ने लगा। बाँध के गेस्ट हाउस की छत पर पहुँच कर ऊपर से शानदार नज़ारा दिखाई दिया। नीचे उतर कर डैम तक गए और अंत में स्थित शिव मन्दिर तक जाकर नीचे उतरे। ऊँची-ऊँची पर्वत चोटियाँ और गहरा बाँध, पानी की कल-कल ध्वनियाँ और निर्जनता मिलाकर अजीब सा भयावह माहौल रचती है, यहाँ कोई नहीं मिला, गेस्ट हाउस के चौकीदार ने बताया कि रात में कोई मजिस्ट्रेट साहब रुके थे। इस गेस्ट हाउस का संचालन वैसे तो गाँव की वन सुरक्षा समिति करती है, ऐसी जानकारी वहाँ लिखी हुई थी, पर विभागीय अधिकारियों और पुलिस तथा प्रशासन के मेहमान ही यहाँ के लाभार्थी हो सकते होंगे ऐसा प्रतीत हुआ।

अब वापसी का समय है। घर वापसी का नहीं सीता माता अभ्यारण्य में प्रवेश का। वैसे तो जाखम बाँध भी उसी का हिस्सा माना जा सकता है, पर हमको सघन वन क्षेत्र में जाना होगा। गाँवों और उसी राह से कुछ किलोमीटर लौट कर आये तब सीता माता सेंचुरी के दूसरे वन नाके की तरफ़ बढ़े। माना बावजी प्रकट स्थल जाम्बुवेला सड़क के पास ही स्थित था, पर रुके नहीं, रास्ते के खेतों में हरे चने और झाड़ियों पर पके बेर ललचा तो रहे थे, पर लालच करने

का समय नहीं था, इसलिए दुर्गम रास्ता पार करते हुए बढ़ते रहे।

सीता माता अभ्यारण्य वन नाका अब सामने है। प्रवेश से पहले आपको थोड़ी सी जानकारी सीता माता सेंचुरी के बारे में देना उचित ही होगा। अगर आप अयोध्या के राजा रामचंद्र की पत्नी सीता माता से इसे जोड़ रहे हैं तो ठीक ही कर रहे हैं, यह वही सीता माता हैं, उन्हीं के नाम पर यह अभ्यारण्य है और उनकी यादों से जुड़ा यह स्थल है, जिसे जल्दी ही देखने का मौका मिलेगा। यहाँ पर वन नाके पर महिला नाकेदार मिली, जिसके साथ एक छोटा बच्चा भी था। उसे हमने रसीद दिखा कर एंट्री कर ली, यहाँ के गाँव हमारे प्रवास तक सम्पूर्ण विद्युतीकृत नहीं थे। सौर उर्जा के पैनल जगह-जगह पर लगे हुए थे। हैण्डपम्प अभी भी पानी का अक्षय स्रोत हैं। एक गाँव में तो डाक विभाग का लैटर बॉक्स भी दिख गया, स्कूल्स तो दिखे पर शिक्षक व स्टूडेंट्स नज़र नहीं आये। चारों तरफ़ बड़े-बड़े सागवान खड़े थे। हमें उड़न गिलहरियाँ और चौसिंघा देखने की बड़ी ललक थी, लोग जो मिल रहे थे, उनका आपसी संबोधन राम-राम था, हो भी क्यों नहीं, अगर यह सीता माता अभ्यारण्य है तो। रास्ते में तो कहीं भी चार सींग वाला कोई जानवर नज़र नहीं आया। दो सिंगा गाय, बैल, भैंस, बकरी, ज़रूर दिखे। हर झोंपड़ी पर सोलर पैनल था और बाहर मोटर बाइक खड़ी थी।

हीर जी ने बोलेरा की स्पीड 20-25 पर कर रखी थी, इसके बावजूद भी गाड़ी बहुत कठिनाई से चल रही थी। डीज़ल पानी की तरह पी रही थी क्योंकि एक ही गियर में चलती थी। एक जगह तो बंद भी पड़ गई, पर फिर चल जाने से राहत मिल गई। पतझड़ आ चुका था, पत्ते ऐसे झर रहे थे, जैसे हमारे स्वागत में पुष्प वर्षा कर रहे हों। खेतों को देखने से लगा कि यहाँ सिंचाई के लिए पहाड़ के सदाबहार झरने, बरसाती नाले और इंजन काम आते होंगे।

इतनी चीज़ें थीं कि याद रखना कठिन जानकर मैंने झोले में से डायरी निकाल ली और कलम को ज़ोर से पकड़ कर लिखने लगा। निस्संदेह ऐसे विकट, विकराल रास्ते पर चलती गाड़ी में डायरी लिखना खांडे की धार पर चलने जैसा है। जमा-जमा कर अक्षर लिखना तो दूर खुद जमकर नहीं बैठो तो जमा हो जाने के पूरे चांस थे। मैं तो इस नतीजे पर पहुँचा कि ऐसे दुर्गम क्षेत्र में रह पाना हमारे आदिवासी भाई-बहनों की हिम्मत से ही संभव है, हम तो सिर्फ़ पर्यटक हो सकते हैं। आगे चले तो और भी दुर्गम दर्रा आया। यह अत्यंत भयानक था, बारिश में तो कोई चारपहिया वाहन इधर आ ही नहीं सकता।

सीता माता इस वन प्रांतर में कब और कैसे पहुँची होंगी? लेकिन यहाँ की किंवदन्तियाँ और स्थल तो सबूत बने मौजूद हैं जो कहते हैं कि न केवल सीता मैया यहाँ आईं बल्कि उनके दोनों पुत्रों लव और कुश का जन्म भी यहीं हुआ और यहीं पर वाल्मीकि ऋषि का आश्रम भी था। इसी धरती में सीता माता समा गई थीं।

सबसे पहले हम वाल्मीकि आश्रम पहुँचे। सोचा कि कोई भव्य आश्रम होगा, लेकिन वहाँ तो सिर्फ़ आश्रम के निशान ही मौजूद हैं। दो जल प्रवाहों के मिलन स्थल पर वाल्मीकि आश्रम स्थल मिलता है। ये दोनों धाराएँ ठंडे व गरम जल की हैं, जब मुझे यह बताया गया तो मैंने इसे महज़ आस्था का विषय ही माना, लेकिन फिर तर्क और बुद्धि ने कहा कि दोनों जल धाराओं को छू कर देख लेना ठीक होगा। पानी में हाथ-पाँव डाले तो वास्तव में एक धारा अत्यंत शीतल और दूसरी उष्ण थी। इनके मिलन बिंदु को ही लव-कुश का जन्म स्थल माना जाता है। यहाँ बारह बीघे की परिधि में फैला बरगद होने की बात भी कही गई। हमने उसे भी देखा, अब हमें सीता कुंड तक की यात्रा करनी है जो फटे पहाड़ से होकर पथरीले रास्ते से लगभग एक किलोमीटर का सफ़र है। चट्टानें कच्ची हैं, उनके दरकने का भय रहता है, लेकिन कभी भू-स्खलन की ख़बरें नहीं आई हैं, इसलिए राहत की बात है। रास्ता भले ही बेहद कठिन था, पर लोग खूब थे, जो अपनी-अपनी गाड़ियाँ वाल्मीकि आश्रम पर खड़ी करके पैदल सीता कुंड व सीता माता मन्दिर की तरफ़ बढ़ते जा रहे हैं। प्राचीन शिव मन्दिर और हनुमान मन्दिर भी यहाँ हैं। 800 मीटर चले होंगे कि सीता कुंड दिखाई पड़ गया। कहते हैं कि सीता इसी कुंड में समा गई थीं, यह स्थल सीता माता नदी पर है, ऊपर मन्दिर जाने के लिए सीढ़ियाँ बनी हुई हैं, जूते नीचे उतारने पड़ते हैं।

मन्दिर के बाहर विभिन्न इलाकों से आये समूह बैठे हुए थे, उनके मध्य इस बात पर बहस छिड़ी हुई थी कि सीता माता यहाँ आईं कैसे? बोयडा के मूल निवासी और हाल में इंदौर में रहने वाले प्रवासी धींग जी जैन जो कि चार्टेड अकाउन्टेंट हैं, वे बोले—''ऐसी ही कहानी इलाहाबाद में भी प्रचलित है, वहाँ भी लव-कुश जन्मस्थल है सीता माता की समाधि भी है।'' फिर उन्होंने मंदसौर का उदहारण दिया कि वहाँ रावण की पूजा होती है क्योंकि वह मन्दोदरी का पीहर है। उनकी बात पूरी भी न हुई थी कि छोटी सादड़ी से आये एक युवा समूह ने ज़ोरदार प्रतिवाद दर्ज करवाया कि क्या बात करते हैं आप? मन्दोदरी का

पीहर तो जोधपुर के मंडौर में है, जहाँ आज भी रावण को जलाया नहीं जाता। तब तक एक अकेले मगर प्रौढ़ सज्जन बोल पड़े—"सीता माता तो मिथिलांचल की थीं, चंपारण क्षेत्र में सीता मैया की निर्वाण स्थली है, लव-कुश जन्मस्थान भी वहीं है, इधर क्या लेने आएँगी सीताजी?"

गरमागरमी बढ़ती देखकर मैंने हस्तक्षेप करने का निश्चय किया। मैंने कहा—"लोक के मानस में एक सी कथाएँ हर जगह मिल जाती हैं, यह आस्था की ही बात है, इसे इतिहास मत समझिये। हर इलाके के लोग अपने-अपने इलाकों में अपनी आस्थाओं के मुताबिक स्थल निर्मित कर लेते हैं। मैंने यह भी बताया कि इस यात्रा में मुझे हर जगह गंगा निकलने की बातें पता चल रही हैं, गंगा दरअसल रूपक है, न कि गंगा नदी की भौतिक उपस्थति, वैसे ही सीता माता की कहानी है, बस प्रकृति का आनंद लीजिये और इन रोचक कहानियों को भी सुनिये। इनको साबित करने की कोई ज़रूरत नहीं है।" वे मेरे दखल से संतुष्ट लगे।

अब हमारे लौटने की बारी थी। रास्ते में कटे हुए पेड़ों के तने दिखे, क्या यहाँ के आदिवासी इन पेड़ों को काटते होंगे? क्या वे तस्करी करते हैं? क्या बिना वन विभाग की इजाज़त के कोई यह कर सकता है? आदिवासी समाज तो अपनी ज़रूरत भर की सामग्री जंगल से लेता है। पेड़-पौधे, पशु-पक्षी और वन्य जीव तो उनके कल्याण मित्र हैं। वे भला क्यों काटेंगे?

वापसी में हम प्रतापगढ़ में सामाजिक कार्यकर्ता और हमारे मेहरबान मेज़बान जवाहर सिंह डागुर के निवास पर पहुँचे। वहाँ पर ताज़ा कड़क काठियावाड़ी चाय ने हमारी सारी थकान दूर कर दी, अब हमें सीता माता अभ्यारण्य के बारे में उनसे अधिकृत जानकारियाँ ले लेनी थीं।

जवाहर भाई हमारे प्रिय सामाजिक कार्यकर्ता हैं। उन्होंने अपनी यहाँ तक की यात्रा का विवरण दिया। उन्होंने बताया कि सन् 1978 में डॉ. नरेंद्र गुप्ता इस क्षेत्र में आये। उन्होंने पाल और मांडकला में काम शुरू किया, दोनों पंचायतों में 9 रेवन्यू गाँव थे, जाखम के पेराफेरी इलाके में कई गाँव थे, जैसे अनोपपुरा, ग्यासपुर, जाम्बुवेला, करमा खेड़ा, इरिगेशन गेस्ट हाउस, बैंक, पोस्ट ऑफ़िस, रेंज दफ़्तर, थाना आदि डैम की वजह से बहुत बड़ी रिहाइशी कॉलोनी आदि थी। जाखम क्षेत्र राजस्थान का चेरापूंजी है, यहाँ साल भर में लगभग 900 मिलीलीटर बारिश होती है। माही कडाना बाँध के विस्थापित इस जंगल में आकर बस गए

थे, पहले से ही बहुत से गाँव बसे हुए थे।

जवाहर जी याद करते हुए बताते हैं कि सन् 1982 में सीता माता को सेंचुरी घोषित किया गया। यह अभ्यारण्य 423 वर्ग किलोमीटर में फैला हुआ है। यह अरावली, विन्ध्याचल और मालवे के पठार की मिलन भूमि है, इसमें जाखम, करमोई, सीता माता और नालेश्वर जैसी नदियाँ हैं। इस वन क्षेत्र में उड़न गिलहरियाँ हैं, चौसिंघे हैं और स्तनधारी जीवों की 50, उभयचरों की 40 तथा पक्षियों की 300 प्रजातियाँ पाई जाती हैं, दुर्लभ औषधीय वनस्पतियों का खज़ाना है, यहाँ सागवान, सालर, गोदल, महुआ, खैर, पलाश, बहेड़ा, आंवला, चन्दन के पेड़ हैं और पैंथर, चीतल, सांभर, लंगूर, नील गाय, बिल्ली, खरगोश। चौसिंघे जैसे जंगली जीव भी। हमारी लड़ाई इस सेंचुरी में और इसके परिक्षेत्र में निवास कर रहे वन निवासियों को ज़मीन का अधिकार दिलाने की है। वन अधिकार मान्यता कानून के अस्तित्व में आ जाने के बावजूद वर्ष 2016 तक महज़ 465 वनाधिकार के पट्टे मिले थे। हमारी लड़ाई उन सब लोगों को व्यक्तिगत और सामुदायिक वनाधिकार पट्टे दिलाने की है, कुछ सफलता मिली है, कुछ विफलताएँ, लेकिन बिना हताश हुए लड़ाई जारी है।

अधिकारों की लड़ाई के लिए अपना सम्पूर्ण जीवन लगा देने वाले जवाहर सिंह, नरेंद्र गुप्ता और खेमराज चौधरी जैसे दर्जनों कर्मयोगियों की बदौलत इस इलाके में लोगों को अपने हको-हकूक मिले हैं। हमने सबको याद किया, सबके काम को सेल्यूट किया और चल पड़े। निम्बाहेडा पहुँच कर साथी सिराज जी को कॉल किया, वे चौराहे पर ही आ गए। जहाँ उन्होंने बेहतरीन कॉफ़ी पिलाई, वहाँ से आगे बढ़े तो शाम हो चुकी थी। खाना बसेड़ा के रॉयल किंग होटल में खाया और ओछडी पहुँचे जहाँ साहित्यकार मित्र डॉ. माणिक जी के नवनिर्मित घर में हमारा आज का रात बासा है।

बारहवाँ दिन

गढ़ तो बस चित्तौड़ बाकी सब गढ़हैया...

यूँ तो रात में भी बातें हुईं, लेकिन बातचीत का असली मज़ा तो सुबह-सुबह चाय के दौरान आना शुरू हुआ, जो परांठों के नाश्ते तक जारी रहा। माणिक जी प्रखर वक्ता और विचारवान लेखक तथा आकाशवाणी के उद्घोषक भी रहे हैं, उनसे कई सालों का भाईचारा है। पहले भी बहुत सी मुलाकातें अलग-अलग जगहों पर अलग-अलग मौकों पर होती रही हैं। मैं उनकी लेखनी और वाणी का गुणगाहक हूँ। मज़दूर दिवस का मेला हो अथवा स्पिक मैके का कोई आयोजन, आरोहण स्टूडियो का उद्घाटन हो अथवा फ़िल्म फ़ेस्टिवल, किताबों पर चर्चा हो या सामाजिक बदलाव की जुटान, हम लोग न केवल मिलते रहे हैं बल्कि व्यापक विचार-विमर्श भी करते रहे हैं। सोशल मीडिया पर उनकी *बसेड़ा स्कूल की डायरी* का धारावाहिक पठन किया ही था, साथ ही फ़ेसबुक पर उनकी विचारोत्तेजक टिप्पणियाँ पढ़ना मुझे सदैव आह्लादित करता रहा है। आज उनसे बातें हुईं तो वे नए विषय पर बोल रहे थे। हुआ यह कि उन्होंने जीवन विद्या का पाठ्यक्रम तय करने के बाद महसूस किया कि दुनिया को समझने और समस्याओं के निदान का एक मध्यम रास्ता है। आजकल वे इसी का अभ्यास कर रहे हैं, मुझे उनकी बातें रुचिकर लगीं और यह और अधिक प्रेरक बात लगी कि वे अपनी ज़िन्दगी में नवाचार करने में पीछे नहीं हैं। हमने माणिक जी से जीवन विद्या के बारे में और अधिक जाना।

माणिक जी की माताजी और बेटी तथा उनकी पत्नी नंदिनी जी से भी मुलाकात हुई। लगभग नौ बजे हमने डॉ. माणिक जी से विदाई ली और विद्युत विभाग की कॉलोनी पहुँचे, जहाँ कमला जी और उनके पति मनोज परिहार जी के घर चाय-पान हुआ। उन्होंने यात्रा को आर्थिक सहयोग भी दिया, बेहद

गर्मजोशी से मिले, पूरा परिवार काफ़ी खुश था। इस मुलाकात के कुछ दिन बाद ही यह खबर पढ़कर धक्का लगा कि मनोज जी ने आत्महत्या कर ली। पता चला कि वे विभागीय प्रताड़ना सह रहे थे। सच्चाई क्या है, पता नहीं लेकिन एक हँसते-मुस्कराते, प्यारे से इन्सान से पहली मुलाकात हुई और फिर उनके इस दुनिया में नहीं रहने की खबर मिली, हृदय विदारक था यह।

हमने मनोज जी और कमला जी के यहाँ से प्रस्थान किया तो सीधे संत शिरोमणि रैदास के पैनोरमा पर पहुँचे जो घटयावली रोड पर बनाया गया है। उस दौरान सड़क का काम चल रहा था, बहुत धूल उड़ रही थी, अंदर गए तो संयोग से पेनोरमा खुला मिल गया। टिकट शायद नहीं था। मैंने वहाँ के केयरटेकर से पूछा कि कोई आता है यहाँ तक? वह बोला—''हाँ, पंजाब से और विदेशों से भी लोग आते हैं पर यहाँ के स्थानीय लोग कम ही आते हैं।'' मैं सोचता रहा कि इतने अद्‌भुत और महान संत की यादगार में बने इस पेनोरमा में लोकल लोगों की रुचि क्यों नहीं है जबकि अन्य प्रदेशों से और लोग आ रहे हैं। संभव है कि इसका कारण देश-विदेश में बसा रविदासिया समाज हो, जो रैदास की विरासत को ढूँढ़ते हुए यहाँ तक पहुँचते हैं अथवा हो सकता है कि उनके भजनों में रुचि रखने वाले लोग यहाँ आते हों, दलित बहुजन आन्दोलन के लोग रविदास जयंती कुछ सालों से मना रहे हैं। कुछ साल पूर्व क्षत्रिय समाज के लोगों ने भी एक यात्रा निकाली थी, जिसमें प्रमुखता से रविदास जी का स्मरण किया गया था।

हमने प्राथमिक कक्षाओं में ही उनके पद पढ़ लिए थे—'प्रभु जी तुम चन्दन हम पानी...जाकी अंग अंग बास समानी' जैसी उनकी बाणियों को पढ़ने और कैसेट के ज़माने में पॉपुलर भजन गायकों द्वारा 'झौंपों रविदा वालो...।' जैसे सुमधुर भजन सुन-सुन कर हम बड़े हुए हैं। रैदास जो अब रविदास के नाम से विख्यात हैं, उनके बारे में तो यहाँ तक सुना कि उन्होंने गंगा नदी को अपनी कठौती में बुला लिया था। या कि गंगा ने स्त्री रूप धारण करके अपने हाथ से कंगन उनको दिया था। इससे भी बड़ी बात तो यह जन श्रुति रही कि मेवाड़ की भक्त शिरोमणि विद्रोहिणी मीराबाई उनकी शिष्या रही हैं।

चित्तौड़गढ़ के रविदास पेनोरमा में तो मीराबाई और रविदास के गुरु शिष्य होने संबंधी कोई चित्र नहीं था, न किसी प्रकार का कोई एक भी वाक्य लिखा हुआ था, तब क्या माना जाये? चलो मीराबाई के साहित्य में ढूँढ़ते हैं। भक्त कवि अपने भजनों के आखिरी पद में गुरु का और अपना नाम साथ में

गाते हैं, जिसे छाप कहा जाता है। मीरा के भजनों की छाप भी 'मेरो तो गिरधर गोपाल दूसरो न कोई' जैसी ही होती है। किसी भी भजन में उन्होंने रैदास को गुरु कहते हुए क्यों नहीं छाप लगाई ? क्या मीराबाई तत्कालीन समाज व्यवस्था से डर गई थीं ? पर ऐसा भी संभव नहीं लगता, एक चिर विद्रोहिणी और निडर आध्यात्मिक संत स्त्री जिसने लोक द्वारा निर्मित मर्यादाओं और राजपाट के ठाठ की परवाह नहीं की, राजसी वैभव छोड़ दिए और सार्वजनिक रूप से मेवाड़ के उस वक्त के महाराणा को कह दिया—'नहीं भावे थारो देसड्लो रंग रुड़ों...आगे यहाँ तक कह दिया कि 'लोग बसे सब कूडो।' क्या वह किसी से डर सकती थी ? लगता तो नहीं कि मीराबाई ने किसी डर की वजह से ऐसा किया हो, वैसे भी वह अपने गुरु के प्रति ऐसा व्यव्हार भला क्यों करने लगी ? फिर क्या बात थी ?

कहीं ऐसा तो नहीं कि मीराबाई कभी रविदास से मिली ही न हो। वे समकालीन भी न हों और मीराबाई ने कभी काशी की राजकीय यात्रा की ही न हो, जिसमें उनके रैदास से मिलन की कहानी कही जाती है! क्या रैदास ने अपने साहित्य में कहीं मीराबाई को अपनी शिष्या बताया या उनका ऐसा कोई भजन या दोहा है जो इस बात की ताकीद करता हो। अगर है तो वह हमारी नज़र से क्यों बचा रह गया ? यह भी सवाल है कि मीराबाई और रैदास की वैचारिकी एक है। रैदास अपने भजनों में निर्गुण, निराकार की बात कर रहे हैं तो उनकी शिष्या कैसे सगुण भक्ति में लीन है ? मामला पेचीदा ही होता जा रहा है, सोचा कि कुछ देर इस मसले को स्थगित किया जाना उचित होगा, जब किले पर स्थित मीरा मन्दिर जायेंगे तो और पता किया जायेगा।

रविदास पेनोरमा से फ्री होकर भोईखेड़ा में स्थित गोरा बादल पेनोरमा पहुँचे, जो बंद था। वहाँ नारायण लाल भोई से मिलना हुआ। उन्होंने खुद का परिचय चन्द्र वंशी कहार के रूप में दिया। बोले कि यह हमारी ही ज़मीन में बनाया गया है, यहाँ गोरा और बादल जैसे शूरवीरों की छतरियाँ थीं। उनकी मूर्तियाँ भी बनी थीं। इसी जगह वे चित्तौड़ की रक्षा करते हुए दुश्मन के हाथों शहीद हो गए थे, अब यहाँ स्मारक बन गया है, लेकिन लोग कम ही आते हैं। हम भी बाहर से ही देखकर लौट गए। वहाँ से नज़दीक में ही बेडच और गंभीरी नदी का मिलन बिंदु था, जिस पर संगमेश्वर महादेव का प्राचीन मन्दिर बना हुआ है। कुछ देर वहाँ बिताई और फिर बस स्टैंड की तरफ़ गए, जहाँ ममता और

विमला दोनों बेटियाँ आ चुकी थीं। उनको साथ लेकर आज किले की चढ़ाई करनी थी। वे घर से खाना पका कर लाई थीं, पहले से तय था कि हीर जी, मैं और ललित तथा विमला व ममता सभी लोग चित्तौड़गढ़ के दुर्ग पर ही खाना खायेंगे। स्थान भी निश्चित किया गया कि वह जगह विजय स्तम्भ या कीर्ति स्तंभ होगी। हालाँकि यह सपना साकार नहीं हो पाया, क्योंकि ऊपर बंदरों का ऐसा कोहराम था कि खाना तो दूर की बात आप एक केला भी लेकर खाने की कोशिश करो तो हाथ से छीन कर भाग जाते हैं।

हम किले पर गए, वहाँ शुरुआत ही एक टूटे हुए मन्दिर को देखने से हुई। यह मराठों की देवी का मन्दिर है, किसने तोड़ा होगा? मुगलों ने? हो सकता है, आगे और भी कई देवालय और उसकी प्रतिमाएँ विखंडित मिलें! क्या हुआ होगा? क्या मेवाड़ और मराठों के युद्ध में भी कुछ मन्दिर टूटे होंगे? या केवल मुस्लिम आक्रमणकारियों ने ही यह किया? इतिहास में अलग-अलग बातें दर्ज हैं। हमने इस पचड़े में पड़ने के बजाय ऐतिहासिक महत्त्व के स्थल देखना शुरू किया। अनिन्द्य सुन्दरी रानी पद्मिनी का जौहर स्थल देखा, अलाउद्दीन खिलजी के साथ युद्ध के बाद किले में बची हुई स्त्रियों के साथ उन्होंने खुद को अग्नि के हवाले कर दिया ताकि हमलावरों से स्वयं की रक्षा कर सकें। पुराने महल, जीर्ण-शीर्ण भवन, कुएँ, बावड़ियाँ और शस्त्रागार, संग्रहालय सब देख चुकने के बाद प्रसिद्ध काली मन्दिर देखा और अंतत: मीरा मन्दिर में कुछ वक्त गुज़ारा। भक्त शिरोमणि मीराबाई को पाठ्यक्रमों में तो पढ़ा ही, उनके भजन हर सत्संग में भी सुने गये। मीराबाई को याद किया, यह असल में तो राधा गोविन्द मन्दिर है। इसी के सामने रैदास की चरण पादुकाएँ भी स्थापित हैं। अच्छा तो यह बात है, रैदास और मीरा के स्मृति चिन्ह एक साथ तो दिखे।

इतिहास में एक और नाम दर्ज है, झाली रानी का। उन्होंने बनारस की यात्रा भी की थी और वे रैदास से मिलीं भी। उनका और रविदास का गुरु-शिष्या का सम्बन्ध था। उन्होंने ही रैदास को चित्तौड़गढ़ भी आमंत्रित किया था। रैदास का अंतिम समय यहीं बीता। दावा तो यह भी किया जाता है कि यहाँ पर संत रैदास की जातिवादियों ने इहलीला समाप्त कर दी थी।

किले पर आये हैं तो हम शाश्वत स्वाधीनता सैनानी गाड़िया लोहारों को कैसे भूल सकते हैं? याद है न आपको, महाराणा प्रताप की वो प्रतिज्ञा जिसमें उन्होंने कहा था कि—"चित्तौड़ के पावन दुर्ग पर जब तक हम वापस अधिकार

न कर लें, हमारे लिए आराम हराम है, अपनी यह प्रतिज्ञा पूरी होने तक हम न थाली में खायेंगे और न पलंग पर सोयेंगे।'' महाराणा प्रताप इसके बाद जंगलों में रहे, घास की रोटियाँ तक खाईं और राजसी वैभव को त्याग कर ज़मीन पर सोये, पहाड़–पहाड़ भटके, खूब कष्ट सहे लेकिन अकबर की अधीनता स्वीकार नहीं की।

इतिहास में दर्ज है कि चित्तौड़ के दुर्ग में हुए तीसरे जौहर के बाद चित्तौड़गढ़ उजड़ गया और मेवाड़ के वीर सैनिकों ने गुरिल्ला युद्ध का निश्चय किया। वे अस्त्र–शस्त्र खुद बनाने लगे और महाराणा की प्रतिज्ञाओं के साथ दो और प्रतिज्ञाएँ जोड़कर कठिन जीवन व्यतीत करने लगे। उन्होंने संकल्प लिया कि वे भी बस्ती या जंगल कहीं भी घर बसा कर नहीं रहेंगे, दीपक नहीं जलाएँगे, खाट पर नहीं सोयेंगे और जब तक चित्तौड़ के दुर्ग को आज़ाद नहीं करा लेंगे तब तक किले पर नहीं चढ़ेंगे।

इस प्रतिज्ञा को निभाने के लिए वे गाँव–गाँव, बस्ती–बस्ती भटकते रहे, वक्त बदलता रहा, अस्त्र–शस्त्र के बजाय वे कृषि के औज़ार बनाने लगे और गाड़ियाँ ही उनके घर हो गईं। धूप हो या सर्दी या बरसात उन्होंने कभी फिर घर नहीं बसाये, ज़मीन पर ही सोते रहे, रात्रि में दीपक जलाने से परहेज़ करते रहे। फिर कई पीढ़ियाँ बीत गईं, आज़ादी के ये अमर सैनानी अपना इतिहास भूल गए। मेवाड़ की आज़ादी का संकल्प क्षीण हो गया और उनको लगने लगा कि वे दुर्ग की देवी से अभिशापित होकर गाड़िया लोहार हो गए हैं, जबकि बुज़ुर्गों में उनका इतिहास लोक कथाओं में ज़िंदा था। हालाँकि स्वाभिमानी इतने थे कि कभी मेहनत से मुँह नहीं मोड़ा, भीख नहीं माँगी, कड़ी मेहनत की, लोहे को तपाया, गलाया और अपने हथौड़ों की चोटों से उसे औज़ारों का रूप दिया, पर इतिहास ने उनके साथ न्याय नहीं किया। एक बार वे अपना घर छोड़ कर क्या निकले, फिर दर–दर भटकते रहे। चितौड़गढ़ से निकले ये रणबाँकुरे पूरे राजस्थान में फैल गए। कुछ हरियाणा होते हुए पंजाब की तरफ़ बढ़ गए तो कुछ ने दिल्ली, मेरठ होते हुए यूपी, बिहार की राह ले ली। कुछ मध्य प्रदेश और गुजरात की तरफ़ होते हुए महाराष्ट्र होकर कर्नाटक जा निकले, लेकिन चित्तौड़, मेवाड़ और दुर्ग की कालका माता तथा अपनी भाषा को वे नहीं भूले।

अंग्रेज़ आये और उन्होंने घुमंतू समुदायों को नोटिफ़ाई करके उन पर जरायमपेशा अधिनियम लगाया तो गाड़िया लोहारों का घूमना–फिरना भी बाधित

हुआ, फिर खेती में मशीनें आईं तो उनके कृषि औज़ारों की माँग भी कम हुई, इसलिए वे आर्थिक, सामाजिक और राजनीतिक हर दृष्टि से पिछड़ते ही चले गए। अंततः देश तो आज़ाद हो गया लेकिन आज़ादी के ये शाश्वत सैनानी अपना स्वत्व भुला कर तब भी बेहद कठिन ज़िन्दगी बिताते रहे।

स्वाधीनता सैनानी माणिक्य लाल वर्मा की नज़र उन पर गई तो उन्होंने गाड़िया लोहार समुदाय के बड़े बुजुर्गों से बात की। उनकी समस्याओं और भीष्म प्रतिज्ञा की बात को सुना, लेकिन मुश्किल यह थी कि गाड़िया लोहारों को यह समझा पाना अत्यंत कठिन था कि उनके पुरखों द्वारा सैंकड़ों साल पहले ली गई प्रतिज्ञा अब पूरी हो चुकी है, अब तो चित्तौड़ और मेवाड़ ही क्या पूरा भारत आज़ाद हो चुका है।

माणिक्य लाल वर्मा ने अजमेर में हुई अखिल भारतीय कांग्रेस कमिटी की बैठक में प्रधानमंत्री जवाहर लाल नेहरू को वीर घुमक्कड़ समुदाय गाड़िया लोहार समुदाय की गौरव गाथा सुनाई और चित्तौड़ के दुर्ग पर नहीं चढ़ने के उनके संकल्प के बारे में भी बताया। नेहरू इस बात से अत्यंत प्रभावित हुए और उन्होंने माणिक्य लाल वर्मा को यह ज़िम्मेदारी दी कि वे गाड़िया लोहार समाज के प्रतिनिधियों को 26 जनवरी की परेड के समय दिल्ली लायें और उनसे मिलवायें। 15 नवम्बर 1954 को नेहरू जी ने वर्मा जी को एक पत्र लिखा जिसका मजमून कुछ इस प्रकार था—

> प्रिय माणिक्य लाल जी,
>
> आपका 16 नवम्बर का पत्र कुछ दिन हुए मिला। मुझे पूरे तौर पर याद है कि जो आपने मुझे गाड़िया लोहार जाति की निस्बत कहा था और मेरी इच्छा है कि चित्तौड़गढ़ आऊँ और उन लोगों से मिलूँ, लेकिन मेरी इस वक्त कुछ मजबूरियाँ हैं जिससे मैं कोई तारीख मुकर्रर नहीं कर सकता या अगर गोल-मोल में आप चाहें तो मैं कह सकता हूँ कि मार्च के पहले सप्ताह में आने की कोशिश करूँगा। अच्छा होगा अगर इन लोगों में से कुछ चुने हुए लोगों को आप यहाँ लाते मुझसे मिलाने को और मैं उनसे खुद बात करता और वे लोग भी यहाँ कुछ देखते। यह भी हो सकता है कि उनमें से कुछ लोगों को आप लाते तो 26 जनवरी के दिन जब हमारी बड़ी परेड निकलती है और उसमें बहुत से लोग हिस्सा लेते हैं अलावा फ़ौज के, तो हम उनमें से कुछ

लोगों को मिला दें। हम चाहते हैं कि इस बड़ी परेड में आम जनता के तरह-तरह के लोग हों। इसके माने यह नहीं हैं कि मैं बाद में नहीं आऊँगा, वह बात तो अलग है और पक्की है।

आपका

जवाहर लाल

वर्मा ने जनवरी 1955 के मद्रास कांग्रेस सम्मलेन में पुन: नेहरू जी से भेंट करके चित्तौड़गढ़ में गाड़िया लोहार सम्मलेन हेतु विस्तार से चर्चा की। नेहरू जी ने 6 अप्रैल को चित्तौड़ आने की स्वीकृति दे दी। राजस्थान सरकार की ओर से प्रधानमंत्री से मिलने सौ गाड़िया लोहारों को 26 जनवरी 1955 को राजधानी दिल्ली ले जाया गया। मुख्य समारोह में इन घुमक्कड़ों की एक सांस्कृतिक झाँकी भी प्रस्तुत की गई। प्रधानमंत्री ने राष्ट्रपति भवन पर सभी गाड़िया लोहारों को चाय-पान के लिए बुलाया और इस वादे के साथ विदा किया कि मैं 6 अप्रैल को आपके पास आऊँगा और हम चित्तौड़ के दुर्ग पर साथ-साथ चलेंगे।

कहानी लम्बी है, विस्तार न करते हुए बस यही कहना है कि निर्धारित तिथि को पंडित नेहरू चित्तौड़ आये और सदियों पहले दुर्ग छोड़ कर गए गाड़िया लोहारों को वापस गढ़ पर ले गए। इस तरह मेवाड़ की आज़ादी का सपना देश की आज़ादी के साथ साकार हुआ और गाड़िया लोहार समुदाय की प्रतिज्ञा पूरी हुई।

चित्तौड़गढ़ से मेरा निवास महज़ 80 किलोमीटर दूर था और कल का सफ़र भी उधर ही से शुरू होना था। बेटियों को भी गाँव लौटना था और पत्रकार बेटे ललित को भी घर पर सबसे मिलना था। उसे एक दिन का अवकाश भी चाहिए था। ये सब बातें घर जाने का उचित बहाना थीं, इसलिए हीर जी ने अपनी बोलेरो भीलवाड़ा की तरफ़ हाँक दी। हम लोग रात होते-होते अपने गाँव स्थित अम्बेडकर भवन पहुँचे, सब्ज़ियाँ रास्ते से खरीद ली थीं, घर जा कर सबके लिए खाना बनाया, काफ़ी दिनों बाद किचन का सान्निध्य मिल पाया, आनंद आया। खाना खाया और सो गए।

तेरहवाँ दिन

गुर्जर गरीबो कनीराम बोले

जल्दी उठने की अब तक आदत पड़ चुकी है। आज भी साढ़े पाँच बजे नींद खुल गई। आज ललित और हीर जी दोनों ही साथ नहीं रहेंगे, हीर जी गाड़ी का अलाइनमेंट ठीक करवाएँगे। आज के यात्री हैं मैं, नरेश गुर्जर जी और छात्र नेता नारायण गुर्जर जो कि नरेश जी के भतीजे हैं। अब आप यह कहेंगे कि ये नरेश जी कौन हैं तो वे हमारे ख़ास दोस्त हैं, भीलवाड़ा ज़िले के कजलोदिया गाँव के निवासी, सुधि पाठक, सामाजिक, राजनीतिक कार्यकर्ता और सोशल मीडिया एन्फ़्लुएन्सर। उन्होंने गुर्जर समाज में सामाजिक सुधार की अच्छी पहल की है। उनसे यात्रा शुरू करने से पहले मैंने वादा लिया था कि जब भी हम लोक देवता देवनारायण जी और उनसे जुड़े स्थलों पर जायेंगे तो वो साथ रहेंगे। आज यात्रा का तेरहवाँ दिन है और नरेश जी अपने कैमरामैन भतीजे, कैमरे और अपनी गाड़ी के साथ अल सुबह हाज़िर हो चुके हैं।

हम घर से रवाना हुए और हरिपुरा चौराहा, मोड़ का निम्बाहेड़ा, पालडी, नारिया नाडा होते हुए आमेसर पहुँचे जहाँ तामेसर बावड़ी है, इस जगह का गुर्जर समाज के आराध्य लोकदेवता देवनारायण की माता साडू से विशेष जुड़ाव है। देवनारायण जी और उनके पूर्वज बगडावतों की वीरता का इतिहास इस इलाके के गाँव-गाँव में फैला हुआ है। बगडावतों का अपना राज्य रहा है, जिसकी राजधानी गोठा में थी जिसे गढ़ दडावट कहा जाता था, यह खारी नदी के किनारे पर थी, यहाँ पर आज भी दडावट नामक गाँव बसा हुआ है। एक प्राचीन मन्दिर भी यहाँ था, जिसका अब नवनिर्माण हो चुका है। शायद राजधानी के प्राचीन महल आदि नदी की बाढ़ में बह चुके हैं लेकिन अवशेष मिल जाते हैं। देवनारायण का युग ग्यारह सौ साल पुराना है। उनसे प्रारम्भ हुई कृषक शिल्पकारों की देव संस्कृति के निशानात जगह-जगह पर मिलते हैं।

बगडावत कौन थे और उनका राज्य कहाँ-कहाँ तक था, फिर वे क्यों नष्ट हो गए और उसके बाद लोकदेवता देवनारायण पैदा हुए और उन्होंने समाज के लिए क्या किया, इस बारे में सुप्रसिद्ध साहित्यकार डॉ. सत्यनारायण जी ने *दैनिक भास्कर* के अपने एक आलेख में बेहद सटीक शब्दों में सारगर्भित वर्णन इस प्रकार किया है—

> भीलवाड़ा ज़िले की आसीन्द तहसील, खारी नदी के किनारे ग्यारहवीं शताब्दी में *बगडावतों* व वहाँ के राजा के बीच युद्ध हुआ, जिसे लोक में *महाभारत* की तर्ज पर 'बगडावत भारत' या 'भारत की लड़ाई' कहा जाता है। लोक कवि छोछू भाट ने इसे गाथा में रचा और गाया। यह राजस्थान की सबसे बड़ी लोक महागाथा है। अपनी वीरता के लिए ख्यात सवाई भोज इस गाथा के नायक हैं। वे चौबीस गुर्जर बगडावत भाई थे। गो पालन उनका मुख्य व्यवसाय था। सवाई भोज को एक अघोरी साधू से गाय की ग्वाली के रूप में अकूत धन मिला। पर यह भी कि सिर्फ़ बारह बरस की माया बारह बरस की काया। माया के कारण ही राजा से बराबर की दोस्ती हुई। चौबीस भाइयों ने चौबीस खेड़े बसाए। गढ़ बुआल के राजा ईड़दे सोलंकी की रूपवती बेटी जयमती सवाई भोज की वीरता के किस्से सुनकर उनसे प्रेम करने लगी। उसके पिता द्वारा राण के राजा के पास उसकी सगाई के भेजे जाने वाले नारियल को जयमती ने, जिसे लोक में जैमती कहा जाता है, अपनी दासी हीरों के हाथ सवाई भोज के पास भिजवा दिया। बगडावत भाइयों ने विचार करके कि हम तो ग्वाले हैं और विवाहित भी, नारियल राण के राजा के पास भिजवा दिया। राजा की बरात में वे बराती थे। घोड़ों पर बैठे सोने की मोहरें लुटाते। इस बीच जैमती ने दासी हीरों द्वारा सवाई भोज की तलवार मंगवाकर उसके संग राजा से पहले ही फेरे ले लिए और संदेश भेजा कि छह महीने में आकर उसे ले जाएँ। बगडावत यह जानते हुए भी कि युद्ध होगा और वे मारे जाएँगे, जैमती को लाने का निर्णय करते हैं। साडू पूछती है कि ऐसी कैसी रूपवती है जैमती ? तो नेवा कहता है—'राणी जी कै भुंवारा भंवरा रमै, नाक सुवा री चूंच दांत दाड़िम का सा बीज, जार पेट पीपल रौ पान।' बगडावत जैमती को गोठां ले आते हैं।

राजा ने युद्ध की भेरी बजवा दी। तेईस बगडावत भाई युद्ध में मारे गए। जैमती ने स्वयं युद्ध लड़ा। लोक कवि छोछू भाट द्वारा रची और गायी यह लोक महागाथा एक हज़ार साल से श्रुति परंपरा में चली आ रही है। कपड़े पर चित्रित इस महागाथा को 1954 में पहली बार भूणाराम ने लिपिबद्ध कर प्रकाशित करवाया। सवाई भोज में आज भी उस युद्ध की कई निशानियाँ बची हैं, जो धीरे-धीरे लोप हो रही हैं। बगडावत भाइयों की पत्नियों की स्मृतियाँ एक टूटी-फूटी चबूतरी पर सिंदूर लगे पाहनों पर बची हैं और जैमती, जिसके कारण ही यह युद्ध हुआ था। लोक में उसे अच्छी दृष्टि से नहीं देखा गया, बल्कि भोजा खपावण वाली जैलू (सवाई भोज सहित सबको मरवाने वाली औरत) कहा गया। अंत उसे भी पता था। बगडावत भाइयों ने भी मरते दम तक उसके प्रेम की रक्षा की। उपेक्षित, तालाबंद कोठरी में जलती जोत के साथ चमकती जैमती की आँखें आज भी उसी प्रेम से लबरेज हैं। सवाई भोज का पुराना मन्दिर अभी भी वैसा ही है। अन्य बगडावत भाइयों की बची निशानियाँ बदरंग हो रही हैं। टूटी-फूटी घरट जिसमें बैलों द्वारा मक्की पीसी जाती थी, उजाड़ पड़ी है। सवाई भोज में आज भी युद्ध के अवशेष बचे हैं। मालासेरी, देवमाली, गोठां, बदनोर, हर्ष देवल, नाग पहाड़ के साथ बचे हुए खेड़ों को एक तीर्थयात्रा सर्किट के रूप में विकसित किया गया। सवाई भोज मन्दिर के पास चार सौ से अधिक गाएँ हैं। बेहद सुंदर गायों को देखकर लगता है कि बगडावत भाइयों की गायों के खोज वर्तमान तक चले आए हैं। यहाँ आने वाले श्रद्धालुओं को इनकी छाछ से बनी मक्की की राबड़ी मनुहार से पिलाई जाती है, समूचे दिन। लोप होती तमाम स्मृतियों के बीच बचा है तो सिर्फ़ इसी राबड़ी का स्वाद जो कभी सवाई भोज के समय रहा होगा।

हम लोग गढ़ दडावट होते हुए वहाँ से बरना घर पहुँचे जो देवनारायण के निर्वाण की स्थली है। इस गाँव में भी एक मन्दिर एक पहाड़ी पर बना हुआ है, वहाँ कुछ देर रुके और फिर हम देवमाली पहुँचे। यह एक ऐसा गाँव है जहाँ पर आज भी देवनारायण के अनुयायी पक्के मकान नहीं बनाते हैं। इस गाँव को

देख कर लगता है कि जैसे हिन्दी फ़िल्मों का कोई गाँव है, वर्ना केलूपोश छतों और कच्ची मिट्टी की दीवारों वाले घर वाला गाँव अब कहाँ दिखाई पड़ता है। देवनारायण मन्दिर से गाँव का अद्‌भुत ही नज़ारा दिखता है। यहाँ पर सिर्फ़ सरकारी भवन और मंदिर से जुड़े भवन ही पक्की इमारतों के रूप में दिखाई पड़ते हैं।

यहाँ से हम बगडावत महाभारत के कुरुक्षेत्र सवाई भोज पहुँचे। यहाँ के बारे में अपनी प्रसिद्ध किताब *बगडावत महाभारत* में रानी लक्ष्मी कुमारी चुण्डावत ने इस बारे में विस्तृत वर्णन किया है। यहाँ मुख्य मन्दिर और सभी दर्शनीय स्थलों को देखा। प्रसाद के रूप में छाछ व मक्की को मिलाकर बनाई गई राबड़ी पी और कई लोगों से मिलते हुए हम मालासेरी डूंगरी गए जहाँ पर लोकदेवता देवनारायण का जन्म हुआ था। यहीं पर देवनारायण पेनोरमा भी बना हुआ है। इस मन्दिर के पुजारियों के जघन्य हत्याकांड को याद करके मैं सहम जाता हूँ, एक अन्तर्राज्यीय लुटेरे गैंग के लोग पकड़े गए थे। यहाँ कुछ समय रुके।

सूरज शाम की तरफ़ जा रहा था, हमें जल्दी करनी होगी। अभी हमें काफ़ी दूर जाना है। हम एक ऐसी जगह जाने वाले हैं जहाँ की मिट्टी में हल्दी की खुशबू आती है, इसे भोजा पायरा कहा जाता है। इस जगह बगडावतों के गुरु रूपनाथ की तस्थली है यहाँ वन विभाग का वन क्षेत्र है, लाखों पेड़ों के बीच एक मन्दिर है, गुर्जर समुदाय और अन्य धर्म प्रेमी लोग बड़ी संख्या में यहाँ आते हैं। हमारे साथ यहाँ पर फ़ाउंडेशन फ़ॉर इकोलोजिकल सिक्योरिटी के कार्यकर्ता हरनाथ सिंह जी आ गए। उन्होंने हरिया नाथ जी की तपोभूमि तक जाने का हमारा मार्ग प्रशस्त किया। उन्होंने नाथ संप्रदाय और गुर्जर समाज के मध्य के रिश्तों पर भी प्रकाश डाला।

गोधूली बेला आ चुकी थी। हमने गोरख्या जाने की ठानी जो मेवाड़ के कबीर कनीराम गुर्जर की जन्मस्थली है। वे एक सदी पहले हुए संत हैं, हमारे साथी नरेश गुर्जर जी ने गुर्जर प्रतिहारों के शासन से शुरू करके 1857 के ग़दर में गुर्जरों की भूमिका पर बात की। उन्होंने स्वाधीनता सैनानी विजय सिंह पथिक के बिजोलिया किसान आन्दोलन की जानकारी भी दी और फिर आध्यात्मिक संत कनीराम जी की बाणियों पर ज्ञान चर्चा की। कनीराम जी के भजन सदैव 'गुर्जर गरीबो कनीराम बोले' की छाप से समाप्त होते हैं। वे दर्शन, सांख्य,

वेदांत के ज्ञाता तो थे ही पर उनकी वाणियों में निर्गुण की धारा बहती थी। हमने उनका पुश्तैनी मकान देखा और उनकी प्रतिमा को नमन किया। वे अपने ज़माने के क्रांतिकारी संत थे। उन्होंने जाति-पांति के भेद को नहीं माना, भले ही उनके अपने समुदाय और परिजनों ने उनका बहिष्कार किया पर उन्होंने समाज सुधार की बात से कभी किनारा नहीं किया।

अब लौटने का वक्त आ चुका था। नरेश जी ने ड्राइविंग सीट सँभाल ली थी। आज का दिन काफ़ी व्यस्त था। हमने एक ही दिन में देवनारायण से जुड़े अधिकांश स्थानों की यात्रा का महत्त्वपूर्ण काम सम्पादित कर लिया था। यह बेहद ज़रूरी भी था क्योंकि डाउन अरावली में कोई ऐसा गाँव नहीं है, जिसमें देव संस्कृति के दीदार न होते हों...नरेश जी ने घर छोड़ दिया। रात्रि विश्राम सिडीयास में ही किया। हीर जी गाड़ी की सर्विस करवा कर लौट चुके हैं और ललित ने भी फिर से ज्वाइन करने को तैयार कर लिया है।

चौदहवाँ दिन

हल्दीघाटी का गाइड खान

सुबह पाँच बजे ही रवाना हो गए। जल्दी परांठे बना कर पैक कर लिए गए। पानी साथ में ले लिया गया, बाकी सामग्री भी गाड़ी में रात में ही रख दी गई थी। इस तरह हमारी बोलेरो आज फिर से तैयार थी। हमने आज की शुरुआत जरगा पर्वत की चढ़ाई से शुरू करने की ठान ली थी। घर से लगभग तीन घंटे की बिना रुके यात्रा करके हम जरगा जी जूना स्थान पर पहुँच गए। आज के यात्री हैं *दैनिक भास्कर* के संवाददाता लखन सालवी, उनका ग्यारह वर्षीय बेटा ध्रुव, ललित, दिलीप मेघवाल जो कि शिक्षक हैं और हीर जी।

गाड़ी से जरगा जी जूना स्थान तक ही पहुँचा जा सकता है, यहाँ पर जरगा जी ट्रस्ट के अध्यक्ष रतन जी मेघवाल (उसर) और उनकी पूरी टीम जिसमें दुर्गेश जी गोगुन्दा, रामचन्द्र जी उसर, सवा राम जी कणुजा, डालचंद जी बांसलिया, एकलिंग जी करदा, सोहन जी दोवास, देबी लाल जी केलवाड़ा, नारायण जी नारलाई, किशन जी केलवाड़ा प्रतीक्षारत ही थे। सबसे पहले तो ट्रस्ट के पदाधिकारियों ने हम अरावली के मुसाफ़िरों का मेवाड़ी परम्परा से साफ़ा बँधवा कर और मालाएँ पहना कर स्वागत किया। यह पहली अभिनन्दन सभा थी। चाय और नाश्ते की व्यवस्था की गई। ट्रस्ट के अध्यक्ष रतन जी उसर की पहल से यहाँ तो अच्छी-खासी सभा ही हो गई। समय अधिक न था, फिर भी छोटे-मोटे भाषण तो हुए ही, हमने सभी साथियों का आभार व्यक्त किया।

यहाँ पर जरगा जी जैसे तपस्वी संत की प्राचीन धूणी है। उन्हीं के नाम पर अरावली पर्वतमाला के इस पहाड़ का नाम जरगा हुआ। जरगा जी रिख समुदाय में विक्रम् संवत 1001 में जन्मे थे। वे अलख उपासक थे। उन्होंने वैराग्य धारण करने के लिए जरगाजी के इस पहाड़ को अपनी साधना स्थली

बना लिया, इसलिए उनको जरगा रो धणी भी कहा जाता है। उनके बारे में बहुत सी चामत्कारिक कहानियाँ यहाँ प्रचलित हैं। मेघवाल समाज की ओर से यहाँ पर एक खूबसूरत मन्दिर भी बनवाया जा रहा है। हर साल यहाँ पर शिवरात्रि के दूसरे दिन मेला भरता है जिसमें होने वाली भजन संध्या में आस-पास के हज़ारों गाँवों से लाखों की तादाद में लोग यहाँ पहुँचते हैं। जरगा धणी का मेला यहाँ का ख़ास पर्व बन चुका है।

यहाँ पर हज़ारों साल पुरानी धुणी भी है और वो स्थान भी है जहाँ मेले के दौरान गंगा निकलती है। श्री जरगा जी विकास ट्रस्ट के अध्यक्ष रतन जी ने बताया कि यहाँ की ख़ासियत है ध्वजा, सप्त धान और गंगा बैरी! उनके कहने का अंदाज़ बड़ा रहस्य निर्मित कर गया, और अधिक जानने की इच्छा बलवती हो गई। हमने पूछा कि यह फ़ार्मूला क्या है, ज़रा विस्तृत वर्णन कीजिये। रतन जी बताने लगे कि यहाँ कई प्रकार की मान्यताएँ हैं, उसमें यह भी मान्यता है कि जरगा जी के मेले के दौरान होने वाली परम्पराओं से आने वाले समय तथा मौसम और जनसंख्या के बारे में भविष्य के संकेत मिलते हैं। यहाँ पर एक छोटी कुई है जिसे गंगा बैरी कहा जाता है, साल भर यह सूखी रहती है, लेकिन मेले के दिन इसमें निश्चित समय पर जल का स्रोत फूटता है, इसलिए इसे गंगा आना कहा जाता है, उसमें से 16 कलश जल निकाला जाता है और उन कलशों में सात प्रकार का धान (अनाज) पकने के लिए रख दिया जाता है, बाद में यह देखा जाता है कि कौन सा अनाज कितना पका है। इससे बारिश और फ़सलों का अनुमान लगाया जाता है और दो छतरियों पर लाल और सफ़ेद ध्वज बाँधे जाते हैं। लाल ध्वजा महिलाओं का प्रतिनिधित्व करती है जबकि सफ़ेद पुरुष वर्ग का। एक ही माप का ध्वज बँधता है लेकिन खोल कर लम्बा करने पर जो ध्वज अधिक बढ़ा हुआ होता है, उस वर्ग की जनसंख्या में अभिवृद्धि की भविष्यवाणी कर दी जाती है।

हम जब गए तब न मेला था और न ही ऐसी कोई प्रक्रिया जिसे हम देख सकें, लेकिन फिर भी हमने गंगा बैरी को देखा जो ढँकी हुई थी और बिलकुल सूखी हुई थी। धूणी के दर्शन किये, मन्दिर में गए जिसका अभी निर्माण जारी था, पास में ही आदिवासी समुदाय ने भी एक आश्रम स्थापित कर रखा है, थोड़ी दूरी पर पहाड़ी नाथ का मन्दिर है जो शिव मन्दिर है। कुल मिला कर यह विभिन्न सम्प्रदायों का मिलन बिंदु बन गया है, मगर लोक मान्यता तो यही है

कि यह जरगा जी नामक संत की आध्यात्मिक भाव भूमि है और उनके ही नाम से यह पर्वत पुकारा जाता है।

अब हम जरगा पहाड़ पर चढ़ाई को तैयार थे। आगे की यात्रा में शिक्षक दिलीप जी, ललित, लखन जी, ध्रुव और मैं रहने वाले थे। हीर जी और नारायण जी नारलाई ने तय किया कि वे गाड़ी लेकर पहाड़ के दूसरी ओर स्थित नया स्थान पर हमको मिलेंगे। उन्होंने आसान रास्ता चुन लिया था, पर हमको तो इस चढ़ाई का ही उत्साह था, इसलिए चढ़े बिना कहाँ चैन? सो चल पड़े। अन्य साथी कुछ दूरी तक पहुँचाने आये, हमने सबसे विदा ली और पगडण्डीनुमा रास्ते पर बढ़ गए।

ऐसा नहीं है कि इस राह के हम पहले राहगीर हैं। मेले के दौरान तो हज़ारों लोग चढ़ते-उतरते ही हैं, बाज दफ़ा भी कोई-न-कोई समूह आता-जाता रहता है, अकेले जाने से परहेज़ किया जाता है क्योंकि अरावली में जंगली जानवर चारों तरफ़ विचरण करते हैं। उनको कहीं विघ्न या भय लगे तो वे पालतू जानवरों और इंसानों पर आत्मरक्षार्थ हमला करने से पीछे नहीं रहते। जरगा पहाड़ पर तरह-तरह की वनस्पति है, पर अब गाजर घास भी बड़ी मात्रा में उग आई है, जिससे बाकी वनस्पतियों को विकसित होने में समस्या आने लगी है। कहने के लिए ही यह गाजर घास है, वर्ना तो यह बड़ी मारक घास है, पता नहीं किस काम आती है, न सुगंध है न किसी औषधि में उपयोग, यहाँ तक कि भेड़-बकरी भी नहीं खातीं।

हमारा सबसे कम उम्र यात्री ध्रुव था, वह सेंडिल पहन कर आ गया। पहाड़ के विकट मार्ग पर स्पोर्ट्स शूज़ हों तो उपयुक्त होते हैं। ध्रुव को ट्रेकिंग का बड़ा उत्साह था, इसलिए लखन जी के साथ चला तो आया पर जैसे-जैसे राह दुर्गम होती जाती, वह हाँफ़ने लगता, रुक जाता और पीछे से सबको आवाज़ लगाता— ''रुको ज़रा!'' हम उसका मजा लेने लगे, हमारे भी हालात कोई बहुत बेहतर न थे, इसलिए ध्रुव के बहाने हमें भी विश्राम मिलने लगा। ललित खिलाड़ी आदमी है, फ़िट है, उसे कोई दिक्कत नहीं है, वह कैमरा सँभाले सधे हुए क़दमों से आगे बढ़ता जा रहा था, वह फ़ोटो और वीडियो लेने के लिए आस-पास की ऊँची चट्टानों पर चढ़ जाता था। मैंने उसे सावधानी बरतने के लिए चेताया पर वह अपना काम निपुणता और तन्मयता से करता रहा और कहीं भी लड़खड़ाया तक नहीं। लखन जी में भी गज़ब का आत्म नियंत्रण दिखा। मुझे लगा कि वे

मुश्किल से ही चढ़ पाएँगे पर बातें करते हुए वे तो सरलता से चढ़े जा रहे थे, शिक्षक दिलीप जी तो ऐसे चढ़ रहे थे जैसे कि उनका रोज़ का अभ्यास हो।

जैसे-तैसे हम जरगा पहाड़ के शिखर पर स्थित गणेश घाटी पहुँचे, वहाँ रुक कर साथ लाये अंगूर और संतरे खाये गए और पानी की बोतलें खाली की गईं, पर हमने तय किया कि यह प्लास्टिक हम पहाड़ पर नहीं छोड़ेंगे, साथ ले जायेंगे और जहाँ भी कचरा पात्र मिलेगा, वहाँ डाल देंगे। अब उतार था, चढ़ाव से भी कठिन लगा, पर हरियाली और पक्षियों की भाँति-भाँति की आवाज़ें मन्त्रमुग्ध किये देती रहीं। आधा घंटा चले होंगे कि जरगा जी, नए स्थान की झलक दिखने लगी और हमारी थकान को भी पर लग गए। हमने सकुशल जरगा पहाड़ को पार कर लिया। हालाँकि थकान थी पर वह तो नए स्थान पर मिले साथियों के प्रेम और वहाँ मिली कड़क, मीठी चाय की प्याली को देखकर ही काफ़ूर हो गई।

श्री जरगा जी विकास ट्रस्ट-नया स्थान, पलासमा के अध्यक्ष नेमराज जी मेघवाल, सेमड ने हमारा स्वागत किया। उनके साथ मोहन जी जोगीदास का गुडा, गोविन्द जी परिहार सामल, नाना लाल जी बोखाडा, गणेश जी ढीकोडा, गेहरी लाल जी सिंघाड़ा, रूप लाल जी जसवंतगढ़, नारायण जी मनाजीदडा, गोपी जी बोखडा, खेमराज जी, कन्हैयालाल जी सुआवतों का गुडा, शंकर जी ढीकोडा, मकना राम जी झालों का गुडा, कालू जी गणावल आदि मौजूद थे। हीर जी और नारायण जी भी आ गए, यहाँ विधिवत स्वागत-सत्कार और बातचीत हुई।

यहाँ का इतिहास बताते हुए ट्रस्ट के अध्यक्ष नेमराज जी ने बताया कि जरगा जी का जन्म हज़ार साल पहले का माना जाता है, वे गायफल गाँव के थे। वे एक मेघवाल परिवार में जन्मे जो आध्यात्मिक रूप से समृद्ध था। बचपन से मिले धार्मिक संस्कारों ने उनको ध्यान, भक्ति और साधना के मार्ग पर प्रवृत्त किया। लिखित इतिहास तो मौजूद नहीं है, पर राव-भाटों की पोथियों तथा जन श्रुतियों के अनुसार उन्होंने अरावली पर्वत शृंखला के इस 1431 मीटर ऊँचे पहाड़ को अपनी साधना-स्थली बनाया। जूना स्थान उनकी तपोभूमि है जहाँ उनका धूणा है जबकि नया स्थान उनका समाधि स्थल है, दोनों तरफ़ पहले मेघवाल समुदाय के लोग ही सारा प्रबंधन देखते थे, सभी प्रकार के कार्यक्रम भी उनके ही हाथों सम्पादित होते थे लेकिन जैसे-जैसे जातिगत भेदभाव और कटुता

बढ़ी, जातीय गर्व-गौरव का भाव आया और लाभ-हानि का गणित लोगों को समझ आया, तो अन्य जातियों ने अपना हस्तक्षेप बढ़ाया और कई बार विवाद पैदा किये गए, लेकिन यह तो अकाट्य सत्य है कि जरगा जी दलित मेघवाल समाज में पैदा हुए और अपनी साधना के द्वारा आध्यात्मिक ऊँचाई को प्राप्त किया। हमने संत जरगा जी के बारे में मिली जानकारियों को हस्तगत किया और नए स्थान के ट्रस्ट के पदाधिकारियों को धन्यवाद देकर आगे बढ़े।

अब हम हल्दीघाटी जायेंगे, मोबाइल में कवि माधव दरक का प्रसिद्ध गीत बजा दिया गया—'मायड थारो वो पूत कठे, वो एकलिंग दीवान कठे, हल्दीघाटी में समर लड़्यो वो महाराणा प्रताप कठे' गाड़ी सरपट दौड़ी जा रही थी। हमने निश्चय किया कि दोपहर होते-होते हम वहाँ पहुँच जायेंगे। 51 किलोमीटर की ही दूरी थी लेकिन पहाड़ी रास्ते बड़े घुमावदार होते हैं और स्पीड अधिक नहीं रख सकते। इसलिए एक घंटा पहुँचने में लगा। हल्दी घाटी से पहले हम पहुँचे एक निजी संग्रहालय में जिसे अध्यापक मोहन लाल जी श्रीमाली ने अपनी ज़मीन पर अपने संसाधनों से बनवाया है, इसमें प्रवेश के लिए प्रति व्यक्ति 120 रुपये का टिकट खरीदना पड़ा। अन्दर घुसते ही महाराणा प्रताप और उनके बहादुर साथियों की आदमकद प्रतिमाएँ दिखीं, चेतक की विशाल प्रतिमा भी यहाँ है और महाराणा प्रताप और मान सिंह की मुठभेड़ की प्रतिमा भी मौजूद है। इसके बाद हम अन्दर घुसे जहाँ अस्त्र-शस्त्र और शेष बहुत सी वस्तुएँ रखी हैं। *वीर विनोद* सहित कुछ ऐतिहासिक महत्त्व की किताबें भी रखी हुई हैं, इसके बाद एक शो के लिए ऑडिटोरियम में बैठना होता है, जहाँ पर दस मिनट का वृत्त चित्र दिखाया जाता है, जिससे हल्दीघाटी के युद्ध और महाराणा प्रताप तथा उनके घोड़े चेतक के बारे में जानकारी मिल जाती है। वहाँ से निकलने पर आगे भी लाइट साउंड शो है जिनमें अलग-अलग घटनाओं की जानकारी चित्रित की जाती है। जब बाहर निकलते हैं तो एक कृत्रिम झील और मेवाड़ी जन-जीवन की झाँकियाँ आप देख सकते हैं, यहाँ पैसा देकर नौका विहार और दाल बाटी के भोजन का भी आनंद लिया जा सकता है। हमने यहाँ से सिर्फ़ कुछ किताबें खरीदीं जो एक जूते के स्टोर में पाई गई थीं।

इस निजी म्यूज़ियम से बाहर आने पर सामने चेतक की समाधि है, जहाँ उस ज़माने की एक छतरी बनी हुई है, पास में ही एक शिव मन्दिर है। कहा जाता है कि महाराणा प्रताप का स्वामिभक्त घोड़ा चेतक जब युद्ध भूमि में घायल हो

गया, मान सिंह के हाथी की सूँड में लगी तलवार से उसका पैर कट गया लेकिन घोड़े ने महाराणा को सुरक्षित युद्ध भूमि से निकाल कर नाला पार किया और यहाँ आकर गिर गया तथा प्राण त्याग दिए। उसकी याद में यह स्थल बना हुआ है, सामने की पहाड़ी पर चेतक स्मारक है, उस पर जाने से पहले हमने चाय पीना उचित समझा। हम जिस चाय की थड़ी पर पहुँचे, उसका मालिक ज़ोर-ज़ोर से बोल रहा था—'बिना पानी की चाय, बिना पानी की चाय'...सुनकर थोड़ा अजीब लगा तो उसी के यहाँ चले गए। पूछने पर बताया कि उसका नाम लोकेश पालीवाल है और दूध में बिना पानी मिलाये बढ़िया चाय देता है। हमने तीन चाय ऑर्डर कीं और उससे बातें करने लगे। लोकेश पालीवाल काफ़ी बातूनी आदमी था और जातीय गर्व से दम्भित भी, बोला—"हम पालीवाल ब्राह्मण और राजपूत ही यहाँ सब कुछ हैं, बाकी तो बस यूँ ही हैं।"

तभी मेरी नज़र सामने की इमारत पर गई। मैंने पालीवाल से पूछा कि यह कौन-सा भवन है? वह बोला—"यह सरकारी म्यूज़ियम है, जिसका उद्घाटन 1976 में प्रधानमंत्री इंदिरा गाँधी ने किया था, लेकिन अब यह खुलता ही नहीं है। शायद यह पर्यटन विभाग के अधीन आता है, जिसकी कोई रुचि नहीं है कि इसको चलाया जाये।" मैंने बंद पड़े इस सरकारी संग्रहालय की चारदीवारी के गेट तक जाकर देखा, अच्छी-भली बिल्डिंग थी, अन्दर ऐतिहासिक सामग्री भी होगी ही, फिर भी इसे बंद किया जा चुका है, इस वजह से ही लोग निजी संग्रहालय में पैसे देकर जाने को मजबूर होते होंगे। मन विषाद में आ गया, जल्दी से चाय पी और चेतक स्मारक पर गाड़ी लेकर चले गए। चेतक पर सवार महाराणा की प्रतिमा देखी, कड़ी धूप थी, जल्दी ही लौटना पड़ा।

सड़क पर चलते हुए रणमुक्तेश्वर महादेव के पास प्रताप गुफ़ा है। कहा जाता है कि यह सुरंग बहुत लम्बी है और दूर तक जाती है। सच्चाई कहने वाले भी नहीं जानते, इतना ज़रूर सच है कि इस गुफ़ा में युद्ध के दौरान महाराणा प्रताप और उनके सैन्य अधिकारी बैठकर युद्ध की रणनीति बनाते थे, इसलिए इसे प्रताप गुफ़ा के नाम से जाना जाता है। यहाँ एक साधू 'भोले शंभू भोले शंभू' बोलता जाता और सफ़ाई करता। पानी की बाल्टियाँ उड़ेलते हुए बीट करने वाले पक्षियों को कोसता जा रहा था। साधुता स्वभाव में नज़र नहीं आई, पक्षियों को क्या कोसना? उनके लिए तो सारी धरती उनका घर है, वे जब चाहें, जहाँ चाहें बीट कर सकते हैं, उनके लिए कौन से स्वच्छ भारत अभियान के शौचालय बने

हैं कि वे उसमें जाकर निवृत्त होंगे, पर साधू महाराज पक्षियों से तंग आ चुके लगे। यहाँ पर एक झरना बहता है और गुफ़ा की बनावट और पहाड़ का पत्थर मायरा की गुफ़ा जैसा ही है।

कुछ ही दूरी पर बहुप्रतीक्षित हल्दीघाटी आ गई। वाकई इस घाटी की माटी का रंग हल्दी जैसा पीला है, संकरी घाटी है। बादशाही फ़ौज जब इसमें घुसी तो महाराणा प्रताप के गुरिल्ले सैनिकों ने उसे कई किलोमीटर पीछे भागने को मजबूर कर दिया था। इतिहास की किताबों में दर्ज है कि हल्दीघाटी का युद्ध 18 जून 1576 को हुआ था, यह युद्ध मेवाड़ के महाराणा प्रताप और बादशाह अकबर के सेनापति आमेर के राजा मानसिंह की सेनाओं के बीच हुआ था। हालाँकि यह युद्ध अनिर्णीत रहा, इसमें न तो महाराणा हारे और न अकबर की सेना जीत पाई। अकबर सन् 1541 से ही चित्तौड़गढ़ पर हमलावर हो गया, तब महाराणा प्रताप के पिता उदय सिंह मेवाड़ के शासक थे। उदयसिंह ने अकबर की अधीनता स्वीकारने से मना कर दिया, जबकि अधिकांश राजा–महाराजा अकबर के दरबार में हाज़िरी देने पहुँच चुके थे।

महाराणा उदयसिंह ने चित्तौड़गढ़ छोड़ दिया और अरावली के घने जंगलों में चले गए, वहाँ उन्होंने उदयपुर बसाया और उसे मेवाड़ की नई राजधानी बनाया, लेकिन वे अधिक वर्ष नहीं जिये। बाद में महाराणा प्रताप ने मेवाड़ का शासन सँभाला और उनकी लड़ाई भी अकबर से रही। हालाँकि हल्दीघाटी के युद्ध में अकबर खुद नहीं आया था, यह कोई धर्म युद्ध नहीं था, अकबर की सेना साम्राज्य विस्तार के लिए लड़ रही थी तो महाराणा प्रताप मेवाड़ की आज़ादी के लिए। दोनों तरफ़ की सेनाओं में हर प्रकार के लोग थे। अकबर के शाही दरबार में टोडरमल, तानसेन और बीरबल सहित कई हिन्दू नवरत्न थे और सेना में बहुत सारे हिन्दू राजा थे। ऐसे ही एक हिन्दू राजपूत राजा मानसिंह प्रथम ने हल्दीघाटी के युद्ध में अकबर की सेना का नेतृत्व किया था, दूसरी तरफ़ महाराणा प्रताप की फ़ौज में राणा पूंजा के नेतृत्व में बड़ी संख्या में भील गणवीर थे तो हकीम खां सूरी के सेनापतित्व में पठान सैनिक भी थे, यह सांप्रदायिक युद्ध तो बिलकुल भी नहीं था।

इस युद्ध में अकबर की सेना को बहुत नुकसान उठाना पड़ा, जब शाही फ़ौज हल्दीघाटी की तरफ़ बढ़ी तो महाराणा के जांबाज़ सैनिकों ने उसे खमनोर के पास मैदान तक धकेल दिया, जहाँ पर भयानक युद्ध हुआ। हमने हल्दीघाटी

की माटी को नमन किया, कुछ मिट्टी साथ ले ली, यहाँ लगे एक बोर्ड पर लिखे इतिहास का फ़ोटो उतारा, अरावली पर्वत का यह हल्दीघाटी दर्रा काफ़ी संकरा है, ज़्यादा देर रुकना संभव नहीं है, गाड़ियाँ तेज़ी से यहाँ से निकलती हैं, दुर्घटना का खतरा बना रहता है, इसलिए जल्दी निकले और शाही बाग पहुँचे, जहाँ अकबर की सेना का पड़ाव था। शाही बाग अब संरक्षित स्थल है। इस बाग के सामने गुलाब अर्क के उत्पादन की बहुत सी दुकानें हैं, पारम्परिक रूप से गुलाब इत्र बनाने की मटकियाँ और ताम्बे के पुराने पात्र अभी भी सजा कर रखे हुए हैं, यहाँ पर यह सिर्फ़ दिखावे के लिए हैं प्रोडक्शन कहीं और होता होगा। बादशाही बाग की पट्टिकाओं को ही लोग उखाड़ ले गए हैं, यह बाग सन् 2004 में बनाया गया है, यहाँ युद्ध नहीं हुआ था, सिर्फ़ अकबर की फ़ौज ने आराम किया था। बाग में आगे जाने पर रुपण माता का मन्दिर भी है। एक बुज़ुर्ग ने यहाँ की कहानी सुनाई, जिसका कोई सिर था न पैर। पर सुननी पड़ी और उसे कुछ पैसे भी शिष्टतावश देने पड़े।

हमारा अगला पड़ाव रक्त तलाई था जो कि युद्ध की वास्तविक भूमि है, वहाँ पहुँचने के लिए खमनोर कस्बे से गुज़रना पड़ता है। यह राजसमन्द ज़िले का एक ब्लॉक मुख्यालय है, करीब बीस साल पहले एक ग्राम पंचायत झालों की मदार की सोशल ऑडिट के वक्त यहाँ आना हुआ था। आज फिर खमनोर पहुँच गए। कस्बे के उत्तरी-पश्चिमी छोर पर पहुँचने पर रक्त तलाई आ गई। दोपहर ढल चुकी थी, यहाँ से भी जल्दी निकलना है क्योंकि आज का रात्रि विश्राम रणकपुर में प्रस्तावित है जो यहाँ से काफ़ी दूर दूसरे ज़िले में मौजूद है।

हम अन्दर घुसे ही थे कि एक प्रौढ़ आदमी हमारे पास आ गया। हमारे पूछने से पहले ही उसने अपना परिचय दे डाला कि वह मोहम्मद खान गाइड है। लोग उसे गाइड खान के नाम से पुकारते हैं, वह रक्त तलाई में स्थित हकीम खां सूर की मज़ार का मुजाविर भी है। खिदमत के साथ-साथ यहाँ आने वाले पर्यटकों को यहाँ के इतिहास की जानकारी भी दे देता है। यह काम गाइड खान स्वप्रेरणा से करते हैं, उनको इसके लिए सरकारी स्तर पर कोई भुगतान नहीं किया जाता है, अगर कोई पर्यटक अपनी इच्छा से कुछ देना चाहे तो दे सकता है। यही गाइड खान का मेहनताना है, नहीं देने पर भी वह अपना काम उसी उत्साह से करते रहते हैं। हमें गाइड खान से मिलकर अच्छा लगा।

गाइड खान ने बताया कि हकीम खां सूर जो कि महाराणा प्रताप की सेना

के बहादुर पठान सेनापति थे, उनका सिर हल्दीघाटी में ही कट गया लेकिन उनका धड़ रक्त तलाई तक घोड़े के ज़रिये या किसी तरह पहुँच गया और यहाँ आकर गिरा, इसलिए उनकी मज़ारें दो जगह पर हैं, एक हल्दीघाटी क्रॉस करते ही और दूसरी रक्त तलाई में। महाराणा प्रताप जब दुश्मन की फ़ौज से घिर गए तो उनका मुकुट अपने सिर पर धारण करके युद्ध लड़ते हुए शहीद होने वाले और महाराणा प्रताप के प्राणों की रक्षा हेतु आत्मोत्सर्ग करने वाले झाला सरदार मन्ना की शहादत भी इसी जगह हुई थी, यहीं पर चेतक को चोट लगी और उसका पैर कटा, यहीं पर रामशाह और उनके तीन पुत्रों का बलिदान हुआ। इसके अलावा बड़ी संख्या में सैनिक दोनों तरफ़ से मारे गए। यह मैदान लाशों से पट गया और फिर बारिश हुई, जिससे खून बह कर एक तालाब की तरह इकट्ठा हो गया, तभी से यह मैदान रक्त तलाई के नाम से मशहूर हो गया।

हमने हकीम खां सूर और मालवा के राम शाह और उनके पुत्रों के समाधि स्थल देखे, अन्य स्थानों पर भी गए, गाइड खान हमारे साथ रहे, उनकी इजाज़त से उनका एक वीडियो भी बना लिया, साथ में फ़ोटो लिए और उनको शुक्रिया कह कर मोलेला की राह ली।

बनास नदी पार करके हम मोलेला पहुँच गए, जहाँ की मृण मूर्तियाँ आजकल बहुत प्रसिद्ध हैं। राजस्थान ही नहीं बल्कि गुजरात तक के आदिवासी हर छह महीने में यहाँ से मूर्तियाँ ले जाते हैं, अब तो यह कला देश-विदेश तक विख्यात है। लोग यहाँ आकर मूर्तियाँ बनाना सीखते हैं और यहाँ के कलाकार भी विदेशी विश्वविद्यालयों में जाकर मिट्टी की मूर्तियाँ बनाने की कला का प्रशिक्षण विद्यार्थियों को देते हैं।

गाँव में घुसते ही आपको इस गाँव के घर-घर में मौजूद मूर्ति कला की झलक दिखाई देने लगती है। हमने जहाँ-जहाँ भी गाड़ी धीमी की, हमें ग्राहक जानकर हमारे स्वागत के लिए मूर्तिकार या उनके परिजन आगे आये, लेकिन अंततः हम एक ऐसी जगह रुके जो राष्ट्रपति पदक विजेता नामचीन मूर्ति कलाकार हैं—जमना लाल जी कुम्हार। उनके द्वारा बनाई गईं मूर्तियों के शिल्प और सौन्दर्य को देखकर हम मन्त्रमुग्ध हुए बिना नहीं रहे। अभी तक जमना लाल जी का बेटा हमको दिखा रहा था, अब वे स्वयं आ गए हैं। दुआ-सलाम हुई, उन्होंने चाय के लिए पूछा। हमने अपना परिचय दिया और अरावली के सफ़र के बारे में बताया। वे जानकर खुश हुए, उन्होंने मूर्तियों के लिए तालाब से

मिट्टी लाने और उस मिट्टी को तैयार करने, मूर्तियाँ बनाने और उस पर रंग-रोगन करने की पूरी प्रक्रिया से अवगत करवाया, फिर बोले—"मोलेला में 17 पीढ़ी से टेराकोटा कला का प्रचलन है, हमारे पुरखे भी यही करते थे और हम भी, हमारी भावी पीढ़ियाँ भी इस कला को जीवंत बनाये रखेंगी, ऐसी उम्मीद है।"

जमना लाल जी कुम्हार कई देशों की यात्राएँ कर चुके हैं। वे भारत सहित विश्व के अलग-अलग देशों की यूनिवर्सिटीज़ में मड वर्कशॉप करते हैं और लोगों को मिट्टी के साथ एकात्म होकर उससे मूर्तियाँ बनाने हेतु तैयार करते हैं। वे कहते हैं कि मूर्ति तो मिट्टी में मौजूद है, उसे आकार देना है और यही कला है, इसके लिए माटी और मूर्तिकार का मन एक होना चाहिए।

जमना लाल जी ने बताया कि मोलेला में खेड़ा खूंट माताजी का मन्दिर है, वहाँ की प्रतिमाएँ भी यहीं बनी हैं, यहाँ की मिट्टी में विशेषता है, यह अन्य जगह की मिट्टी से नहीं बन सकती, इसलिए यह कला इसी गाँव में पनपी और फिर पीढ़ी-दर-पीढ़ी आगे बढ़ती गई। हम सबसे पहले मिट्टी को निमंत्रण देते हैं, उसकी पूजा करते हैं, उसका आह्वान करते हैं और फिर दूसरे दिन उस मिट्टी को लाकर गलाते हैं। उसमें सारी आवश्यक सामग्री डाली जाती है, फिर मूर्तियाँ बनाई जाती हैं, अधिकांश प्रतिमाएँ कच्ची रहती हैं, उनको आग में नहीं पकाया जाता है। मूर्तियों का रंग संयोजन भी मूर्ति किसकी है, इसके आधार पर होता है।

आश्चर्यजनक तथ्य यह भी है कि मोलेला के टेराकोटा आर्ट के विकास में लोकदेवता देवनारायण की मूर्तियों का बड़ा योगदान है। सबसे पहले उनकी प्रतिमाएँ बनने लगीं, उसके बाद माता जी और भैरू जी तथा अन्य लोक देवताओं की मूर्तियाँ आईं, अब तो शिव, गणेश समेत विभिन्न देवी-देवताओं और और भी कई प्रकार के मिट्टी के पात्र व अन्य चीज़ें बनाई जाने लगी हैं और उनको पकाया भी जाने लगा है। रंग-रोगन भी किया जाने लगा है। फिर भी इन मूर्तियों से पर्यावरण को कोई नुकसान नहीं पहुँचे, यह पहली सावधानी है। इस तरह मोलेला की मूर्तियाँ पूर्णतः ईको फ्रेंडली बनें और रहें, यह प्रयास रहता है। जिन-जिन इलाकों से यहाँ आदिवासी आते हैं, उन गाँवों का यहाँ जजमानी सिस्टम है, पूरा गाँव मूर्तियाँ लेने आता है, एक रात मूर्तिकार के घर वे ठहरते हैं, उनकी मेज़बानी मूर्तिकार करते हैं और दूसरे दिन गाजे-बाजे के साथ मूर्तियाँ ले जाई जाती हैं, जिनको स्थापित होने तक ज़मीन पर नहीं रखा जाता। हर साल ऐसा दो बार होता है, शायद इसका जुड़ाव हर नई फ़सल से है! जजमानी प्रथा

में पहले तो मूर्तियों के बदले अनाज ही दिया जाता था, नकदी का चलन तो बहुत नया है, हर गाँव का अपना कुम्हार होता है, वे अपने कलाकार के पास ही जाते हैं।

मोलेला का प्रवास हर दृष्टि से अच्छा था, यहाँ मिट्टी, मूर्तिकार, भक्त और भगवान के सहज, सामान्य रिश्तों को समझने में मदद मिली। प्रकृति केन्द्रित मानव जीवन और सहअस्तित्व को समझना है तो मोलेला के टेराकोटा आर्ट वर्क से समझा जा सकता है, जहाँ मिट्टी का पूजन और आमंत्रण किया जाता है, मूर्ति बनने की प्रक्रिया और मूर्ति ले जाने हेतु सम्पूर्ण गाँव खेड़े का आना और एक उत्सवधर्मिता के साथ मूर्तियाँ ले जाना, यह सब वह निश्छल अध्यात्म है, जिसकी ज़रूरत आज सर्वाधिक है।

हमने जमना लाल जी कुम्हार से इजाज़त ली। उनको धन्यवाद दिया और चल पड़े, हमें रात होने से पहले कुछ जगहों पर पहुँचना ज़रूरी था। मोलेला से उसरवास, झालों की मदार, समीचा, ओलादर, रिछेड़ होकर चारभुजा पहुँचे। रिछेड़ में अर्ज़ीनवीस मोहन जी के यहाँ चाय पी और अंततः चारभुजा चौराहा पर स्थित जैन धर्मशाला के शरणागत हुए, जहाँ नारायण जी नारलाई ने कमरे बुक कर रखे थे। दिन ढल चुका था, आज का सफ़र खूब थकाने वाला रहा, शरीर निढाल होना चाहता था, पर यहाँ सात बजे से पहले खाना खा लेना होता है, इसलिए हाथ-पाँव धोकर जल्दी से भोजनशाला में घुस गए, खा कर थोड़ा टहले और सो गए।

पन्द्रहवाँ दिन

मूँछों वाले महावीर जी

हर दिन की तरह आज भी जल्दी जागे, ताकि ज़्यादा-से-ज़्यादा इलाका कवर हो सके। आज यात्रा में ललित, हीर जी और मेरे अलावा नारायण जी तथा देसूरी से पत्रकार मित्र प्रमोदपाल सिंह जी साथ चलने वाले हैं। नारायण जी तो चारभुजा से ही साथ होंगे, प्रमोदपाल जी आगे जुड़ जायेंगे।

आज का पहला मनमोहक नज़ारा है देसूरी की नाल (मार्ग)। यह कालांतर में बंजारा व्यापारियों का नमक मार्ग था। अरावली के घने वन से पैदल उनका कारवां गुज़रता था, नाल सुरक्षित पार होने पर वे चरण (पगल्या) पूजन करते थे, इसलिए इसे पगल्या जी की नाल भी कहा जाता है। हम लोगों ने सुबह-सुबह पगल्या जी के स्थान पर पहुँच कर प्रकृति की अभ्यर्थना की, यहाँ रामदेव पीर का स्थान बना हुआ है। मानावतों के गुडा के सोहन जी यहाँ पूजा-पाठ करते हैं। उन्होंने खड़े होकर प्राचीन मार्ग दिखाया जो अब भी साफ़ दिखता है। चूँकि अब सड़क बन गई है, इसलिए यह मार्ग प्रचलन में नहीं है। इस विकट मार्ग पर एक कुआँ और बरगद का पेड़ आज भी खड़ा है।

फिर सड़क मार्ग से देसूरी की तरफ़ चले, यह नाल काफ़ी आवागमन वाली है, बारिश में दुर्गम हो जाती है तो दुर्घटना में विकराल, जैव विविधता तो खूब है, एकदम अकाल के वक्त भी यहाँ हरियाली रहती है, बन्दर तो यहाँ की सड़क के शाश्वत निवासी हैं ही, भालू, रीछ, सियार, पैंथर तक आ टपकते हैं, इसलिए रात में अकेले निकलने की मनाही रहती है। नाल के शुरुआती हिस्से में विकट मोड़ हैं, आगे जाने पर एक मन्दिर बना हुआ है, उससे कुछ मीटर की दूरी पर दुर्घटना प्रभावित क्षेत्र हैं, यहाँ मोबाइल नेटवर्क सिरे से गायब हो जाता है, गाड़ी सावधानी से हाँकनी होती है और हॉर्न बजाना तथा वन्य जीवों को

खाद्य सामग्री डालने की मनाही है, हालाँकि उसके बावजूद भी वे ऐसा करने से नहीं चूकते।

देसूरी में प्रवेश से पहले ही वृन्दावन होटल पर पत्रकार मित्र और देसूरी प्रेस क्लब के अध्यक्ष प्रमोदपाल सिंह जी और उनके साथ अन्य पत्रकार साथी मिल गए। स्वागत-सत्कार के बाद एक प्रेस कॉन्फ्रेंस हुई जिसमें अरावली यात्रा के उद्देश्यों और अब तक की गई यात्रा के अनुभवों पर चर्चा हुई। नाश्ता किया गया और प्रमोदपाल जी को साथ लेकर देसूरी में पाली मार्ग पर संचालित हो रही सावित्रीबाई फुले लाइब्रेरी पहुँचे, वहाँ अम्बेडकर विचारों को फैलाने में लगे टेका राम जी, नवरतन जी और शैलेन्द्र मोसलपुरिया जी से मुलाकात हुई। हमने किताबों का अवलोकन किया और सभा भवन में लगे बहुजन महापुरुषों के चित्रों को देखा महान स्त्रियों के, उन पर लिखे संदेशों को पढ़ा और उनके कार्यों की सराहना करते हुए धन्यवाद दे कर आगे की राह ली, हमें तीन जगहें देखनी हैं।

सबसे पहले हम नाडोल पहुँचे, यहाँ बाल तपस्विनी अणसी बाई की तपोभूमि के दीदार किये। उनके भतीजे हरीदास जी से मिले, फिर चौहानवंश की कुलदेवी आशापुरा माता मन्दिर गए। आशापुरा माता और चौहान वंश का इस अरावली के मगरा क्षेत्र से रिश्ता अवगुंठित है, इसलिए यहाँ का इतिहास जानना ज़रूरी था।

नाडोल के आशापुरा माता धाम से प्राप्त जानकारी से जो समझ आया, वह मैंने अपनी डायरी में कुछ इस तरह लिखा—'राजस्थान के पाली ज़िले के प्राचीन नगर नाडोल में यह मन्दिर स्थित है, वैसे तो चौहान वंश की कुलदेवी के रूप के सांभर की शाकंभरी देवी का नाम आता है। लेकिन आशापुरा माँ का चौहान वंश से जुड़ाव अब सर्वाधिक दिखलाई पड़ता है। इसके पीछे का इतिहास यह बताया जाता है कि सन् 944 में सांभर पर सिंहराज सत्तासीन थे, तब उनके छोटे भाई लक्ष्मण राज उनसे अलग होकर दक्षिण राजस्थान की तरफ़ चले गए और उन्होंने वहाँ नाडोल में अपना राज क़ायम किया था। बाद में उनके वंशज यहाँ राज्य करते रहे। नाडोल के शासक लक्ष्मणराज ने आशापुरा माता का मन्दिर अपनी कुलदेवी के रूप में निर्मित करवाया, वह चौहान वंश से थे और सांभर से उनका ताल्लुक़ था।

कालांतर में नाडोल पर गुजरात के चालुक्य शासक भीमदेव प्रथम ने

हमला किया। उसके बाद मुहम्मद गजनवी ने अन्हिलवाड़ा जाते वक्त नाडोल पर हमला करके उसे लूटा। यह सन् 1024 की बात रही होगी। तराईन के दूसरे युद्ध के समय (सन् 1193) में क़ुतुबुद्दीन ऐबक ने नाडोल पर हमला करके उसे दिल्ली सल्तनत का हिस्सा बना लिया था। बार-बार के हमलों और लूट तथा समृद्ध मन्दिरों को निशाना बनाए जाने से नाडोल का प्राचीन वैभव इतिहास में दफ़न हो गया, लेकिन आशापुरा माँ का धाम चौहान वंश के लिए पूरे देश में समान रूप से आज भी समादृत है।

नाडोल तक का रास्ता अच्छा था। हम नारायण जी और प्रमोदपाल जी के पैतृक गाँव नारलाई जा पहुँचे। पूर्व आयुर्वेद राज्य मंत्री अचलाराम जी का भी यह जन्मस्थल है। रावला नारलाई सुप्रसिद्ध हेरिटेज होटल है, जहाँ दूर-दूर से लोग आकर ठहरते हैं, फ़िल्मों की शूटिंग होती है। फ़िल्म कलाकार यहाँ रुकते हैं। यहाँ का जैकल पर्वत ऐसा लगता है जैसे कोई हाथी बैठा हुआ हो, इसकी सीढ़ियों पर चढ़ कर इसके शीर्ष तक जाना कष्ट साध्य काम है, जिसे मैं एक बार कर चुका हूँ। नारायण जी बोले कि इस पर्वत के बारे में एक दोहा प्रसिद्ध है—'जैकल ने जरगा बिच, धरणी बिस्वाबीस-भेंटन वाला भेन्टसी जैकल ने जगदीश' (जैकल पर्वत और जरगा पर्वत के मध्य आध्यात्मिक रूप से धरती पूरी समृद्ध और उपजाऊ है, जो प्रयास करेगा। वह ईश्वर से भेंट कर लेगा।)। इस गाँव के चौराहे पर एक ख्यातनाम जैन मन्दिर है जो सफ़ेद संगमरमर से निर्मित है। इन दिनों यहाँ भी जीर्णोद्धार चल रहा है, इसलिए जल्दी-जल्दी मन्दिर गए, देखा और बाहर आ गए। ललितेश जी मोबारसा के घर चाय पी और करणवा होते हुए ढालोप की तरफ़ चले। सूरजकुंड से निकली नदी जिसे सूर्य नदी कहते हैं, उसे पार किया। करणवा लेखक और प्रसिद्ध समाजसेवी डॉ. एमएल परिहार की जन्मस्थली है। इस गाँव में ब्रह्मभट्ट नामक जादूगर का मैं जादू भी देख चुका हूँ। उन्होंने खेतलाजी नई धाम की यात्रा करवाई थी। इस बार हम जूनी धाम जायेंगे जहाँ पर रतन जणवा जी हमारी प्रतीक्षा कर रहे थे। सोनाणा खेतलाजी के बारे में जानकारी देते हुए प्रमोदपाल सिंह जी ने बताया कि जूनी धाम में बारी-बारी से हर जाति के लोग ट्रस्ट के अध्यक्ष बनते हैं, अच्छी व्यवस्थाएँ हैं।

अरावली की घनी गोद में स्थित सोनाणा खेतलाजी (क्षेत्रपाल जी) मन्दिर का इतिहास डॉक्टर विक्रम सिंह गुंदोज लिखित पुस्तिका में इस प्रकार है—

''सोनाणा खेतलाजी को क्षेत्रपाल के नाम से भी जाना जाता है। क्षेत्र के रक्षक के रूप में खेतलाजी महाराज प्रसिद्ध हैं। भैरव के दो रूप हैं— काला भैरूँजी और गोरा भैरूँ जी। चामुण्डा को इनकी माताजी बताया जाता है। विक्रम संवत 1000 के पास नाडोल रियासत पर चौहानों का राज था, जो वर्तमान सोनाणा गाँव से लगभग 15 किलोमीटर दूर स्थित है। अल्हण और कल्हण दो भाई थे। नाडोलाधिपति ने अपने छोटे भाई को बारह गाँव जागीर में दिये, उसमें सोनाणा भी था, लेकिन कालांतर में वह बाढ़ अथवा अन्य प्राकृतिक प्रकोप से नष्ट हो गया। बाद में गाँव पुनः बसा लेकिन सोनाणा के तीन गाँव हो गये। शोभावास, सारंगवास एवं सोनाणा, लेकिन क्षेत्रपाल का प्राचीन मन्दिर सोनाणा में मौजूद रहा। सोनाणा की पुरानी पहाड़ी के नीचे खुदाई में जैन मूर्तियों के अवशेष भी मिलते हैं। इन्हें आना गाँव के जैन मन्दिर में रखा गया है।

मान्यता है कि गाँवों की सरहद की रक्षा का काम क्षेत्रपाल के रूप में खेतला जी करते हैं, इसलिए गाँवों की सरहद को श्री सोनाणा क्षेत्रपाल की सरहद भी माना जाता है और उनकी जूनी और नया धाम निर्मित हुआ। कालांतर में यहाँ ट्रस्ट की स्थापना की गई, जिसका कार्य मन्दिर की देख-रेख, यात्रियों की सुविधा का ध्यान रखना एवं विकास कार्य करवाना रहा। ऐसी मान्यता है कि खेतलाजी की सरहद वाले गाँवों में जो कुँवारी बालिका प्रवेश करती है, तो उसे विवाह के पश्चात् 'जात' देने के लिए मन्दिर पर आना होता है। खेतलाजी महाराज वरदान के रूप में संतान देने के लिए भी विशेष रूप से प्रसिद्ध हैं। हर वर्ष चैत्र की अमावस्या को विशाल भजन संध्या एवं चैत्र सुदी एकम को विशाल वरघोड़े (शोभायात्रा) एवं मेले का आयोजन होता है, जिसमें तरह-तरह के प्रसिद्ध राजस्थानी 'गैर नृत्य' होते हैं। मेला वर्ष-प्रतिवर्ष विशाल से विशालतम होता जा रहा है। इसका श्रेय यहाँ के लोग ट्रस्ट कमेटी को देते हैं। आध्यात्मिक कथानकों के मुताबिक़ भैरव बाबा जिन्हें खेतलाजी के नाम से जानते हैं, शिव के पाँचवें रुद्र हैं। क्षेत्र की रक्षा करने से इन्हें क्षेत्रपाल एवं

कुल रक्षक होने की वजह से कुलदेवता कहा जाता है। लोग भैरव बाबा को भैरूँजी, क्षेत्रपाल जी, खेतलाजी, खेतरपालजी आदि नामों से भी सम्बोधित करते हैं।

इस बीच हम काणा पीर हसन वाली शहीद की मजार पर पहुँचे। यहाँ के खादिम और दरगाह कमेटी के सदस्य सेवानिवृत्त शिक्षक नवाब बेग से हमारी मुलाकात हुई। उन्होंने शहीद हसन वली बाबा के बारे में बताया। उनके अनुसार जोधपुर के महाराजा उम्मेद सिंह ने यह मज़ार बनवाई थी। यहाँ बरगद का बड़ा पेड़ है। हालाँकि मज़ार बहुत पुरानी है, पर उर्स सन् 1979 से चालू हुआ। बिना रुकावट विगत 55 सालों से यह मेला यहाँ लग रहा है।

हिन्दू-मुस्लिम समुदाय के मध्य पसरे नफ़रत के इस अन्धकार भरे दौर में इस दरगाह पर आकर आप साझी संस्कृति का अहसास कर सकते हैं। नवाब बेग बताते हैं कि हसन वली की दरगाह का गुम्बद ग्यारह लाख रुपये लगा कर अनिल लोढ़ा ने बनवाया है और यहाँ लगे 350 पेड़ किशोर खिमावत ट्रस्ट ने लगवाये हैं, यहाँ हर साल 21 मई को मेला (उर्स) भरता है, इसके लिए 25 गुणा 40 मीटर का बड़ा स्टेज बनवाया गया है। हिन्दू और मुसलमान तथा जैन सभी बाबा की दरगाह पर आते हैं।

रघुनाथ पीर की धूणी

राव प्रभुदान जी की पोथी के मुताबिक इस धूणी की स्थापना 850 साल पहले विक्रम संवत 1248 में हुई थी। यह स्थान ढालोप गाँव के पश्चिमी किनारे पर स्थित है। किंवदन्ती है कि राघू पीर नामक मेघवाल संत जो बुनकरी का काम करते थे और दिन में निर्माण मज़दूरी किया करते थे, उनके बारे में सामंतों को पता चला तो इसे वर्ण व्यवस्था का विघटन मानते हुए उनकी पेशी की गई। उनको कहा गया कि दुर्जन सिंह मेड़तिया के सामने हाज़िरी दें। जिस वक्त सामंत का हरकारा यह सन्देश देने आया राघू पीर एक दीवार बना रहे थे। यहाँ दीवार को चांदा कहा जाता है, वे चांदे पर बैठकर चल दिये। हालाँकि यह अविश्वसनीय बात लगती है कि कैसे कोई दीवार ऐसे चल सकती है, पर लोक मान्यता तो यही है कि आज जहाँ यह प्राचीन दीवार खड़ी है, वहाँ तक चल कर ही गई है। उस पर संत राघू पीर ऐसे बैठे थे, जैसे वह घोड़े पर सवार हों। यह देखकर सामंत को अपनी गलती का अहसास हुआ और उसने माना कि राघू

पीर एक सिद्ध व्यक्ति है। इसके बाद से उन्हें रघुनाथ पीर कहा जाने लगा और उनकी रथ पर शोभायात्रा निकाली जाने लगी। पुराना रथ आज भी यहाँ रखा हुआ है, रघुनाथ पीर की समाधि और उनके आराध्य अलख जी का स्थान भी यहाँ मौजूद है।

हमें बालक नाथ जी से मुलाकात का अवसर मिला। वे नशा मुक्ति की बात करते हैं, अंध विश्वास के विरोधी हैं, उन्होंने बहुत सी बातें बताईं। उनके पास इस स्थान और जरगाजी के बारे में ऐतिहासिक तथ्य व किताबें उपलब्ध हैं। वे प्राचीन पोथियाँ उठा लाये, काफ़ी देर बात होती रही, तब तक उन्होंने भोजन बनवा दिया। दोपहर हो चुकी थी, हमने अन्न ग्रहण किया और ढालोप रघुनाथ पीर मन्दिर के वर्तमान गादीपति बालक नाथ जी से आज्ञा ली ताकि आगे बढ़ सकें। यहाँ से मुछाला महावीरजी पहुँचे, जहाँ ओशो रजनीश ने कई ध्यान शिविर आयोजित किये थे। यहाँ महावीर स्वामी की मूर्ति मूँछों वाली है, ऐसा लोगों ने बताया था। मुझे उम्मीद थी कि उनकी बड़ी-बड़ी मारवाड़ी मूँछें होंगी; मूर्ति ज़रूर दूसरी प्रतिमाओं से भिन्न थी लेकिन बड़ी मूँछों वाली तो नहीं थी।

अब घानेराव का कीर्ति स्तम्भ देखना था और वहाँ से रणकपुर जैन मन्दिर जाना था। हमने घानेराव में महज़ आधा घंटा बिताया, कीर्ति स्तम्भ देखा और रणकपुर की तरफ़ चले। रणकपुर पहुँचने पर गाड़ी की एंट्री करवाकर हमने सबसे पहले धर्मशाला में कमरे लिए, सामान रखा, हाथ-पाँव धोये और चमड़े की बैल्ट, पर्स, कैमरा, मोबाइल आदि कमरों में ही छोड़ कर मन्दिर देखने पहुँच गए। रणकपुर का जैन मन्दिर अद्‌भुत है।

संभवतः रणकपुर जैन मन्दिर राजस्थान में ख़ूबसूरती से तराशे गए जैन मन्दिरों में से सर्वाधिक प्रसिद्ध स्थान है। बेहद भव्य तथा विशाल भी है। इसका निर्माण 15वीं शताब्दी में राणा कुंभा के शासनकाल में हुआ था। यह स्थापत्य कला का अद्वितीय नमूना है।

यह मन्दिर जो कि मन्दिर समूह ही है, इसका विस्तार लगभग 40 हज़ार वर्ग फ़ीट में है। इसके प्रवेश द्वार पर लगे शिलालेख से पता चलता है कि इसका निर्माण 50 वर्षों से अधिक समय तक चला, उस वक्त इसके निर्माण पर क़रीब 99 लाख रुपए का खर्च हुआ, जो कि उस समय के मुताबिक़ बहुत ज़्यादा ही रहा होगा।

मन्दिर में चार कलात्मक प्रवेश द्वार हैं। मन्दिर के मुख्य गृह में तीर्थंकर

आदिनाथ की संगमरमर से बनी चार विशाल मूर्तियाँ हैं। ये मूतियाँ चार अलग दिशाओं की ओर उन्मुख हैं। इसी कारण इसे चतुर्मुख मन्दिर कहा जाता है। इसमें सैकड़ों कलात्मक खम्भे हैं। बताते हैं कि इन स्तंभों की संख्या 1444 है, मेरे लिए गिन पाना संभव नहीं था। बस जिधर देखो उधर कलात्मक स्तम्भ ही स्तंभ, तीर्थंकरों की प्रतिमाएँ और विशाल हाथी भी। इसके निर्माण में यह सावधानी बरती गई कि कोई भी स्तम्भ मुख्य मन्दिर के गर्भगृह में स्थित प्रतिमा को देखने में अवरोध न बने।

मन्दिर स्तम्भों पर सुंदर और सूक्ष्म नक़्क़ाशी की गई है। इसके अलावा मन्दिर में 76 छोटे गुम्बदनुमा पवित्र स्थान, चार बड़े प्रार्थना कक्ष तथा चार बड़े पूजन स्थल भी हैं। यहाँ संगमरमर पर ऋषभदेव के पदचिह्न भी हैं। इस दो मंज़िला मन्दिर के निर्माताओं ने कई तहखाने भी बनाए हैं, ताकि आक्रमण होने पर इन तहखानों में मूर्तियों को सुरक्षित छिपाया जा सके।

लगभग एक घंटा मन्दिर में गुज़ारा, अंततः सूर्यास्त से पहले भोजनशाला में पहुँचे। खाने के कूपन खरीदे, आज यहाँ हलवा, मूँग दाल, रोटियाँ, चावल, पापड़ खाने को मिले। पंक्तिबद्ध होकर खाना लेना होता है न। जैनियों को खाने के कूपन में छूट है, अजैनियों से ज़्यादा पैसा लेते हैं, मगर खाना सबके लिए एक जैसा है और सबको खाने देते हैं, यहाँ कोई भेदभाव नज़र नहीं आया। खाना बिना तेल, मिर्च, लहसन, प्याज के भी बहुत स्वादिष्ट था। मन्दिर और धर्मशाला की अच्छी व्यवस्थाएँ थीं। मैनेजमेंट में जैनियों का कोई मुकाबला नहीं कर सकता है। सुबह से चल ही रहे थे, थकान भरपूर थी, दस बजने से पहले ही नींद आ गई। नारायण जी देसूरी से ज़ा चुके थे और प्रमोदपाल सिंह जी भी लौट गए थे, अब फिर से हीर जी, मैं और ललित ही बचे थे। सुबह कुम्भलगढ़ के किले की तरफ़ प्रस्थान था। नारायण जी ने वादा किया था कि वे किले के बाहर मिल जायेंगे, देखते हैं कि वे आ पाते हैं या नहीं?

सोलहवाँ दिन

चीन की दीवार जैसी है कुम्भलगढ़ किले की दीवार

सुबह रणकपुर धर्मशाला से नित्यकर्म आदि से निवृत्त हुए, चाय पी, नहाये, नाश्ता किया और पैदल ही निकल पड़े। हीर जी को कह दिया था कि वे जल्दी से तैयार होकर आ जाएँ। बमुश्किल 350 मीटर की दूरी पर एक नाले के किनारे पर आकर्षक प्राचीन सुंदर मन्दिर के प्रांगण में हम पहुँच गए। यह सूर्य देवता का मन्दिर है। हम लोग अन्दर पहुँच चुके थे, अभी पर्यटकों का आगमन शुरू नहीं हुआ था। हमने भव्य मन्दिर के मंडप में प्रवेश किया, स्तंभ विशाल हैं और उन पर तथा मन्दिर के बाह्य भाग पर भी बेहद सुन्दर नक्काशी है। दो युवा पुजारी वहाँ मिले, जिनसे हमारी बातचीत प्रारम्भ हुई। वे स्थानीय भाषा में बात करने लगे, जिसे समझना हमारे लिए कठिन नहीं था। उन्होंने बताया कि इस मन्दिर का निर्माण 13वीं सदी में हो चुका था, लेकिन इसे आक्रान्ताओं ने नुकसान पहुँचा दिया था, इसलिए 15वीं सदी में दोबारा बनवाया गया।

वैसे तो एक मान्यता यह भी है कि इस मन्दिर का प्रारंभिक तौर पर निर्माण जैनियों ने करवाया होगा, लेकिन अब तो प्रबन्धन एकलिंग जी ट्रस्ट के पास है जो मेवाड़ के पूर्व राज परिवार के द्वारा संचालित है। खैर, जिन्होंने भी बनवाया हो अरावली पर्वत माला के मध्य स्थित यह मन्दिर बहुत भव्य है। यह संगमरमर के पत्थरों से ही बना हुआ है। यहाँ गर्भगृह में प्रस्थापित मूर्ति में सूर्य देव रथ पर सवार हैं। स्थानिक बोली में सूर्य को कभी भी केवल सूर्य नहीं कहा जाता है, यहाँ तो नीम के पेड़ को भी नीम नारायण कहने की प्रथा है, इसलिए इसे सूर्य नारायण मन्दिर लिखा और कहा जाता है।

रणकपुर जैन मन्दिर देखने के बाद अगर इस मन्दिर को देखा जायेगा तो यह साफ़ पता चलेगा कि इसकी स्थापत्य कला भी जैन मन्दिर जैसी ही है।

मुझे तो यह दक्षिण भारतीय द्रविड़ शैली का मन्दिर लगा। मंडप में खड़े होकर देखने से सामने एक मुक्ताकाश मंच दिखाई पड़ा, जब अंदर गए तो लगा कि मन्दिर की बड़ी पार्किंग है, लेकिन मन्दिर के युवा पुजारियों ने बताया कि यह एक एम्पीथियेटर है, जो उत्सव के दौरान काम आता है।

इस वन आच्छादित सूर्य मन्दिर पर कुछ देर समय गुज़ारा। मैंने सोचा कि प्राचीन समय में सूर्य पूजा काफ़ी आम रही होगी, तभी तो हज़ारों सालों से देश के कोने-कोने में सूर्य मन्दिर बनाये जाते रहे हैं। मैंने ओडिशा में कोणार्क का सूर्य मन्दिर देखा है, उत्तराखंड यात्रा में कटारमल सूर्य मन्दिर और जम्मू का मार्तण्ड मन्दिर तथा गया के सूर्य मन्दिर तथा असम के सूर्य पहाड़ मन्दिर के बारे में सुना है। राजस्थान के भी विभिन्न हिस्सों में सूर्य मन्दिर होने की बातें सामने आती रही हैं। जालोर सिरोही क्षेत्र के गाँवों में सूर्य मन्दिर के अवशेष और चित्तौड़गढ़ किले के कालिका मन्दिर के मूलतः सूर्य मन्दिर होने की कहानी किससे छिपी हुई है। उदयपुर, कोटा, झुंझनु, ओसियां, झालरापाटन, गलता जी और बाड़मेर के सूर्य मन्दिर के बारे में सोचते हुए मैंने महसूस किया कि कालांतर में सूर्य उपासना बहुत आम बात रही होगी। आजकल भले ही सूर्य पुत्र शनि से डरे हुए लोग तथा ज्योतिष में यकीन रखने वाले और नवग्रहों की बात करने वाले ज़रूर सूर्य को देवता मान कर आराधना करते हैं। योग और व्यायाम में सूर्य नमस्कार एक लोकप्रिय विधि है।

हाथी गुडा की नाल, जहाँ हाथी उन्मुक्त चरते थे और महावत घर बसा कर रहते थे

आगे बढ़ने से पहले हमारे समूह में इज़ाफ़ा हो चुका था। चारभुजा से नारायण जी नारलाई और उनके साथ हमारे साथी राकेश शर्मा भी आ चुके हैं, अब हम पाँच यात्री हो चुके हैं। लक्ष्य तो कुम्भलगढ़ फ़ोर्ट है, पर नारायण जी के मुँह से बहुत बार हाथी गुडा की नाल की बात सुन चुका हूँ। यह हाथी दर्रा भी कहा जाता है। एक बार पहले भी मैं उधर से गुज़र चुका हूँ, इस दर्रे पर स्थित एक पुल पर जब मैंने सीमेंट के हाथी बने देखे और यह भी देखा कि राहगीर यहाँ रुक कर सेल्फ़ी ले रहे हैं अथवा फ़ोटो शूट करवा रहे हैं, इसे सामान्य बात मानते हुए इग्नोर ही किया मैंने, यह हाथी गुडा मेरी अरावली यात्रा में महत्त्वपूर्ण जगह बन कर उभर आया है।

अब इतिहास बताने की ज़िम्मेदारी नारायण जी की है। आज हम उनके ही मेहमान हैं, वैसे तो इस इलाके में जब भी आना हुआ, हमने नारायण जी की मेज़बानी को सदैव स्वीकारा है। आज फिर से नारायण जी हमारे गाइड बन चुके हैं। वे बताने लगे कि यह नाल देसूरी से पाँच मील के फ़ासले पर है, कुम्भलगढ़ का किला यहाँ से साफ़ नज़र आता है। उनके कहते ही मैंने देखने की कोशिश की, वैसे इस इलाके की विभिन्न जगहों से फ़ोर्ट व्यू दिखलाई पड़ता है, यहाँ से तो वैसे भी बहुत नज़दीक है।

नारायण जी के अनुसार कुम्भलगढ़ फ़ोर्ट में सैनिक अभियानों के दौरान जो हाथी युद्धों में ले जाए जाते थे, उनको यहाँ रखा जाता था। जब वे ऐसा बता रहे थे तो मैं अस्तबल ढूँढ़ने की चेष्टा कर रहा था। हालाँकि उस वक्त दिखाई नहीं पड़ा, पर कहानी यही है कि यहाँ पर महावतों की बस्ती थी और हाथी इस दर्रे में रहते थे, तब से इसे हाथी दर्रा अथवा हाथी गुडा की नाल नाम दे दिया गया। इस ऐतिहासिक महत्त्व की जगह पर फ़ोटो लेना ज़रूरी था। हमने भी कृत्रिम हाथियों के साथ फ़ोटो खिंचवा लिए और आगे बढ़ गए। हमारा लक्ष्य कुम्भलगढ़ का किला था।

चाइना के बाद दुनिया की सबसे बड़ी दीवार

कुम्भलगढ़ के प्रसिद्ध किले में प्रवेश से पूर्व हमने तय किया कि लक्की गेस्ट हाउस को खाने का ऑर्डर कर दिया जाये, ताकि थके हुए जब लौटें तो भूख शांत की जा सके। यह इस इलाके में एकमात्र आदिवासी घीसा राम जी भील के द्वारा चलाया जा रहा भोजनालय और गेस्ट हाउस है, जो बहुत स्वादिष्ट भोजन बड़े ही प्यार से खिलाता है। आज भी हमने देशी स्टाइल का दोपहर भोज ऑर्डर कर दिया और ऊपर की तरफ़ चल पड़े। समय सुबह का था, इसलिए पार्किंग में भीड़ नहीं थी। टिकट काउन्टर की तरफ़ गाड़ी पार्क की गई, हम टिकट खरीदने को आगे ही बढ़े थे कि नारायण जी ने अपने ग्राम विकास अधिकारी होने के सरकारी पहचान पत्र का सदुपयोग कर लिया। द्वारपालों से ज़्यादा हील-हुज्जत नहीं करनी पड़ी। वे जल्दी ही मान गए क्योंकि हमें लेने के लिए किले के भीतर स्थित आदिवासी गाँव से गाइड डुंगाराम जी भील आ चुके थे। मोहन जी भील का उनको फ़ोन चला गया था, अब हमारे साथ स्थानीय सरकारी अधिकारी तो थे ही भीतर से भी बुलावा आ चुका था। हमने आराम से किले में प्रवेश किया।

डुंगाराम जी सबसे पहले ऐसी जगह पर हमको ले गए जहाँ से पूरे दुर्ग का विहंगम दृश्य दिखलाई पड़ जाता है। दुर्ग की बस्तियाँ, विशाल दीवार और मन्दिर ही मन्दिर नज़र आने लगे। राणा राम जी ने बताया कि यह किला अरावली की 13 पर्वत चोटियों के बीच स्थित होने से सामरिक दृष्टि से बहुत सुरक्षित माना जा सकता है, इसका कुल क्षेत्रफल 268 हैक्टेयर है और दीवार तो इतनी बड़ी है कि पूरी घुड़सवार सैन्य टुकड़ी इससे गुज़र सकती है। इसकी लम्बाई 36 किलोमीटर है, यह चीन की दीवार के बाद विश्व की सबसे बड़ी दीवार है। हम सुनते जा रहे थे और देखते भी। ललित वीडियो बना रहा था, मैं अपनी डायरी में नोट्स लिखता जाता हूँ, तब तक नारायण जी नारलाई और राकेश शर्मा जी आइसक्रीम ले आये।

हम प्रसिद्ध शिव मन्दिर की तरफ़ बढ़े, जिसके बारे में प्रसिद्ध है कि महाराणा कुम्भा इसकी पूजा किया करते थे, जी हाँ वही महाराणा कुम्भा जिनके नाम से कुम्भलगढ़ लोकप्रिय है। मेरी जानकारी में तो यह भी था कि कुम्भा ने ही यह किला बनवाया था, लेकिन चलते-चलते भारतीय सर्वे विभाग की एक लिखित इबारत पर मेरी आँखें टिक गईं। यह एक मन्दिर था, अभी हम इसके भीतर नहीं गए थे। बस बाहर लगा बोर्ड देख कर ही मेरे पाँव ठिठके हुए थे। इस पर लिखा था—'इस दुर्ग का निर्माण सम्राट अशोक के वंशज सम्प्रति मौर्य ने करवाया था जो जैन धर्म में दीक्षित हो गया था।'

इस इबारत ने मेरे ज्ञान को परिवर्धित किया कि अरावली के इस भूभाग में इतने जैन मन्दिर क्यों हैं? संभवत: इसका कारण मौर्य वंश के सम्प्रति जैसे सम्राट रहे हों जिन्होंने इस क्षेत्र में राजधर्म के रूप में जैन श्रमण विचार को फैलाया हो। मेरी विचार तन्द्रा तब टूटी जब हमारे गाइड साथी राणा राम जी ने बताया कि महान बौद्ध सम्राट अशोक के पौत्र सम्प्रति ने इस किले में तीन सौ जैन मन्दिर बनवाये थे, इसका नाम पहले कुम्भलमेरू था। इसे मत्स्येन्द्र, माहोर और कुम्भलपुर भी कहा जाता रहा है। इस किले का पुनर्निर्माण चौदहवीं शताब्दी में हुआ था, इसको मौर्य राजाओं से मेवाड़ के राजाओं ने हस्तगत कर लिया था।

अब हमारी दुर्ग पर स्थित महल तक जाने की बारी थी। यह मुश्किल काम था, लेकिन आज सब जाने को राज़ी थे, यहाँ तक कि नारायण जी ने भी तय कर लिया था कि वे भी चलेंगे। हमने चढ़ाई शुरू कर दी। हर प्रवेश द्वार को पोल कहा जाता है। यह हर दरवाज़े पर लिखा हुआ भी है। सबसे पहले आरेट

पोल, फिर हल्ला पोल, तीसरा हनुमान पोल, उसके बाद विजय पोल, भैरव पोल, निम्बो पोल, पागडपोल, गणेश पोल...। बाप रे ये पोल तो ख़त्म ही नहीं हो रहे हैं, चलते-चलते हाँफ़ने लगा हूँ, प्यास लग आई है, लगता है बुढ़ापा आ गया है, बाकी लोग आराम से चढ़ रहे हैं, बीच-बीच में फ़ोटो सेशन के लिए विश्राम मिलता है।

डुंगाराम जी जानकारियाँ दे रहे हैं, वे कह रहे हैं, ये दरवाज़े एक साथ नहीं बने हैं। हरेक पोल का ऐतिहासिक महत्त्व है, इससे युद्धों का, वीरता का इतिहास जुड़ा हुआ है। उन्होंने कहा कि अभी तो आपको दाणी बट्टा और टीडा बारी का पता नहीं है, ये दो प्रवेश द्वार और भी हैं, दाणी बट्टा मेवाड़ और मारवाड़ को जोड़ता है तो टीडा बारी युद्ध और संकट काल में मारवाड़ की तरफ़ खुलता था। चलते-चलते सामने बादल महल दिखने लगा है, पर हम एक बोर्ड की तरफ़ मुड़े जिस पर एक संकेत भी बना था जो महाराणा प्रताप की जन्मस्थली तक ले जाता है।

बताया जाता है कि चित्तौड़गढ़ किले में षड्यंत्रकारी बनवीर ने जब उदय सिंह की हत्या की कोशिश की तो धाय माँ पन्ना गुर्जरी ने अपने बेटे चन्दन का बलिदान देकर उदय सिंह की जान बचाई और कीरत बारी नामक एक पत्तल की टोकरी उठाने वाले व्यक्ति के सहयोग से उदय सिंह को लेकर कुम्भलगढ़ पहुँच गईं। यहीं उदय सिंह पले-बढ़े और उनका सन् 1537 में राजतिलक हुआ। इसी किले में मई 1940 में कटारगढ़ के पास स्थित जूनी कचहरी में महाराणा प्रताप का जन्म हुआ। बाद में उदय सिंह ने उदयपुर बसाया और उनकी मृत्यु के बाद प्रताप का गोगुन्दा में राजतिलक हुआ। कुम्भलगढ़ का यह किला मेवाड़ राजवंश के कुम्भा, उदय सिंह और महाराणा प्रताप सहित कई महाराणाओं के लिए बहुत ही महत्त्व का रहा है।

आज भले ही यह दुर्ग भारतीय सर्वेक्षण विभाग द्वारा संरक्षित है, लेकिन अब भी इसमें बस्तियाँ बसी हुई हैं। प्राचीन समय के पंडित-पुरोहित, भील आदिवासी और पठान फ़ौजियों के वंशज आज भी किले में बसी बस्तियों के रहवासी हैं। हालाँकि उनको नए निर्माण की इजाज़त नहीं है। इसके चलते बच्चों के स्कूल आदि के भवन भी नहीं बन पा रहे हैं, छात्र-छात्रायें अध्ययन हेतु किले से निकल कर नीचे के गाँवों में पढ़ने जाते हैं।

हम कुम्भलगढ़ के किले के अंतिम छोर तक, जिसे शीर्ष कहना ज़्यादा

ठीक रहेगा, वहाँ तक पहुँच चुके हैं। यहाँ कुम्भा महल, बादल महल और शस्त्रागार आदि देखे। चावण्ड माता के प्राचीन मन्दिर में गए, महलों के अलावा मन्दिर ही इस किले का अतिरिक्त आकर्षण है, जिसमें नीलकंठ शिव मन्दिर, विष्णु मन्दिर, सूर्य मन्दिर, पितलिया शाह मन्दिर और विभिन्न जैन मन्दिर देखे गए। डुंगाराम जी का आग्रह था कि हम उनके घर जाकर खाना खाएँ लेकिन हमने उनको बताया कि हमारा भोजन लक्की गेस्ट हाउस पर तैयार है, इसलिए हमें उन्होंने सप्रेम विदाई दी और इस तरह हम कुम्भलगढ़ के ऐतिहासिक प्राचीन किले के भ्रमण की थकन से चूर-चूर हो कर लौटे।

लक्की गेस्ट हाउस का देशी खाना

मोहन जी भील के चाचा ससुर घीसाराम जी भील का लक्की गेस्ट हाउस कुम्भलगढ़ किले के रोड पर स्थित आखिरी रेस्टोरेंट है। यहाँ बैठकर किले का मुख्य प्रवेश द्वार साफ़ दिखाई पड़ता है, इसके बाद आगे कोई भी आवासीय भवन नहीं है, पीछे जंगलात है और ऊपर दुर्ग। भोजन बेहद स्वादिष्ट था, ज़्यादा खा लिया था, आलस आने लगा, खाने में आलस नहीं आया पर पचाने में आने लगा। दाल बाटी चूरमा, कढ़ी और छाछ, सब्ज़ी, सलाद और मिठाई अलग से। जमकर खाया क्योंकि बहुत स्वाद था, नैसर्गिक भोज था, अधिकांश चीज़ें उनके खेतों से आई थीं, जिसमें रासायनिक खाद आदि का प्रयोग नहीं किया गया था। यह स्वाद ही है जिसकी वजह से लक्की गेस्ट हाउस का नाम विदेशों में भी बहुत लोकप्रिय है, फिरंगी तक यहाँ भोजन बनाने के टिप्स सीखने आते हैं, यहाँ की ट्यूरिस्ट डायरेक्ट्री में भी लक्की गेस्ट हाउस का नाम दर्ज है।

रावली अभ्यारण्य में जंगल सफ़ारी

खाये-पीये अघाये हम होटल वाया लाखेला के पास स्थित वन विभाग के दफ़्तर आ गए। आज हमने अधिकृत रूप से जंगल सफ़ारी पर जाना तय कर लिया। हमें यहाँ विभागीय लाइसेन्स याफ़्ता गाइड मोहन जी मिल गए हैं, उनसे हमारी मिलीभगत पुराने वक़्त से है। उनसे जान-पहचान का हमें फ़ायदा यह मिला कि तुरंत जीप मिल गई और किराये भाड़े में भी रियायत मिल गई तथा गाइड के खर्चे से मुक्ति मिल गई है। हम सब लोग, जिसमें मैं, मोहन जी, नारायण जी, ललित, राकेश जी और हीर जी शामिल हैं, जंगल सफ़ारी की जीप में सवार हो गए हैं। ड्राइवर ऊबड़-खाबड़ रास्ते पर हौले-हौले गाड़ी हाँकने लगा। मोहन जी इस जंगल के बारे में बताते जा रहे थे। हमें जंगली मुर्गे दिखे, सियार, नील

गाय, बारहसिंगा, बिल्लियाँ आदि तो नज़र आईं, बन्दर तो बहुतायत में हैं लेकिन भालू, रीछ, बाघ, बघेरे, शेर तो नज़र नहीं आये इसलिए पूरे सफ़र में भय मुक्ति रही। नदी, नाले, घाटियाँ, जीव और जैव विविधता तो द्रष्टव्य ही थी, मिड वे आया तो गाड़ी रुकी और चाय पी गई।

मायड थारो वो पूत कठे

यात्रा पूरी होते-होते किसी के मोबाइल पर रिंग टोन बजी या गाना, मालूम नहीं पड़ा लेकिन गाना बज रहा था—'मायड थारो वो पूत कठे, एकलिंग दीवान कठे, वो महाराणा प्रताप कठे...।' मुझे राजस्थानी गीतों के सुमधुर चितेरे कवि माधव दरक की याद आई, जो इस गीत के रचनाकार थे, अब वे नहीं रहे, लेकिन उनके लिखे गीत आज भी गुंजायमान हैं।

माधव दरक केलवाड़ा के रहने वाले थे। मेरा उनसे कई साल पहले उस वक्त परिचय हुआ जब मैं फूहड़ मंचीय कवि था और राजस्थानी में चुटकुलेनुमा कवितायें लिखता था जो कि बेहद भौंडी हुआ करती थीं, लगभग अश्लील और वाहियात! परन्तु माधव दरक जी तो गीतों के सदाबहार राजकुमार थे। हालाँकि वे बुज़ुर्ग थे, वे सफ़ेद धोती और कुरते पहनते थे और इकहरे बदन के धनी थे। उनकी वाणी में गज़ब का ओज और माधुर्य था। वे जब माइक पर होते थे तो मजाल कि कोई श्रोता उठ कर चल दे। वे 'एह्ड़ो म्हारो राजस्थान' और 'मायड थारो वो पूत कठे' तथा 'जठे हाँ नागी तरवारां का पहरा, वठे अब गुग्गु गु बोले रे...' जैसे गीतों से समां बाँध देते थे।

अरावली की गोद में बैठकर उन्होंने राजस्थानी भाषा बोली, समाज और संस्कृति की गीतों के ज़रिये जो सेवा की वो काबिलेतारीफ़ है। माधव जी अद्‌भुत कवि थे, अगर वे अपने भौतिक शरीर में होते तो ज़रूर उनसे मिलने जाता, निश्चय ही वे मिलकर हर्षित होते, उनकी याद कुछ देर टीस बनकर चुभती रही।

फूटा देवल और मातृ हन्ता परशुराम का मन्दिर

अब वक्त था परशुराम मन्दिर का, जी हाँ, आप ठीक ही समझ रहे हैं, वो जो फ़रसा उठाये पौराणिक साहित्य के अवतार, जिन्होंने धरती को 21 बार क्षत्रियों से रहित कर दिया था और अपने पिता के कहने से अपनी ही माँ की हत्या कर दी थी। कथा के अनुसार मातृहन्ता परशुराम को अरावली में शरण मिली

और अपनी माँ की हत्या के पाप से प्रायश्चित भी यहीं पूरा हुआ। चमत्कारिक कहानियाँ बतलाती हैं कि उनकी माँ फिर से जी उठी थीं, लोक में जो विश्वास घर कर लेता है, वह फिर कथा नहीं रहता इतिहास बन जाता है।

अरावली के सघन वन क्षेत्र में स्थित इस परशुराम मन्दिर तक पहुँचने के लिए हमने फूटा देवल के पास स्थित भजन संध्या स्थली की पार्किंग को चुना। यहाँ मन्दिर की एक साधारण सी धर्मशाला स्थित है, जिसमें श्रद्धालु रुकते हैं। इसके प्रबंधन से हमारे मित्र मोहन लाल भील जुड़े हुए हैं। उनके कहने से हमें दो कमरे मिल गए। हमने अपना सामान वहीं जमा दिया और चाय पी कर आगे बढ़े ही थे कि भील समाज द्वारा बनाये गए शबरी मन्दिर पर नज़र गई। मुझे जानने की उत्सुकता हुई। मोहन जी भील से आग्रह किया तो वे अंदर ले गए। शबरी माई जिनके जूठे किये गए बेर रामचंद्र ने खाए थे, उनकी आदिवासी भील समाज में बड़ी मान्यता रही है। मन्दिर के पुजारी हरी दास जी से मिले। यहीं हमें पंजाब मूल के एक स्वामी पराक्रम पाँचालजी जौहरी मिल गए। उनकी दलित आदिवासी समुदाय और उनके महापुरुषों व महान् स्त्रियों पर अच्छी समझ थी, वे भ्रमण करते हुए इधर आये थे और कुछ समय के लिए रुके हुए थे।

मोहन जी भील पहले परशुराम मन्दिर ट्रस्ट के साथ काम भी करते रहे हैं। सिविल सोसायटी के साथ भी काम किया। स्थानीय उदावड पंचायत के सबसे सक्रिय, उत्साही और सेवाभावी आदिवासी साथी हैं। उनसे हमने कहा कि वे यहाँ के इतिहास की जानकारी हमें दें। मोहन जी ने सबसे पहले हमें फूटा देवल के बारे में बताया, अगर मैं वहाँ नहीं जाता तो शायद ही ज़िन्दगी में कभी इस नाम का मतलब भी समझ पाता। आदिवासी इलाके में शब्दों की मितव्ययता भी शोध का विषय है, वे कभी-कभी तो एक अक्षर के शब्द भी बोलते हैं। वाक्य और गीत भी उनके काफ़ी संक्षिप्त होते हैं।

जैसे मैं इसी अरावली के जवाजा सारोठ क्षेत्र के एक गाँव में एक परिवार की आपसी बातचीत सुन रहा था। वे राजस्थानी में बात कर रहे थे, लेकिन वे रीस (क्रोध) को केवल री कहकर काम चला रहे थे। फिर बेटे ने अपने बाप से खाने के लिए पूछा कि "दा, रोटी खै की न खै?" बेटा अपने पिता से पूछ रहा था कि दादा रोटी खायेगा अथवा नहीं खायेगा? वे भैंस को भी सिर्फ़ भैं कहते हैं।

यह तो कुछ भी नहीं, अरावली के वागड़ के इलाके में लोग गा रहे

थे—'डोहा नरसी तू झूठ घणू बोले, डोहा नरसी तू दिल्ली में बैठो रेवे, डोहा नरसी मेवाड़ नी गाड़ी आवे, टो टो टो न...पो पो पों...!' मुझे स्थानीय साथियों ने बताया कि ये लोग नरसिम्हा राव के बारे में गा रहे हैं। कह रहे हैं कि बुज़ुर्ग नरसिम्हा तुम बहुत झूठ बोलते हो, दिल्ली में बैठे रहते हो, अब मेवाड़ से गाड़ी आ गई है, जो हॉर्न लगा रही है...। बहुत ही मज़ेदार है अरावली का भाषाई वैविध्य।

खैर, बात फूटा देवल से शुरू हुई थी, अब हम उसी जगह पर थे। मैंने मोहन जी से पूछा कि इस मन्दिर को किसने तोड़ा? क्या किसी विदेशी आक्रान्ता ने अथवा देशी लुटेरे ने? वह बोले कि किसी ने भी नहीं, कुदरत को ही मंजूर नहीं था, बनाते और सुबह टूटा-फूटा मिलता, कभी पूरा नहीं बन पाया, तब से इसे फूटा देवल के नाम से जाना जाता है। देवल मतलब देवालय। यहाँ से अरावली की छँटा निराली थी। इच्छा तो इस जगह और ठहर जाने की थी, सामने ही स्थित हनुमान मन्दिर के महंत या पुजारी का आश्रम तथा धुणा भी था। अभी संत वहाँ नहीं थे, वरना वे चाय पीये बगैर नहीं जाने देते ऐसा हमको कहा गया। मैंने मन-ही-मन सोचा कि काश, वे होते तो एक और चाय पी कर परशुराम मन्दिर के ट्रक पर आगे बढ़ते।

आगे सीमेंट की सड़क थी, जो वन विभाग ने बनवाई थी या किसी और विभाग ने, इसका पता लगाना इसलिए दुष्कर था, क्योंकि कार्यस्थल पर लगे प्रदर्श पट्ट के हाल बुरे थे। कुछ भी दिखाई नहीं देता था, सड़क काफ़ी पहले बन गई होगी, तभी तो जगह-जगह से टूट गई है। पहले वहाँ रास्ता बेहद दुर्गम था, केवल पगडण्डी हुआ करती थी, फिर भी आदिवासी लोग तो आराम से आते-जाते थे, हम यही बातें कहते-सुनते 40 मिनट तक चलते रहे। मैंने नोटिस किया कि कुछ आदिवासी आदमी, औरतें सामान लेकर सहजता से आ-जा रहे थे, लेकिन शहरी लोगों के हाल बुरे थे। हम जैसे गाँव और शहर का फ़्यूजन बन चुके लोगों के हाल भी बदहाल ही थे, पर अपने देशी होने को साबित करने के चक्कर में कष्ट साध्य होते हुए भी हम चलते चले जा रहे थे।

जब हम लोग थकने लगे तो एक व्यक्ति जो निश्चित रूप से मास्टर ही रहा होगा, उसने किसी कवि की पंक्तियाँ सुना कर हमको हमारा जोश लौटाया। हुआ यूँ कि वह पीछे से कुलाचें भरते हुए आया और हमसे आगे जाने लगा, लेकिन हमको हाँफ़ते और थकते-रुकते देखकर उसका साहित्यिक मन जाग

वापस बुलाया और मोहन जी के घर उदावड पहुँचे, जहाँ उनके परिवार के साथ हमारा रात्रि भोज नियत किया गया था। मोहन जी की पत्नी ललिता और बच्चे गोपाल और प्रकाश वहीं थे। चूल्हे की सुस्वादिष्ट रोटियाँ, ऑर्गेनिक सब्ज़ियाँ छक कर खाने के बाद अब सिर्फ़ बिस्तर नज़र आ रहे थे, लेकिन इच्छा पैदल चलकर जाने की थी ताकि खाया-पीया पचाया जा सके, इसलिए गाड़ी को आगे भेज कर मैं, ललित और राकेश जी चले। नारायण जी दिन में प्रस्थान कर गए थे और मोहन जी घर ही रुक गए थे। मोबाइल टॉर्च जला कर हम लगभग डेढ़ किलोमीटर चल कर परशुराम महादेव धर्मशाला पहुँचे और वहाँ रात्रि विश्राम किया।

सत्रहवाँ दिन

सिया बनास के किनारे-किनारे

आज भी जल्दी उठ गए क्योंकि आज की यात्रा बाकी दिनों की यात्रा से कुछ अलग रहने वाली है। आज एक नदी के उद्‌गम से हम सफ़र शुरू करेंगे और नदी के साथ-साथ चलेंगे। यह नदी है बनास, अरावली में दो बनास हैं, एक पूर्व की तरफ़ बढ़ती है जो बैरा का मठ से शुरू होकर नाथद्वारा की तरफ़ होती हुई चित्तौड़, भीलवाड़ा होते हुए चम्बल में मिल जाती है तो दूसरी सिरोही ज़िले के पिण्डवाड़ा क्षेत्र से शुरू होकर बनासकांठा मेहसाणा होते हुए छोटे कच्छ के रण में जा गिरती है। हम आज पश्चिमी बनास पर नहीं बल्कि जो चम्बल की सहायक नदी है उसकी बात करेंगे।

बनास ऐसी नदी है जो राजस्थान में ही शुरू होकर राजस्थान में ही चम्बल में मिल जाती है। इसकी लम्बाई पाँच सौ किलोमीटर से अधिक है, यह राजसमन्द ज़िले से शुरू होकर चित्तौड़, भीलवाड़ा, शाहपुरा, केकड़ी, टोंक, सवाईमाधोपुर ज़िले में बहती है। इसका सर्वाधिक बहाव टोंक ज़िले में होता है, इस पर बागेरी नाका, नन्दसमंद बाँध, मातृकुंडिया बाँध, बीसलपुर बाँध तथा इसरदा बाँध स्थित है। इस पर गिलुण्ड की सभ्यता है जिसमें मिट्टी के बर्तन पर हिरणों के चित्र, सरसों के बीजों के अवशेष मिले हैं।

बनास जिसका नाम कभी वर्नासा, वाशिष्ठ और बन की आस था, अब बनास के नाम से प्रसिद्ध है, चूँकि यह काफ़ी लम्बी नदी है, इसका जल संभर क्षेत्र 48,833 वर्ग किलोमीटर है। इसमें दर्जनों छोटी-छोटी नदियाँ आ कर मिलती हैं और तीन जगह त्रिवेणी संगम बनते हैं, जैसे भीलवाड़ा ज़िले के बिगोद में मेनाली और बेडच जब बनास में मिलती हैं तो त्रिवेणी कहलाती है, आगे जाकर टोंक में खारी, डाई के आ मिलने पर राजमहल में संगम बनता है

और अंततः सवाईमाधोपुर के रामेश्वर धाम में सीप और चम्बल तथा बनास मिलकर त्रिवेणी संगम बनाती है। ये सारे त्रिवेणी संगम चम्बल के रास्ते यमुना में मिलते हैं और प्रयागराज में गंगा संगम में विलीन होकर बंगाल की खाड़ी में विलय हो जाते हैं।

बनास और उसकी सहायक नदियों जिनमें बेडच, मेनाली, गोमती, चन्द्रभागा, कोठारी, खारी, डाई, ढील, मानसी और मोरेल जैसी नदियाँ हैं, इनके किनारे कई प्राचीन सभ्यताएँ विकसित हुईं, जिसमें गिलुण्ड सभ्यता, आहड़ सभ्यता और बागोर सभ्यता उत्खनन से मिल पाई हैं। बहुत सी सभ्यताएँ अभी भी धरती के गर्भ में छिपी हुई हैं।

खैर, बनास का परिचय इसलिए विस्तार से देना ज़रूरी था, क्योंकि आज हम गाड़ी को वेरा का मठ पर खड़ी करके अपना पिट्ठू बैग उठाकर बनास के किनारे-किनारे चलेंगे। बरसों से मेरा सपना रहा है कि एक दिन ऐसा आये जब मैं नदी के साथ-साथ चलूँ (वाकिंग विद रिवर), किसी आदिवासी परिवार के घर रुक कर खाना खाऊँ (ईटिंग विद ट्राइबल) और जंगल में कुदरत की गोद में रात गुज़ारूँ (स्लीपिंग विद नेचर)। शायद वो दिन आज आ गया है।

हमने गाड़ी को मठ के शिव मन्दिर के सामने स्थित खुले मैदान में खड़ा कर दिया। जंगल में यह ऐसे ही कल तक खड़ी रहेगी, एहतियात के तौर पर मन्दिर के महंत को कह ज़रूर दिया। उन्होंने आश्वस्त किया—"फ़िक्र मत करो, कोई हाथ भी नहीं लगाएगा।" इस मन्दिर के सामने एक छोटी-सी कुंडनुमा कुईं है, जिसका पानी बड़ा मीठा है, वहीं बाल्टी और डोर रखी रहती है। हर राहगीर बिना किसी रोकटोक और भेदभाव के इसमें से पानी पी सकता है। मन्दिर शिव का है, ऐसा लगता है कि जल, जंगल, नदियों पर शिव का आधिपत्य है। बनास के उद्‌गम से लेकर उसके चम्बल में विलीन होने तक सर्वत्र शिव मन्दिर ही देखे जाते हैं। यहाँ से बनास निकल रही है, एक छोटी सी धारा जो ऊपर स्थित खमनोर की पहाड़ियों से निकल कर यहाँ एक धारा का रूप ले रही है, इस उद्‌गम पर एक अत्यंत लघु झील सी निर्मित कर ली गई है। इसमें मछलियाँ हैं और साँप भी, अन्य जीव-जंतु भी। हम इस झील के किनारे ऊपर से आ रही पतली सी धार को देखते हुए बात कर रहे थे कि कैसे यह आगे जाकर वेगवती नदी का रूप धार लेगी।

अब चलने की बारी है। नदी से संवाद का मौका है। हमें यहाँ पर बताया

गया कि नदी यात्रा पर निकलने वाली एक पूरी कौम है, जो हर साल आती है और बनास के किनारे-किनारे चलती हुई रामेश्वर घाट तक जाती है। कभी नदी में चलती है तो कभी उसके किनारों पर तो कभी उसके नज़दीक की सड़क पर गाड़ियों में सवार होकर चलते हैं। यह यात्रा कई दिन चलती है। इसमें स्त्री, पुरुष, बाल, वृद्ध सब तरह के लोग होते हैं। उनके साथ खाना बनाने वाले भी होते हैं और छोटे ट्रक में बिस्तर भी, ताकि रात्रि विश्राम का स्थल जहाँ भी हो वहाँ रात वासा कर सकें। जिस दुकानदार ने हमें यह बताया वेरा का मठ में, उनसे मैंने यह भी पूछा कि यह नदी यात्रा करने वाली जमात कौन है और कहाँ से आती है और कब आती है। उनका जवाब उत्साहवर्धक इसलिए नहीं था क्योंकि उनको बस इतना सा मालूम था कि कोई एक समुदाय है जो बनास का यात्री है, अब उनका और बनास का आपस में क्या रिश्ता है, न उन्होंने जानने की कोशिश की और न ही वे लोग बताते फिरते हैं। मैंने वहीं निश्चय किया कि कभी पता चला तो उनके साथ मैं भी बनास के 512 किलोमीटर की यात्रा करूँगा।

अब चलना भी तो था, फिर सूरज सिर पर आ बैठेगा, वैसे भी प्रातःकालीन धूप भी काफ़ी चुभती है। उषा काल और गोधूली वेला को छोड़ कर कोई सी भी धूप क्यों न हो वह तन-मन जलाती ही है। इसलिए चल दिए, पास में ही सिया नामक गाँव है, इसलिए स्थानीय लोग इस जगह को सिया बनास साथ जोड़ कर बोलते हैं। हमने जैसे-जैसे बनास के साथ चलना शुरू किया, उसमें रवानगी दिखी, शायद वह हमारी दीवानगी की थाह ले रही हो। चलते ही सबसे पहली जगह आई श्मशान घाट जो नदी में ही बना हुआ है। पहले तो लोग श्मशान हो चाहे घर, पक्का निर्माण करते नहीं थे, लेकिन अब तो यहाँ टीन शेड और नीचे जलाने का लोहे का स्टैंड बना हुआ है।

सुबह का वक्त है और श्मशान का स्टैंड एकदम खाली पा कर उस पर कुछ क्षण बैठ जाने की इच्छा जगी, वैसे भी मुर्दा तो बैठते नहीं, उनको तो लेटना पड़ता है। मैं जाकर बैठ गया। सहयात्रियों ने इसे उत्तम कृत्य नहीं माना, आखिर कौन चाहेगा कि चलती यात्रा में स्वस्थ आदमी स्वयं जाकर शवदाह गृह के स्टैंड पर जा बैठे। मैं पाँच मिनट ही बैठा, बैठते ही पश्चिम में नज़र पड़ी, कुएँ पर रेहट लगी थी, हालाँकि अभी चल नहीं रही थी। जब रेहट रुक जाती है तो उसके पात्र खाली रहते हैं, ऐसा ही हम सबका जीवन है जब हम रुक जाते हैं तो खाली हो जाते हैं अथवा जब खाली हो जाते हैं तो रुक जाते हैं। तत्क्षण एक अजीब से

खालीपन का अहसास हुआ। सवाल उठा यह अरावली का सफ़र क्यों? क्या होगा इससे? क्या मिलेगा यह करके? क्या यह कोई आध्यात्मिक यात्रा है या खुद की खोज का संघर्ष है, कुदरत से मिलना तो एक बहाना है, उसके बहाने मिलना तो अपने आप से है।

इस तरह के मनोभाव इस जगह बैठने का परिणाम है, इसी को तो मसानिया बैराग कहा जाता है। कहते हैं कि श्मशान में उठी वैराग्य की भावना क्षणिक होती है, अगर वह शाश्वत हो जाये तो दुनिया कुछ और ही हो जाये। ज़्यादा देर बैठना ठीक नहीं था, अभी तो यात्रा पूरी करनी थी, यहाँ तो अंतिम यात्रा के बाद आना है और मुझे तो तब भी नहीं आना है, देहदान के बाद यह ज़िम्मेदारी मेडिकल कॉलेज की है कि वे देह को कहाँ ले जाएँ और उसका क्या उपयोग करें, हमारा काम तो मरने तक है, बाद में शेष अधिशेष लोगों को देखना है।

खैर, बनास का बुलावा आ गया। नदी जीवन में रंग और उत्साह भरती है, उसके बहाव की निरंतरता जीवन को गतिमान रहने का मौन सन्देश है। हम बनास में एक किनारे की पगडण्डी पर चलने लगे हैं। बनास यहाँ सिर्फ़ नहर जैसी है, जब बरसात नहीं होती है तो उसकी एक धारा अपनी सीमा में सिकुड़ कर बहती है। बारिश में वह अल्हड़ नदी बन जाती है, फिर किसकी मजाल जो नदी में पगडण्डी बनाकर चल दे। तब किनारों पर बसे छोटे-छोटे गाँव जिन्हें यहाँ भीलवाड़ा या फले कहा जाता है, वहाँ के लोग वर्षावास करते हैं। उनका विचरण थम सा जाता है, बच्चे भी दो-एक महीने स्कूल नहीं जाते, वैसे भी यहाँ मोटर बाइक का ही रास्ता है, पर मनरेगा से लोगों ने इस पगडण्डी को रास्ते में तब्दील किया है। मैंने अरावली के सफ़र में बहुत सी जगह यह पाया कि मनरेगा रास्ता देने वाली क़ानूनी गारंटी है, अगर यह ठीक से चले तो इन क्षेत्रों के गरीब लोगों की वह जीवन रेखा बन सकता है।

इस नदी में चलना खड्डे में चलने जैसा था, क्योंकि इसके ऊपर की लेयर पर खेत थे, उससे थोड़ा ऊपर लोगों की बस्तियाँ और उनसे ऊपर पहाड़ी चोटियाँ हैं, जिन पर वन के जीव बसर करते हैं। दोनों तरफ़ ऊँची-ऊँची पहाड़ियाँ और उन पर खड़े बड़े-बड़े पेड़, जंगली जीवों की आवाज़ें और हवा की सरसराहट, पानी इतना क्षीण धार कि उसकी कलकल तो सुनाई भी नहीं पड़ती थी। मनरेगा की मेहरबानी कहिये कि अब सूखे दिनों में इस रास्ते से ट्रेक्टर चार-पाँच

किलोमीटर दूर तक चला जाता है। ट्रेक्टर और उसके चालक अलबेले ही होते हैं, साउंड पर गानों की धुन पर लगभग नाचते हुए आदिवासी युवा ट्रेक्टर ड्राइविंग करते हैं। ख़ास तौर पर टीनएजर, ऊबड़-खाबड़ इन पथरीले रास्तों पर ट्रेक्टर तो आदिवासी किशोर व युवा ही दौड़ा सकते हैं। उनका बस चले तो वे पहाड़ पर ट्रेक्टर चढ़ा दें, जज़्बा काबिले सलाम है। उन्होंने मार्ग बना डाला है पर शहरों में चलने वाली चार पहियों की गाड़ियाँ तो यहाँ हिचकोले खाती रह जायेंगी।

हम दो किलोमीटर चले होंगे, रुकते, देखते, भालते चलना हुआ, लगभग एक घंटे का सफ़र रहा होगा। नदी पार करके ऊँची टेकरी पर बने एक मकान में हमें पहुँचना है। यह घर और खेत हमारे प्रिय आदिवासी मित्र का है। सामाजिक कार्यकर्ता कर्मवीर देवीलाल जी भील जिन्होंने पहाड़ को उपजाऊ बना कर जैविक खेती शुरू कर दी। बनास की धार में किर्लोस्कर का पम्प रोप दिया और पानी ऊपर पहुँचाकर खेत में लहसुन, गेहूँ, गन्ना आदि बो दिया है। खाने लायक तमाम सब्ज़ियाँ भी वे यहीं उगाते हैं। हम एक घुमावदार रास्ता तय करके खेतों के ऊपर बने उनके मकान पर पहुँचे। देवीलाल जी और उनका परिवार मौजूद था, उनको हल्की सी खबर तो थी कि मैं इन दिनों अरावली में हूँ और अगर उधर हूँ तो उनसे मिलना तो तय ही माना जायेगा, इसलिए हमारा उनके यहाँ पहुँचना अनपेक्षित नहीं था। यह राज़ तो बाद में खुला कि मोहन जी ने रात में ही उन्हें कॉल कर दिया था, इसलिए वे तत्पर ही थे। सुबह के दस बज गए थे, भूख लग आई थी। देवीलाल जी खेत में उतर गए और वहाँ से लहसुन की हरी लम्बी पत्तियाँ तथा हरी मिर्चें, टमाटर, हरा धनिया लेकर पाँच-सात मिनट में ही लौट आये।

चूल्हा गरम ही था, उन्होंने कड़ाही ली, एक डब्बे से तेल निकाला, मिर्च को सिलबट्टे पर रगड़ा, हरे पत्तों वाले लहसुन को हाथ से छोटा-छोटा तोड़ा, थोड़ा सा जीरा तपते तेल में छौंका, फिर मिर्च डाल दी। अब उन्होंने हथियार की तरह कड़छी हाथ में उठा ली और उसे कड़ाही के सूं-सूं की आवाज़ निकालते तेल में पेल दिया। फिर खड़े मसाले डाले, उनको भूना और थोड़ा सा पानी डाल कर उसमें उबाल आते ही लहसुन के पत्ते डाल कर ढँक दिया। कुछ मिनटों की आँच और भाप ने मिलकर सब्ज़ी तैयार कर दी। रोटियाँ देवीलाल जी की पत्नी नैनकी बाई ने दूसरे चूल्हे पर सेंक दी थीं, ये गेहूँ और जौ के आटे को मिलाकर

बनाई गई थीं। थालियों में परोसकारी हो चुकी थी, हाथ धोने का किसको भान रहता, हम तो टूट पड़े। हमें रोटी का ऐसा स्वाद तो पहले कहीं नहीं मिला, यह देशी कुदरती अनाज था और लहसुन की सब्ज़ी का स्वाद भी अद्भुत था। देशी गुड़ भी दिया गया। खाया जमकर तो शरीर में थकान आने लगी, उनींदी अवस्था में ही बातें करते रहे।

देवीलाल जी भील के पास इस क्षेत्र और आदिवासी समुदाय के बारे में जानकारी का भंडार है। सबसे पहले तो मैंने उनसे यही पूछा कि आप तो बनास के किनारे रहते हैं, क्या कोई इस तरह बनास के साथ चलने आता है? उन्होंने बताया कि हर साल कोई एक जत्था आता है। हर साल वैशाख महीने में उपाध्याय ब्राह्मण बनास यात्रा पर आते हैं। वे सबसे पहले वेरा के मठ पर पेड़ लगाते हैं, 15-20 लोगों का एक दल पैदल चलता है। उनका पहला रात्रि विश्राम पलासमा में होता है, दूसरा कठार के महल में, फिर वे बागेरी का नाका होते हुए कांकरोली पहुँचते हैं, वहाँ से उनका अगला पड़ाव मातृकुंडिया होता हैं। जहाँ बनास और गोमती मिलती हैं। आगे वे त्रिवेणी संगमों पर होते हुए वहाँ तक जाते हैं जहाँ तक बनास चल कर चम्बल में मिलती है। यात्रा का वहीं समापन होता है।

देवीलाल जी से गवरी नृत्य की कथा जानने की बड़ी जिज्ञासा थी। मैंने बचपन से कई बार गवरी का खेल देखा है, जिसे हमारे भीलवाड़ा इलाके में राई कहते हैं और भील समुदाय के लोग इसमें भाग लेते हैं। नवरात्रों के दौरान यह गाँव-गाँव में चलता है। गवरी वस्तुतः आदिदेव शंकर की पत्नी गौरी है। लगभग चार-पाँच घंटे का यह स्ट्रीट प्ले खुले में होता है, पूरा का पूरा गाँव दिन भर बैठ कर इसे देखता है। भील समुदाय के लोग कलाकार की वेशभूषा में इसमें प्रस्तुतियाँ देते हैं। इसमें विभिन्न जातियों और लोगों पर तिलमिला देने वाले कटाक्ष किये जाते हैं। शुक्र है कि अभी भी लोग इस नृत्य को सहजता से लेते हैं और उन्मुक्त हँसते हैं, वर्ना तो आजकल भावनाएँ आहत होते देर नहीं लगती।

गवरी नृत्य क्या है और कैसे शुरू हुआ, इसके पीछे की कहानी जानने के लिए मैंने देवीलाल जी से जानना चाहा तो उन्होंने बताया कि गवरी को लेकर हम आदिवासी समुदाय में जो विश्वास और कथाएँ व्याप्त हैं, वह सामान्यतया प्रचलित कथाओं से भिन्न हैं। गवरी दरअसल गौरी है, गौरजा, वही पार्वती है, हम भील लोग उसे प्रताबी कहते हैं। वह हेमाचल के हेमा भील की बेटी है। हेमा

भील शिव के सच्चे उपासक हैं, उनकी उपासना से प्रसन्न शिव ने स्वयं यह राई (गवरी) मंडल बनाया और भीलों को सौंपा है। यह कहानी शिव और भस्मासुर की है। पार्वती, दुर्गा, अम्बे, गौरजा भीलों की प्रमुख देवी हैं। यह राई नृत्य जिसे लोग खेल भी कहते हैं, हम अपनी पुरखिन गवरी को समर्पित करते हैं।

मेरी इच्छा गवरी के पूरे प्रोसेस को जानने की थी। मैंने देवीलाल जी से पूछा कि यह नृत्य होता कैसे है? क्या यह देश भर में चलता है? वे बोले—''गवरी अरावली के पहाड़ों का नाच है, यह एक मेरू नृत्य है। यह इसी इलाके के कुछ ज़िलों में प्रचलित है, जैसे उदयपुर, भीलवाड़ा, चित्तौड़गढ़, राजसमन्द, अजमेर इत्यादि में। यह हर साल श्रावण मास की पूर्णिमा को शुरू होकर पूरे महीने तक चलता है। इसमें लगभग 50 खेल्ये (पात्र) नाचते हैं, जिस गाँव के लोग गवरी खेलने की इच्छा करते हैं, उनको गवरी लेने के लिए पाती माँगनी होती है। पाती एक प्रक्रिया है, जिसके तहत देवी की प्रतिमा के समक्ष पात्र रखा जाता है, अगर उस पात्र में हरा पत्ता आ कर गिरता है तो उसे पाती मिल जाना माना जाता है।

जिस गाँव के खेल्ये होते हैं, उस गाँव के सभी भील परिवारों से किसी-न-किसी पुरुष सदस्य को उसमें शामिल रहना अनिवार्य हो जाता है। चाहे कोई सरकारी कर्मचारी ही क्यों ना हो। उसे अवकाश लेकर जाना पड़ता है और पूरे महीने तक गाँव-गाँव जाकर गवरी नाचना होता है। खेल्ये एक बार घर से निकलते हैं तो तीस दिन बाद ही घर लौट सकते हैं, उनके ऊपर कई नियम लागू हो जाते हैं। इस दौरान पूरे महीने वे बिना नहाये रहते हैं। एक ही वक्त खाना खाते हैं, उनको दारू, मांस यहाँ तक कि हरी सब्ज़ी का भी त्याग करना पड़ता है, वे नंगे पाँव रहते हैं, ज़मीन पर सोते हैं, ब्रह्मचर्य का पालन करते हैं।

भले ही यह कार्य स्वेच्छा से किया जाता है लेकिन फ़ुल टाइम काम है। गाँव के सार्वजनिक चौराहे पर खुले में यह खेल सुबह के 8 बजे शुरू हो जाता है जो शाम के पाँच बजे बाद तक भी चलता है। इसे देखने के लिए एक गाँव ही नहीं बल्कि दूसरे गाँवों से भी बड़ी संख्या में हर जाति, वर्ग, लिंग और उम्र के लोग आते हैं। यह सबसे बड़ा स्ट्रीट प्ले है, कलाकार बाकायदा अपने पात्र की वेशभूषा में होते हैं, वे पूरा दिन कॉस्ट्यूम पहने रहते हैं।

गवरी में चार प्रमुख पात्र समूह देखे जा सकते हैं—देव, मानव और दानव तथा जानवर। जब देवीलाल जी ने यह कहा तो मेरी समझ में नहीं

आया। मैंने उनसे आग्रह किया कि वे थोड़ा विस्तार से समझा दें। उन्होंने बताया कि देवता में शिव और पार्वती का किरदार है, वहीं दानवों में खड्लियो भूत और हटियो है, जानवरों में सूअर, भालू और शेर है, वहीं इंसानी पात्रों में भुड़ीया, राई, कुटकुडिया, कंजर-कंजरी, मीणा, बंजारा-बंजारी, दाणी, नट, खेतुड़ी, शंकरिया, भोपा, कालबेलिया, कान गुजरी, फत्ता-फत्ती, चप्ल्याचोर जैसे मज़ेदार चरित्र होते हैं।

गाँव के साधारण आदिवासी जन गवरी में अपना किरदार अदा करते हैं तो उनका अभिनय देखते ही बनता है। उनकी भाव भंगिमाएँ, नाटकीयता और मुखौटों का प्रयोग गज़ब की रचनात्मकता का परिचय देते हैं, जिस निर्भीकता से वे गवरी के दौरान समाज और व्यक्ति के जीवन में व्याप्त विसंगतियों पर कठोर प्रहार करते हैं, वह आश्चर्यचकित कर देता है। तिलमिला देने वाले कटाक्ष और व्यंग्यबाणों का असहनीय प्रहार गवरी के खेल्ये करते हैं, इसमें सभी किरदार निभाने वाले पुरुष ही होते हैं। वे ही महिला, पुरुष, जानवर और देवता बनते हैं, चूँकि जब यह शुरू हुआ होगा तब गाँव-गाँव महिलाओं को साथ लेकर सार्वजनिक जगहों पर नृत्य को मुश्किल काम माना गया होगा, इसलिए औरतें इसमें सहभागी नहीं होती होंगी, उनके चरित्र को भी पुरुष ही निभाते रहे हैं।

खैर, गवरी का समापन होने से पहले ही तय हो जाता है कि अगली बार किस गाँव के खेल्ये (अभिनेता) गवरी नाचेंगे तब ही इसका समापन होता है। गवरी को अन्य गाँव के खेल्ये को सौंपने की रस्म को भलावण कहा जाता है और अंततः गौरजा की गजारूढ़ प्रतिमा को जल में विसर्जित करके गवरी का समापन मान लिया जाता है।

आज के व्यस्ततम समय में भी मेवाड़ के भील आदिवासी अपने परम्परागत गवरी नृत्य को पूरी शिद्दत से नाचते हैं, लेकिन इस एक महीने में उनको मानधन के रूप में कुछ भी नहीं मिलता, सिर्फ़ खाना और सम्मान, कुछ उत्साही युवाओं ने विगत कुछ सालों से यह बात भी बार-बार उठाई कि कम-से-कम खेल्यों को उनकी न्यूनतम मज़दूरी तो मिले, लेकिन यह बात आगे नहीं बढ़ पाई।

अब तक खाना भी पच गया था और थकान भी बढ़ गई थी, शायद नींद आना चाहती थी। हम देवीलाल जी के आंवले के पेड़ों वाले खेत तक गए और थोड़ी ऊँचाई पर जाकर वन क्षेत्र में सोने की इच्छा ज़ाहिर की। उन्होंने कहा कि कुदरत के साथ सोने का आपका आईडिया तो बहुत अच्छा है लेकिन इसमें

खतरा भी बहुत है, यहाँ जंगली जीव-जंतु खूब हैं, रात होते ही वे पहाड़ों से नदी की तरफ़ उतरने लगते हैं ताकि पानी पी सकें और अपने लिए भोजन प्राप्त कर सकें, हालाँकि सभी वन्य जीव नरभक्षी नहीं होते, परन्तु वे हमला तो किसी पर भी कर देते हैं। पिछले ही दिनों एक बकरी और गाय पर हमला हुआ है, कभी-कभी वे घरों तक आ जाते हैं। हम तो पालतू जानवरों को भी घरों में बाँध कर किवाड़ लगाते हैं, इसलिए बेहतर तो यही होगा कि आप जंगल में सावधानी से घूम-फिर आयें और लौट कर घर में सो जाएँ, यहाँ तो वैसे भी चारों तरफ़ कुदरत का ही जलवा है।

यह सब सुनकर हमारा उत्साह और स्लीपिंग विद नेचर का रोमांच काफ़ूर हो गया, नींद ही गायब हो गई। हमने आस-पास के पहाड़ों की चढ़ाई की और जंगल में अन्दर तक गए। नीचे उतर कर नदी के साथ और भी आगे तक जा कर कुछ देर में वापस देवीलाल जी के घर लौट आये तथा शाम का भोजन करके सो गए। जल्दी ही मीठी सी नींद भी आ गई जो सुबह चार बजे देवीलाल जी की आवाज़ से खुली। वे हमें जगा कर अलसुबह नदी के बीचोबीच ले गए, जहाँ पर चरखी (कोल्हू) चल रही थी। कोल्हू में बैल जुता हुआ था, उसकी आँखें बंद थीं। हालाँकि हमारी भी अभी-अभी खुली थीं, वहाँ गन्ने की पिराई हो रही थी और कोल्हू से रस निकाला जा रहा था। नीरव शांति और एकदम शीतल मीठा गन्ने का रस इतनी सुबह-सुबह प्याले भर-भर कर पिलाया गया कि देवीलाल जी के घर लौट कर पाँच बजे पुनः सो गए और दो घंटे बाद जब गन्ने के रस की खुमारी उतरी तो हम जगे। नहाये और छाछ राबड़ी का शुद्ध देशी नाश्ता करके निकल पड़े।

अठारहवाँ दिन

पद्मभूषण का पिपलान्त्री प्रयोग

सुबह सात बजे उठे और गुड़ की चाय पी कर हमने देवीलाल जी भील से विदा ली। बाघेरी का नाका वाला रास्ता लिया, बनास के भीतर पैदल चलने की इच्छा तो आंशिक ही पूरी हुई, लेकिन बनास के आस-पास स्थित सड़क पर चलते हुए नाथद्वारा की तरफ़ बढ़े, जहाँ पर पुष्टिमार्गीय वैष्णव संप्रदाय की प्रधान पीठ है। यहाँ श्रीनाथ जी मन्दिर है, जिसमें नन्द नंदन आनंद कंद श्रीनाथ जी विराजित हैं। यह मन्दिर लगभग साढ़े तीन सौ साल पुराना है। नाथद्वारा राजसमन्द ज़िले का उपखंड मुख्यालय है, जो बनास नदी के किनारे बसा हुआ है। आजकल नाथद्वारा में आदिदेव शिव की 369 फ़ीट ऊँची प्रतिमा स्थापित है जो तीन हज़ार टन की बताई जाती है। आप किसी भी तरफ़ से नाथद्वारा की तरफ़ जायेंगे तो शिव की यह विशाल प्रतिमा आपको दिखाई पड़ेगी।

नाथद्वारा का श्रीनाथ मन्दिर इस बात के लिए बहुत चर्चित हुआ, जब करीब तीस साल से अधिक वक्त पहले इस मन्दिर में दलितों के प्रवेश के लिए आन्दोलन चला था। स्थानीय दलितों, विशेष रूप से वाल्मीकियों को इसमें प्रवेश की अनुमति नहीं थी, तब मन्दिर की प्रतिमा के दर्शन हेतु आन्दोलन चलाया गया। इस आन्दोलन में बहुजन संगठक मान्यवर कांशीराम और स्वामी अग्निवेश जैसे गणमान्य लोग भी पहुँचे, हालाँकि कई अन्य मन्दिर प्रवेश आन्दोलनों की तरह यह आन्दोलन भी कोई तार्किक परिणिति तक नहीं पहुँचा, मगर इसने यह ज़रूर स्थापित किया कि वैष्णव संप्रदाय के भक्ति मार्ग में भी भंयकर भेदभाव व्याप्त है। बाहर से जाने वाले हर जाति समुदाय के व्यक्ति के लिए तो यह मन्दिर खुला हुआ है, कोई किसी की जाति नहीं पूछता है, पर अगर स्थानीय दलित उसमें घुसना चाहें तो विरोध होता था। कुछ साल पहले भी एक

दलित अधिकार यात्रा नाथद्वारा पहुँची थी, फिर से उसने मन्दिर प्रवेश आन्दोलन की यादें ताज़ा कीं। हालाँकि न अब वैसा भेदभाव है और न ही दलित बहुजन लोग मन्दिर प्रवेश के प्रति इतने उत्सुक रहे हैं।

श्रीनाथ जी को लेकर मज़ेदार बातें मुझे इस ज़िले के अख़बारों में पहले बहुत पढ़ने को मिलती रही हैं। सुबह का अख़बार खोलते ही उसमें श्रीनाथ जी के श्रृंगार के समाचार होते थे। मन्दिर मंडल शायद प्रतिदिन इस सम्बन्ध में विज्ञप्ति जारी करता होगा, सबसे मजेदार तो यह पढ़ना होता था कि सर्दियाँ आने पर श्रीनाथ जी स्वेटर जी अथवा मौजा जी धारण कर लेते थे, तब उनके अनुयायी स्वेटर और मौजे पहनना शुरू करते थे। हर चीज़ के साथ जी लगा कर बात करना यहाँ एक परम्परा है, पर फिर से वही सवाल है कि जब आप प्रसाद तक को प्रसाद जी कहते हैं, वस्तुओं, जीव-जंतुओं और निर्जीव विग्रहों तक के प्रति जी लगा कर सम्मान के चरम पर पहुँचते हैं, तब आप अपने ही जैसे मनुष्य दलितों, आदिवासियों के प्रति भेदभाव का दोगलापन कैसे कर लेते हैं?

हमने श्रीनाथ के दर्शन करने में कोई कोताही नहीं बरती। अच्छे से मन्दिर में गए, मूर्तियाँ देखीं, वापसी में सागर नामक प्रसाद लिया और चल पड़े राजसमन्द की तरफ़। हमें अब पिपलान्त्री जाना है जो अपने पर्यावर्णीय प्रयोगों के लिए ख्यात है और उसके मुख्य परिकल्पनाकर श्याम सुन्दर जी पालीवाल को पद्मश्री अवार्ड मिल चुका है। हमें उनके निवास पर जाना है, जहाँ नारायण जी नारलाई मिलेंगे, फिर हम सब लोग पिपलान्त्री जायेंगे।

श्याम सुन्दर जी ने अपने घर पर हमारा सिंदूर के बीज से तिलक लगा कर स्वागत किया। उन्होंने स्वागत में एक किताब, दुपट्टा और स्मृति चिन्ह भी प्रदान किया। चाय-नाश्ता तो करवाया ही। बोले, ''बातचीत बाद में होगी, पहले हम मेवाड़ी परम्परा के मुताबिक स्वागत करेंगे और चाय-नाश्ता करके पिपलान्त्री के लिए प्रस्थान करेंगे।''

भाजपा के नेता रहे पालीवाल जी अब सक्रिय राजनीति में नहीं हैं। उनको राजनीति के दांव-पेंच और तुष्टिकरण-पुष्टिकरण आदि से समस्या है। वे सकारात्मक और रचनात्मक काम करने के इच्छुक थे। उन्होंने तय किया कि अपने सरपंच के कार्यकाल में वे कुछ ऐसा कर दिखायेंगे कि लोग याद करेंगे। वाकई आज देश-विदेश में उनकी ख्याति है।

पालीवाल जी ने हमें कहा कि आप अपनी गाड़ी यहीं छोड़ दो। हालाँकि

मैं और नारायण जी उनकी गाड़ी में सवार हो गए। वे ड्राइविंग सीट पर थे, फ्रंट सीट पर वर्तमान सरपंच जो कि उनकी सहधर्मिणी अनीता जी पालीवाल थीं, वे बैठीं और पीछे हम दोनों। हीर जी और ललित हमारी बोलेरो में सवार ही थे। दोनों गाड़ियाँ एक साथ आगे बढ़ीं। रास्ते में पालीवाल जी बताने लगे कि उनको यह सब करने की प्रेरणा कहाँ से प्राप्त हुई? मुझे उम्मीद थी कि वे ज़रूर यह कहेंगे कि किसी जल मिशन या भागीरथ फ़ाउंडेशन अथवा इकोलोजिकल एनजीओ से उन्होंने यह विचार ग्रहण किया, या वे ज़रूर अन्ना हज़ारे के रालेगन सिद्दी का ज़िक्र करेंगे, लेकिन आश्चर्यजनक रूप से उन्होंने ऐसे किसी ख्यात-कुख्यात का ज़िक्र नहीं किया बल्कि वे सहजता से बोले कि जब मैं सरपंच बना और मैंने ग्राम पंचायत का पदभार ग्रहण किया तो नारायण जी बलाई जिनको मैं नारायण काका कहता हूँ उनकी पत्नी भूरी काकी स्थानीय भाषा में बोली—'अबे म्हारी समस्या हल होई' अर्थात् अब मेरी समस्या का समाधान हो जायेगा। भूरी काकी जब यह उम्मीद व्यक्त कर रही थी तब वो ज़मीन पर बैठी थी और अन्य लोग कुर्सियों पर थे। मुझे यह खटका, यह तो ठीक बात नहीं है। भूरी काकी दलित है और महिला है इसलिए वह नीचे बैठेगी, यह मैं स्वीकार नहीं करूँगा। मैंने तुरंत ग्राम पंचायत के सचिव से कहा—'आज से सब या तो नीचे जाजम पर बैठेंगे या सब कुर्सियों पर ऊपर बैठेंगे।' वह दिन एक नई राजनीति की शुरुआत का था।

मुझे यह आदमी इंट्रेस्टिंग लगने लगा। मैं तो सिर्फ़ जल संरक्षण और पर्यावरण हेतु उनके द्वारा किये गए कार्य देखने यहाँ पहुँचा हूँ, लेकिन कैसे एक ग्राम सभा का मुखिया अपने गाँव में छोटी-छोटी बातों पर ध्यान देकर बड़े बदलाव ला सकता है, इसका उदहारण मुझे समझ में आ रहा था। श्याम सुन्दर जी पालीवाल हमें नई नर्सरी, पुरानी नर्सरी, उपरली नर्सरी, पौधशाला, जल ग्रहण प्रशिक्षण केंद्र, वहाँ बनाई गई झोंपड़ियों तक ले गए। वर्तमान सरपंच साहिबा पुरानी नर्सरी पर ही रुक गईं। हम उनसे विदा लेकर जल संसाधन विभाग द्वारा करवाए जा रहे काम को देखने पहुँचे, वहाँ पर विभाग के कनिष्ठ और वरिष्ठ अभियन्तागण तथा ठेकेदार के लोग मिले। उनको श्याम सुंदर जी ने उचित दिशा-निर्देश दिए।

यहाँ की हरियाली और खुशहाली मन मोह रही थी पर यह सब कैसे संभव हुआ, यह जानना ज़रूरी था और यह भी कि पहले इस हरी-भरी धरती

पर क्या था, क्या वह बंजर थी, या वह ऐसी ही सरसब्ज़ थी? हमें सवाल पूछने की ज़रूरत ही नहीं पड़ी। पालीवाल जी मस्ती से एक-एक चीज़ दिखा रहे थे और बीच-बीच में कहानी भी सुना रहे थे। बोले—"हमारे इस इलाके को मार्बल खनन और स्लरी की डंपिंग ने खोखला और बर्बाद कर दिया। मार्बल ने राजसमन्द का भला नहीं किया, पानी के प्राकृतिक प्रवाह अवरुद्ध कर दिए, रास्ते बंद हो गए, किसानों के कुएँ सूख गए, गोचर भूमियों पर अतिक्रमण कर दिए गए। हालात यहाँ तक थे कि गरीब लोगों की बस्तियों का रेवन्यू रिकॉर्ड से नामोनिशान तक मिटा दिया गया। भील बस्ती जहाँ माइनिंग होती थी, उनका विस्थापन हो गया, ज़मीनें बिक गईं, उनको हर कहीं बिना नाम ज़मीन पर बसा दिया गया। उनके यहाँ तक जाने के लिए रास्ता बनाना हो अथवा सामुदायिक भवन तो हम बेबस थे क्योंकि रिकॉर्ड में भील बस्ती थी ही नहीं। मुझे लगा कि हमारे जल स्रोत, जंगल, गोचर और गरीबों के रहने के स्थान व रास्ते सब छीने जा रहे हैं, इनको हमें वापस लेना होगा। मैंने 14 रास्ते खुलवाये, नरेगा में काम शुरू किये। नदी-नालों के प्राकृतिक प्रवाह को खुलवाया, किसानों के खेतों तक आवागमन को ठीक किया, पंचायत ने आपके द्वार के ज़रिये रात्रि कालीन बैठकें करके लोगों में सृजनात्मक जुड़ाव पैदा किया। जब उनको भरोसा हो गया कि सरपंच वास्तव में कुछ करना चाहते हैं तो ग्रामीण मेरे साथ लगे, फिर हमने मुड़कर नहीं देखा। मार्बल स्लरी (वेस्टेज) के बड़े-बड़े नंगे पहाड़ों पर हमने पौधे रोपे जो आज पेड़ों के रूप में खड़े हैं, लगभग उजाड़ हो चुकी इस धरती को हमने फिर से हरा कर दिया।"

श्याम सुन्दर जी पालीवाल बताते रहे—"आज बहुत से नेता तरह-तरह के नारे लगा रहे हैं, लेकिन पेड़ बचाओ, बेटी बचाओ, पानी बचाओ, गोचर बचाओ, जंगली जीव-जंतु बचाओ के मूल मन्त्र से पिपलान्त्री प्रयोग सफल हुआ है। यहाँ से निकले अनुभवों और सफलताओं व नारों को लोगों ने अपनाया है। हमने हज़ारों बीघा ज़मीन को अतिक्रमण मुक्त किया और पहाड़ी बंजर ज़मीन को हरा-भरा किया है, जिसे आप खुद यहाँ खड़े होकर देख सकते हैं। जब मार्बल की स्लरी के पहाड़ खड़े हो गए तो उन पर वृक्ष लगाये, एलोविरा उगाई, तरह-तरह के बीज बिखेरे, आज इनको देखकर कोई नहीं कह सकता है कि ये कृत्रिम पहाड़ हैं। हमने अरावली के वैभव को फिर से ज़िंदा करने का प्रयास किया है। कितने सफल रहे या विफल, यह आकलन तो लोगों को करना है।"

पालीवाल जी ने पिपलान्त्री में किये गए काम के ज़रिये एक दिशा दिखाई है कि एक ग्रामसभा चाहे तो वह विधान सभा, लोक सभा, राज्य सभा की भाँति बड़ा काम कर सकती है, जो लोग क्लाइमेट चेंज और धरती की सुरक्षा को लेकर चिंतित रहते हैं या कुछ काम करते हैं, उनके लिए श्याम सुन्दर जी पालीवाल से मुलाकात करना सकारात्मक ऊर्जा पैदा करेगा। श्याम जी ने हमारे लिए मोटे अनाज की रोटियाँ चूल्हे पर पकवाईं और दही, दाल, चटनी के साथ परोसीं। वे खुद भी साथ बैठे और हमने मिलकर इस प्रेम भोज का आनंद लिया। हालाँकि बरसों से श्याम सुन्दर जी और उनके पिपलान्त्री में किये गए कामों के बारे में सुनता रहा हूँ, पर यहाँ आने, उनके काम को देखने तथा उनसे आत्मीय मुलाकात का यह योग अरावली के सफ़र के दौरान नारायण जी नारलाई की वजह से ही संभव हो पाया। हमने श्याम सुन्दर पालीवाल जी को धन्यवाद पत्र सौंपा और उनसे विदा ली। हम साँझ ढलने से पहले एडवोकेट गणेश मेघवंशी के गाँव काला गुमान की हीरे की बंद पड़ी खान तक पहुँचना चाहते हैं। केलवा, गोमती होते हुए आगे बढ़ना था लेकिन गोमती चौराहे पर साथी लक्ष्मणजी के ट्रेवल्स के दफ़्तर पर अरावली निर्माण मज़दूर संघ के अध्यक्ष पारस जी जनावद तथा विनोद जी अंटालिया और लक्ष्मण जी चित्रोलिया के साथ चाय पीने के लिए रुके। चाय ब्रेकर मेरे लिए किसी स्पीड ब्रेकर से कम नहीं है, कोई भी चाय का लालच देकर मुझे कहीं भी रुकने को मजबूर कर सकता है। मैंने अपने चाय प्रेम में अपना लीवर दारूबाज़ों से ज़्यादा ख़राब कर लिया है, पर चाय है कि छूटती नहीं है, अब तो लोग कहने भी लगे हैं कि देखिये चाय और चाय बेचने वालों ने क्या कर दिखाया है, पर लगता है कि यह निगोड़ी चाय मुझे भी ले डूबेगी, छूटेगी नहीं।

काला गुमान का नाम तो बहुत सुना था लेकिन भीम के नज़दीक के कालागुण और लाम्बोडी के पास के काला गुमान को लेकर मेरा असमंजस बरसों तक कायम रहा है। बुद्ध ने कहा है कि हमारे असमंजस ही हमारे दु:ख हैं और मेरे कन्फ़्यूजन मुझे सदैव दुखी करते रहते हैं, जब दोनों गाँवों से कुछ दोस्त बने तो पता चला कि ये अलग-अलग गाँव हैं हालाँकि एक ही विधानसभा क्षेत्र में हैं पर एक है जहाँ हीरे की खान थी, हम तो जौहरी न थे कि हीरे परखते मगर जिज्ञासु ज़रूर थे कि हीरे निरखते, सो चल पड़े काला गुमान।

काला गुमान में अरावली के यात्रियों का एडवोकेट गणेश मेघवंशी जी

के यहाँ भव्य स्वागत हुआ। यहाँ रघुवीर रांगेरा जी, लाल चंद जी, अली हुसैन जी, एक अन्य शिक्षक जिनका नाम मेरी स्मृति से फिसल गया है और उनके अलावा भी दर्जनों लोग मौजूद थे। माला, साफ़ा, तिलक, फ़ोटो और चाय-नाश्ते के साथ ही कितेला गाँव के साथी सुरेश जी गन्ने का ताज़ा रस बोतल भर कर ले आये। जब उनसे हमने कहा कि चाय पर गन्ने का ठंडा रस तो उचित न होगा तो वे हमें गन्ना रस की बोतल ही भेंट कर गए, यहाँ पर अरावली यात्रा के साथ-साथ दलित साहित्य की वैचारिकी पर भी बात हुई, फिर हमने गाँव के बारे में जानकारी ली। शाम जल्द ही हो जायेगी, ऐसी आशंका के मद्देनज़र हम हीरे की खान देखने गए, जो अब बंद पड़ी है। पहले बहुत बरसों तक यहाँ से हीरे निकले फिर खनन कार्य बंद हो गया, यहाँ की ज़मीन पर अब भी चमकीले पत्थरों के टुकड़े दिखते हैं, लोग हीरों की खोज के लालच में यहाँ तक आते हैं और इधर-उधर डोल कर चलते बनते हैं।

वापसी में लाम्बोडी से नारायण जी नारलाई की मोटरसाइकिल ली। चारभुजा होकर झीलवाड़ा चौराहे पर पहुँचे, वहाँ से हट्टा जी के गुडा के भैरू बावजी के स्थान पर गए जहाँ पर वोराट नवयुवक मंडल की टीम हमारा इंतज़ार कर रही थी। यहाँ लक्ष्मण जी, राजेन्द्र जी, नन्द जी, उदय लाल जी सरूपिया और सुरेश जी जैसे पूर्व परिचित तो मिले ही और भी कई सारे युवा, बच्चे तथा बड़े-बुज़ुर्गों से मुलाकात हो गई। यात्रा को लेकर मैंने मौजूद साथियों को अवगत करवाया, गेहूँ की रोटियाँ और गोभी की सब्ज़ी का सामूहिक भोज हुआ, फ़ोटो सेशन हुआ, फिर नारायण जी को चारभुजा स्थित उनके निवास पर छोड़ा और हम माहेश्वरी धर्मशाला में रात्रि विश्राम हेतु पहुँच गए। रात के ग्यारह बजने वाले हैं, नींद आ रही है या थकान दोनों में फ़र्क करना मुश्किल जान पड़ता था। कमरे में घुसे और बिस्तर पर गिरे तो मोबाइल देखने जितनी भी मोहलत न मिली, लेटते ही नींद ने घेर लिया।

उन्नीसवाँ दिन

रूपनगर का रहस्यमय क़िला

सुबह जल्दी तो नहीं पर टाइम से उठ गए। अरावली में ऑक्सीजन का अभाव नहीं है, यहाँ चार घंटे की नींद भी पर्याप्त होती है। रात को देर से सोये फिर भी साढ़े पाँच बजे नींद खुल गई। ताज़गी महसूस हो रही थी, कमरे के बाहर बालकनी में देखा, शीतल पवन सुखदायी लगी। सोचा कि नीचे उतर कर चंद कदम चला जाये और चाय मिले तो उसका लुत्फ़ उठा लिया जाये, क्योंकि माहेश्वरी धर्मशाला में तो चाय सात बजे मिलेगी, इसलिए मॉर्निंग वॉक करते हुए चारभुजा चौराहे तक जाकर चाय पी। कक्ष में लौट कर नित्य कर्म से निवृत्ति ली और तैयार होकर ग्राउंड फ़्लोर पर स्थित भोजनशाला पहुँचे। नाश्ते में परांठे और अचार मिला, अच्छी सी एक और चाय पी, तब तक आठ बज गए। हमारे मेज़बान नारायण जी आ चुके हैं और हमको आज रूपनगर का रहस्यमय किला देखने जाना है, इसलिए निकल पड़े, चूँकि किले तक पहुँचने का रास्ता बेहद दुर्गम है, इसलिए अपनी बोलेरो वहीं छोड़ दी तथा हमने जीपड़ा की सवारी की और निकल पड़े रूपनगर किले को देखने।

सफ़र रोमांचक था पर जोखिम भरा भी ख़ूब था। एकदम कमरतोड़ भी। ड्राइवर या तो आदतन अथवा जानबूझकर कालांतर में इस ख़तरनाक रास्ते पर हुईं दुर्घटनाओं के बारे में जानकारी दे रहा था कि कैसे एक सीमेंट से भरा ट्रेलर सीधा नीचे खाई में जा गिरा अथवा एक जीप सवारियों सहित ही पलट गई या जंगली जीवों द्वारा किस तरह इंसानों पर हमले हुए और लोग मारे गये। मेरी ऐसी कहानियाँ सुनने में नहीं के बराबर रुचि है। ऐसा नहीं है कि ऐसी कहानियाँ मुझे डराती हैं, लेकिन सब जगह ऐसी ही एक सी कहानियाँ विद्यमान हैं। आप सुनते-सुनते पक जाते हैं, फिर और नई जगह वैसी ही दुर्घटना की कहानी

आपका इंतज़ार करती मिलती है, तब लगता है कि इन्हें सुनने से तो बढ़िया है कि हम खुद दुर्घटनाग्रस्त हो गए होते।

बातूनी ड्राइवर बाज़ दफ़ा काफ़ी मज़ेदार हो सकते हैं लेकिन कभी-कभी बोर भी करते हैं। मैंने बातों से अपना ध्यान हटा लिया और आस-पास चल रहे काम और उस पर कार्यरत मज़दूरों को देखने लगा। वन विभाग जंगलात की दीवार ठीक करवा रहा था, एक दरवाज़ा भी बन रहा है, आगे जाने पर एक सनसेट पॉइंट जैसा भी लगा तो समझ में आया कि विभाग शायद ईको डेस्टिनेशन सेंटर बनवा रहा है, ताकि पर्यटकों को यहाँ आने को आकर्षित किया जा सके। हमें नारायण जी ने बताया कि हाल ही में यहाँ एक हिन्दी फ़ीचर फ़िल्म की शूटिंग हो चुकी है। उन्होंने अनिल कपूर की किसी फ़िल्म का नाम लिया, मैं नाम भूल चुका हूँ।

रूपनगर गाँव आ चुका है। एकदम कच्चे घर देखकर लगा कि कोई भूतहा गाँव है जो कभी आबाद रहा होगा, लेकिन अब वीरान होगा और उसका रहस्यमयी महल होगा जिसे रूपनगर का क़िला कहा जाता हो। आगे जाने पर सबसे पहले वाल्मीकि समुदाय के लोगों का मकान आया। कुछ लोग भी दिखे, उसके बाद स्कूल का खंडहर सा भवन आया, जो अब बंद है। आगे एक नई बनी पानी की टंकी और एक या दो मन्दिर दिखाई पड़े। सोचा कि यहाँ कोई पुजारी आते होंगे, तब ही तो लोग नज़र आ रहे हैं, पर जैसे-जैसे आगे बढ़े तो और भी लोग दिखे, पानी की टंकी पर नल से पानी भरती औरतें मिलीं और इसी के साथ मिल गया रूपनगर किले का गेट, लेकिन ताला लगा है, खुलेगा कैसे?

हमारे साथ नारायण जी थे। वे जानते थे कि किसके पास इसकी चाभी होगी। उन्होंने उक्त सज्जन को समाचार भेज दिया। पाँच मिनट का इंतज़ार भी नहीं करना पड़ा कि चाभी सहित केयर टेकर महोदय हाज़िर हो गये। प्राचीन दरवाज़ा खोला गया, हम अंदर घुसे। हमें बताया गया कि यह क़िला लगभग सात सौ साल पुराना है, अब जीर्ण-शीर्ण हो रहा है। इसके बावजूद भी उसके दरवाज़े, महल, मेहराबें और उन पर उकेरे गए युद्ध के दृश्य, किले में स्थित दकनावत जी वकुलदेवी का मन्दिर आज भी अपने पुरातन वैभव की गवाही देते हैं।

यह क़िला अरावली पर्वत माला के सघन वन क्षेत्र और दुर्गम पहाड़ियों के मध्य रूपजी के मंगरा पर स्थित होने से रूपनगर किला कहलाया। यहाँ की

सबसे ऊँची इमारत पर खड़े होकर पश्चिम में देखें तो मारवाड़ साफ़ नज़र आता है। दक्षिण में कुम्भलगढ़ का क़िला दबा-दबा सा दिखता है। यह एक ऐसा अभेद्य क़िला रहा होगा। जिस पर क़ाबू पाना दुश्मन के लिए कभी सरल नहीं रहा होगा। रूपनगर और झीलवाड़ा सोलंकी राजपूतों के ठिकाने रहे हैं। मेवाड़ की सुरक्षा की प्रथम पंक्ति में रूपनगर का अवदान रहा है। हालाँकि देख-रेख के अभाव में अब रूपनगर का यह भव्य दुर्ग जर्जर हो चुका है, जगह-जगह से इसको धन-संपत्ति के लालच में खोद दिया गया है। हमें यह भी जानकारी मिली कि अब यह किला दो भागों में विभक्त है, इस वजह से भी इसकी दुर्दशा है। बाहर जेल, तोपखाना, अस्तबल सब कुछ वैसा का वैसा ही है। किले के भवनों के निर्माण में चूना पत्थर, ईंटों और मज़बूत लकड़ी का उपयोग हुआ है, जो अभी तक टिकी हुई है। हम जैसे-जैसे अंदर घुसते रहे, वहाँ बसे चमगादड़ बाहर भागने लगे, मधुमक्खियाँ, उल्लू और अन्य पक्षियों ने अब रूपनगर के इस ऐतिहासिक दुर्ग पर क़ब्ज़ा जमा रखा है।

बाहर निकले तो दो और मन्दिर दिखे। एक लक्ष्मीनारायण मन्दिर तो दूसरा हनुमान मन्दिर। आश्चर्यजनक रूप से इस घनघोर जंगल में सभी मोबाइल कम्पनियों का नेटवर्क विद्यमान था, फ़ोन की घनघनाती घंटियों ने यह जता दिया। आगे जाने पर किसी व्यावसायिक समूह द्वारा फ़िल्म शूटिंग के दौरान बनाए गए गेस्ट हाउस को भी देखने का अवसर मिला, अब हम भरत जी और राजेंद्र जी के रिश्तेदारों के यहाँ चाय पीने पहुँच गए हैं जो दुर्ग से सटे मोहल्ले के निवासी हैं। वहाँ छत पर प्यालों में कड़क ताज़ा चाय पीते हुए हमने बातें कीं, चारों तरफ़ का विहंगम नज़ारा देखा, कुछ लोग मिलने भी आ गये, पता चला कि इस गाँव में 35 परिवार अब भी निवास करते हैं। वे मुख्यतः पशुपालन और खेती से अपना जीवनयापन करते हैं, उनका गाँव से और अपने पुरखों-पुरखिनों से ऐसा लगाव है कि शासक छोड़ गए, राजशाही का अंत हो गया पर इन्होंने अपनी धरती नहीं छोड़ी और न ही अब भी छोड़ने का इरादा रखते हैं। आवागमन बेहद कठिन है, बाहर कहीं भी जाने के लिए मोटर बाइक अथवा जीपड़ा मँगवाना पड़ता है। गाँव की प्राथमिक शाला बंद कर दी गई। जब चलती थी, तब भी टीचर नहीं आना चाहते थे, लेकिन अब तो बिलकुल बंद हो गई है। कुछ परिवार अपने बच्चों को पढ़ाने के लिए देसूरी अथवा उदयपुर या चारभुजा की तरफ़ जाकर रहते हैं, काफ़ी बच्चे ऐसे ही घूमते मिले, उनसे जब स्कूल जाने

की बात पूछी तो वे हँसते हुए भाग गए। यहाँ पहुँचकर शिक्षा के अधिकार क़ानून की सीमाओं का अहसास हुआ।

पगल्या जी की नाल का रामदेव थान

लौटते वक्त मानावतों का गुड़ा से पहले पगल्या जी के थान पर रुके। दरअसल यह पुराने वक्त में बंजारा व्यापारियों और सैन्य अधिकारियों के आने-जाने का सबसे महत्त्वपूर्ण मार्ग था, जो अब देसूरी की नाल के नाम से ख्यात है। इस नाल में व्यापारियों के साथ लूट की घटनाओं के मद्देनज़र सुरक्षा चौकियाँ स्थापित की गई थीं। पगल्या जी व्यापारियों के पड़ाव का स्थल था, यहाँ एक कुआँ भी है, बड़ा बरगद है और अलख धणी के चरण चिन्ह (पगल्या) स्थापित हैं। श्रमण की भ्रमण संस्कृति में चरण रवानगी का प्रतीक है। जैन हों, बौद्ध हों अथवा लोक देवता बाबा रामदेव पीर के पूजक, वे चरण प्रतीकों को विशेष महत्त्व देते हैं।

इस नाल से मारवाड़ के शासक, मेवाड़ के शासक, अंग्रेज़ अधिकारी और आम नागरिक भी आते-जाते थे, इसलिए इसका बहुत महत्त्व रहा है। आज भी मेवाड़ और मारवाड़ को सीधे जोड़ने में इस मार्ग की महती भूमिका है। हालाँकि अब यह सेंचुरी में है, फिर भी सड़क मार्ग है। कभी-कभी इस मार्ग पर होने वाली दुर्घटनाएँ जब मार्ग अवरुद्ध कर देती हैं तो कई दिनों तक जाम रहता है। रामदेव पीर के दर्शन हेतु जाने वाले यात्रियों से भरा एक ट्रेलर यहाँ पलट गया था, जिसमें सैंकड़ों लोग मारे गए थे। यहाँ बड़ी सावधानी से निकलना ठीक रहता है, वन्य जीव आ जाते हैं।

अब यहाँ पर एक सराय, भजन गाने वालों के लिए टीनशेड और रामदेव जी का थान बना हुआ है। मानावतों का गुड़ा के स्वरूपलाल जी बलाई इसके पुजारी हैं। हम अलख के चरणों में बैठे, यहाँ इस क्षेत्र के कुछ युवा मिलने पहुँच गए थे, उनसे भी बातें कीं और चारभुजा के लिए प्रस्थान किया।

डॉ. गोविन्द सिंह जी से मुलाक़ात

चारभुजा गढ़बोर स्थित मन्दिर पर हमारे गाँव की तरफ़ से होकर माण्डल और भीलवाड़ा के माहेश्वरी समाज के लोग बड़ी संख्या में जल झूलनी एकादशी को पैदल जाते रहते हैं, सबसे पहले उन्हीं से यह नाम सुना, फिर जब पढ़ने जाते तो गढ़बोर ट्रेवल्स में बैठकर जाते थे। उसमें भी गढ़बोर चारभुजा मन्दिर की

प्रतिमा की तस्वीर लगी हुई थी। पहली बार इस जगह के नज़दीक जनावद गाँव आना हुआ, जहाँ सूचना के अधिकार से प्राप्त जानकारियों से हुई जन सुनवाई में लाखों रुपए का घपला निकला था। इसके बाद खाद्य सुरक्षा को लेकर हुई जन सुनवाई में इसी इलाक़े में सक्रिय रहा, पर चारभुजा मन्दिर में कभी जाने का अवसर ही नहीं बना।

आज गाड़ी सीधे मन्दिर की पार्किंग में पहुँची और चल पड़े प्रतिमा देखने। भव्य मन्दिर के बाहर दोनों तरफ़ विशाल हाथी की मूर्तियाँ लगी हुई हैं, अंदर घुसे तो सामने गर्भगृह में श्रीकृष्ण की मूर्ति दिखाई दी। चारभुजा श्रीकृष्ण का ही एक नाम है। मुख्य मन्दिर के स्तंभों, दीवारों और दरवाज़ों पर सोने-चाँदी की परत चढ़ी हुई प्रतीत होती है। यहाँ के पुरोहित सिर्फ़ गुर्जर समुदाय के लोग होते हैं। सभी जाति वर्ग के श्रद्धालु लोग आते हैं।

मन्दिर परिसर में मेवाड़ पर रिसर्च करने वाले स्कॉलर डॉ. गोविंद सिंह जी सोलंकी से मुलाकात हो गई, उनसे मिलना प्रस्तावित था। उन्होंने अपना शोध ग्रंथ *मेवाड़ के ठिकानों का इतिहास* भेंट किया। उनके इस महत्त्वपूर्ण ग्रंथ में वोराट क्षेत्र की प्रामाणिक जानकारियाँ दी गई हैं। इस पुस्तक से यह भी पता चला कि किस तरह रूपनगर ठिकाने ने सन् 1957 की क्रांति में बड़ा योगदान दिया। उस वक्त के ठाकुर बेरीसाल सिंह ने न केवल क्रांतिकारियों को इस किले में शरण दी, बल्कि उनकी हर संभव सहायता भी की। इसकी वजह से अंग्रेज़ों ने रूपनगर के 14 गाँव ज़ब्त कर लिये थे। जबकि उस समय के मेवाड़ के महाराणा स्वरूप सिंह ने अंग्रेज़ों की मदद का हुक्म दिया था, किंतु सलुंबर, कोठारिया, भिंडर, लसानी व रूपनगर ने इसका विरोध करते हुए क्रांतिकारियों की मदद की।

डॉक्टर सोलंकी जी ने बताया कि चारभुजा नाथ का मन्दिर मेवाड़, मारवाड़ सहित सभी शासकों के लिए बेहद श्रद्धा की जगह रही है, यहाँ हर महीने की चतुर्दशी को बेवाण (रथयात्रा) निकाली जाती है, जिसमें चारभुजा को निकटस्थ मीराबाई मन्दिर तक ले जाया जाता है। डॉ. गोविंद सिंह जी अधिकृत सूचनाओं का ख़ज़ाना हैं, उनकी इस इलाके में बड़ी प्रतिष्ठा है। मन्दिर परिसर में उन्होंने पुजारियों से मेरा परिचय करवाया और मुख्य पुजारी की ओर से हमारा अभिनंदन भी किया गया। हमने बाहर आकर बढ़िया सी चाय पी और डॉक्टर सोलंकी जी को शुक्रिया कहते हुए आगे बढ़े।

गोमती नदी के उद्‌गम पर ठहराव और सेवन्त्री से आगे का सफ़र

चारभुजा से निकले तो गोमती नदी के उद्‌गम स्थल पर पहुँचे, यहाँ पर एक शानदार लक्ष्मण झूला है। गोमतेश्वर मन्दिर भी बना हुआ है, एक झील बनी हुई है। कुछ समय यहाँ गुज़ार कर सेवन्त्री स्थित रूपनारायण मन्दिर पहुँचे। सेवन्त्री में जिस जगह हमने गाड़ी पार्क की, वहाँ पता चला कि कुंभलगढ़ क़िला पहले सेवन्त्री में बन रहा था, जो आज तक अपूर्ण ही है, उसके अवशेष मौजूद हैं। अंदर भव्य मन्दिर है, जो कृष्ण के बड़े भाई बलराम का मन्दिर है। इस मन्दिर का ज़िक्र नाभाजी कृत *भक्तमाल* में भी है, यह काफ़ी प्राचीन मन्दिर है, यहाँ के पुजारियों ने हमको बताया कि यहाँ का इतिहास पांडवों से जुड़ा हुआ है। संभव है कि यहाँ हमला हुआ होगा, क्योंकि कुछ प्रतिमाएँ खंडित हैं।

हमने प्रसाद ग्रहण किया और तेजा का गुड़ा वन नर्सरी का तालाब होते हुए आगे बढ़े। रास्ते में उमरवास था, जहाँ की गवरी बहुत प्रसिद्ध है। सेवन्त्री से कितेला वालारोड शानदार है। इलाक़े में सीताफल के ढेर सारे पेड़ थे। चारों तरफ़ नरेगा कार्यों में जाती स्त्रियों के झुंड मिले। रास्ते में कितेला, कांकरिया और जंबू का तालाब और एक गिट्टी क्रेशर दिखाई पड़ा। यात्रा के दौरान मैं सोलंकी जी की किताब पढ़ता रहा, जिससे जानकारी मिली कि झीलवाड़ा और रूपनगर जागीर के अभिलेखों में सामंती शासन व्यवस्था के विभिन्न कर्मचारियों का वर्णन मिलता है, इसमें पेशागत व जातिगत दोनों तरह के व्यवसायों का ज़िक्र है तथा यहाँ के आदिवासी जन जीवन और उनकी आजीविका की भी जानकारियाँ मिलती हैं। जो इस प्रकार से है—'ठाकुर भू संपदा स्वामी होते थे, उनके सबसे नज़दीक वर्ग कोठारी, कामदार, फ़ौजदार, पुरोहित होते थे, उनके बाद दसुंदी, हज़ूरी, चाकर, महावत, पटेल, पटवारी, गाँव बलाई और सेहना होते थे। इसके बाद जातिगत पेशा करने वाले लोग होते थे, जिनमें माली, कलाल, खटीक, नाई, तेली, पंसारी, सुथार, लुहार, ढोली, मोची आदि होते थे। सिपाहियों में सोलंकी, चुण्डावत, डोडिया, राठौड़, बल्ला, खरवड़, दसाना, भील भर्ती किए जाते थे। रूपनगर ठिकाने में मुसलमान, भील तथा गरासिया काफ़ी थे। भील आदिवासी इस व्यवस्था में निम्न कार्यों में नियोजित किए जाते थे। वे न्यूनतम मज़दूरी पर रात को पहरा देते थे। आपातक़ालीन स्थिति में राज परिवार के लोगों को सुरक्षा देते थे, राजकीय डाक लाते-ले जाते थे, युद्ध में घायल लोगों को उचित जगह पहुँचाते थे, सरकारी मेहमानों व अधिकारियों के सामान पहुँचाते थे, सार्वजनिक

निर्माण कार्यों में मज़दूरी देते थे और महाराणा व ठिकानेदार के शिकार के वक़्त हल्ला मचा कर शिकार को गंतव्य तक लाते थे। हालाँकि यह भी सच है कि आदिवासी परम संतुष्ट समुदाय था, लेकिन वे युद्धों में बेहद महत्त्वपूर्ण भूमिका निभाते थे।

मैराथन ऑफ़ मेवाड़—दिवेर स्मारक

सन् 1582 ईस्वी में विजयदशमी के दिन दिवेर में चले तीन घंटे के भीषण युद्ध में महाराणा प्रताप ने अकबर की सेना पर निर्णायक विजय प्राप्त की थी। युद्ध के दौरान महाराणा ने अपनी तलवार से अकबर के सेनापति बहलोल खाँ को घोड़े सहित दो भागों में काट डाला। इस दृश्य को देखकर मुग़ल सेना भाग खड़ी हुई। कर्नल जेम्स टॉड ने इस युद्ध को 'मैराथन ऑफ़ मेवाड़' लिखा है। हल्दीघाटी के युद्ध को टॉड ने 'थर्मोपाइल ऑफ़ मेवाड़' कहा था। दिवेर राष्ट्रीय राजमार्ग क्रमांक 48 पर देवगढ़ से उदयपुर जाने वाले मार्ग पर स्थित है। रोड से ही महाराणा प्रताप की घोड़े पर सवार प्रतिमा दिखाई पड़ जाती है। यह महाराणा प्रताप स्मारक है, हम गाड़ी ऊपर तक ले जाने में कामयाब हो गए क्योंकि यहाँ के स्टाफ़ ने काफ़ी मदद की, उन्होंने बेरिकेट्स खोल दिये।

ऊपर से पूरे दिवेर क्षेत्र का नज़ारा देखा। दिवेर का वह दर्रा जहाँ युद्ध हुआ था, वह भी इस शौर्य स्थल से साफ़ दिखता है। दिवेर की नदी के साथ-साथ एक नया रोड भी बन चुका है, यह जगह टॉडगढ़ रावली सेंचुरी में है। हमने महाराणा प्रताप को नमन किया और नीचे आए। सतीश गर्ग यहाँ पर मैराथन ऑफ़ मेवाड़ रेस्टोरेंट एंड क्लब चलाते हैं, उनके यहाँ चाय पी और दिवेर की नाल की तरफ़ बढ़ चले।

कोट सोलंकियान—हरचंद पीर की धूणी

पहली बार दिवेर की नाल में आने का अवसर मिला। रास्ते में सांभरिया, गुड़ादेवड़ान आया, यहाँ गाँवों को गुड़ा कहा जाता है। अब हम पहुँच गए हैं कोटसोलंकियान, यहाँ हरचंद पीर की धूणी है, सात तपस्वी संतों की समाधियाँ हैं, पहाड़ी के शिखर पर अलख जी का मन्दिर है। हमारी मुलाक़ात गुलाबदास जी से हुई जो इस धूणी के गद्दीनशीन हैं। यहाँ हमारी गाड़ी को देखकर नारायण जी तंवर सांसरी वाले रुक गये। वे सोशल मीडिया पर अरावली की यात्रा के बारे में अपडेट पढ़ रहे थे, आए और मिले तथा एक हज़ार रुपए यात्रा सहयोग

हेतु देकर तुरंत ही प्रस्थान कर गए। हमें धन्यवाद देने का मौक़ा भी न दिया। यहाँ के सरपंच शंकर लाल जी भी मिले। हमें कक्षा पाँच की विद्यार्थी लक्षिता अलख धूणी की पहाड़ी पर ले गई और वहाँ के दीदार करवाए। हम वापस हरचंद पीर की धूणी पर लौटे। गुलाबदास जी पीर ने चाय पिलाई, यहाँ चल रहे निर्माण कार्यों की जानकारी दी। उनके पुत्र रघुवरदास जी जो कि रोज़गार सहायक हैं, उनसे भी बातें हुईं।

हमें इजाज़त मिली तो आगे बढ़े। रास्ते में कोट, नया गाँव, पनोता, सांसरी, जोड़किया, जोजावर, मानी, गुड़ा चतरा, बोगला, करमाल चौराहा पहुँच गये। यहाँ पर देसूरी सोजत राजमार्ग का काम द्रुतगति से चल रहा था। पुलिया निर्माण की वजह से जगह-जगह बायपास दिए हुए थे। यह अरावली का पश्चिमी ढलान वाला इलाक़ा है। पूरे रास्ते रंग-बिरंगी पोशाक पहने विभिन्न समुदाय की महिलाएँ खेतों पर आती-जाती दिखीं, विशेष रूप से हाथी दाँत का चूड़ा और घाघरा-लुगड़ी पहने ग्रामीण महिलाएँ अलग ही नज़र आती थीं, जो राजस्थान के बाक़ी हिस्सों में नहीं दिखती है। ज़्यादातर गाँवों में पक्के मकान बन चुके हैं, कहीं इक्का-दुक्का ही कच्चे केलूपॉश घर देखने को मिले। अब हमने जोजावर नदी पार कर ली और भगोड़ा आ गए थे, जहाँ बाल तपस्वी संतोष नाथ जी निर्धन बालक-बालिकाओं के लिए आवासीय विद्यालय चलाते हैं। उनका काम सराहनीय है। एक विद्यालय से खाद्यान्न का किट लेकर घर जाती प्रसन्नचित्त बालिकाओं का समूह भी मिल गया। तरह-तरह के पेड़-पौधे, पशु-पक्षी और रंग-बिरंगे कपड़ों वाले इंसान देखते-देखते हम काली घाटी जिसे कामली घाट कहा जाता है, उसमें प्रवेश कर गए।

हम एक बार पुनः टॉडगढ़ रावली वन्य जीव अभ्यारण्य में थे। दुःख इस बात से था कि जैव विविधता को विलायती बबूल (जूली फ़्लॉरा) चुनौती दिए हुए था। वन-विभाग को इस तरफ़ विशेष ध्यान देना होगा। आगे चले तो तीर्थेश्वर महादेव मन्दिर आया जो एक नाले के किनारे पर है। इस निर्जन घाटी में मन्दिर के बाहर बैठे वानर भी नर ही लगे, कुछ भी हो हैं तो हमारे पूर्वज ही न! यहाँ बंदर ख़ूब हैं, अन्य वन्य जीव भी हैं। धोकड़ा, खेजड़ी, इमली, खरनी, कनज, पलाश, अडूसा, बेर और आक के पेड़ों से पूरा वन आच्छादित है। पहले काली घाटी की नाल का रास्ता बड़ा दुर्गम था, लेकिन अब अच्छी सड़क बन गई है। यह भी मेवाड़ और मारवाड़ को जोड़ने वाला दर्रा है, जिस पर बनी सड़क पर

ज़बरदस्त ट्रैफ़िक रहता है, हालाँकि रात में इधर से बाइक सवार अथवा अकेले यात्री नहीं गुज़रते हैं।

भीलबेरी पर वन विभाग का रेस्ट हाउस है, जो इन दिनों ईको डेस्टिनेशन सेंटर बन चुका है। भीलबेरी अरावली का सबसे ऊँचा जल प्रपात है, लेकिन इन दिनों बंद होने से हमारा वहाँ तक जाने का अरमान पूरा नहीं हो पाया। अब हम कामलीघाट चौराहा पहुँच गए, जो राजसमंद ज़िले में है, वहाँ से बाघाना के एक हाईवे होटल पर खाना खाया। सेव टमाटर, दही फ्राई, तंदूरी रोटी, छाछ, ग्रीन चिली छककर खाई गई। आज दिन भर खाने का अवसर नहीं मिला, इसलिए लंच डिनर मिलाकर हमने लिनर किया। नारायण जी नारलाई को लेने धन जी रिछेड़ से आ गए थे। उनको विदा किया और हम विजयपुरा के पूर्व सरपंच कालु जी सालवी के बुलावे पर राम रसोड़ा जा पहुँचे, खाना तो खा ही रखा था, कुछ देर में खर्राटेदार नींद आ गई।

बीसवाँ दिन

पन्ना काली वा अंधियारी मांझल रात...

गौरी धाम का रोमांचक सफ़र

राजसमंद ज़िले के कामलीघाट के पास से बाघाना के उसी होटल के पास से गौरी धाम जाने का रास्ता है। राष्ट्रीय राजमार्ग से गौरी कुंड की दूरी पाँच किलोमीटर है, जिसमें से तीन किलोमीटर तक गाड़ी जा सकती है? हमने नक़लंग नाथ के काला गौरा मन्दिर तक गाड़ी को ले जाकर खड़ा कर दिया, आगे तक ले जाने की सोची थी, लेकिन आगे तो बेहद ऊबड़-खाबड़ रास्ता था, इसलिए गाड़ी वापस मोड़ कर तय स्थान पर खड़ी करनी पड़ी। डर तो था कि गाड़ी सुरक्षित भी रहेगी या चोरी चली जायेगी। आजकल गाड़ियाँ चोरी करने वाले गिरोह बहुत सक्रिय हैं, अगर गाड़ी गई तो सब कुछ जायेगा, पर कोई विकल्प तो न था, इसलिए कुदरत पर और लोगों की नीयत पर भरोसा करके छोड़ दिया। आज हमारे साथ विजयपुरा के पूर्व सरपंच और मज़दूर किसान शक्ति संगठन के कार्यकर्ता कालुराम जी सालवी भी हैं। हर दिन की भाँति ललित और हीर जी तो हैं ही। इस तरह हम चार लोग चल पड़े। आगे विकट रास्ता है जो कहने के लिए तो महज़ दो किलोमीटर है लेकिन पहाड़ के दो किलोमीटर समतल के नौ किलोमीटर से भी अधिक होते हैं।

यहाँ एक जैसी न चढ़ाई है और न ही उतराई। रास्ता एक पहाड़ी से दूसरी पहाड़ी पर जाता है, उसी के अनुरूप ऊपर नीचे जाता रहता है, इसलिए यह काफ़ी थका देने वाला है। इस सघन अरावली में पैदल चलना अच्छा भी लगता है और थकान भी होती है। अरावली का असली सौंदर्य और चुनौती यहाँ नज़र आती है। अब चलते-चलते थक कर चूर-चूर होने से पहले ही पाताल लोक से

घंटियाँ बजने की आवाज़ आने लगी थी, हमारा उत्साह लौट आया। नीचे घाटी के पेड़ ज़्यादा हरे-भरे हैं, वहाँ से वन्यजीवों की आवाज़ें आती हैं, उनमें बंदरों, चिड़ियों और गिलहरियों की आवाज़ें समवेत स्वरों में सुनी जा सकती हैं।

आगे जाने पर दो तरफ़ सीढ़ियाँ बनी हुई हैं। हमने छोटा वाला रास्ता लिया, बंदर ख़ूब भाग-दौड़ कर रहे थे। सबसे पहले हनुमान मन्दिर आया, फिर दूसरी तरफ़ गणेश मन्दिर, बाद में गौरी, दत्तात्रेय और भोलेनाथ के मन्दिर हैं। गौरी मन्दिर के बाहर गेट पर ही 'जय गौरी मैया' लिखा हुआ नज़र आया। हमारे सहयात्री कालू जी बोले—"अभी तो ऑफ़ सीज़न है, सावन भादों के महीने में यहाँ पर्याप्त सैलानी पहुँचते हैं, यह स्थान कम-से-कम पाँच सौ साल पुराना तो होगा ही। यहाँ सात कुंड हैं, जो पहाड़ से नीचे उतरकर ज़मीन के लेवल पर बना हुआ है। यहाँ का वाटरफ़ाल बरसात में अपने पूर्ण वेग से बहता है, कम बारिश में थोड़ा कम प्रवाह में बहता है और अकाल में बिलकुल भी नहीं बहता है।"

यहाँ गौरी कुंड और सूरजकुंड सहित सातों कुंडों में से सूरजकुंड काफ़ी ख़तरनाक है, अब तक यहाँ पर दो दर्जन लोग डूब कर मर चुके हैं। गुफ़ा में गौरी मैया हैं तो विकट गुफ़ा में भगवान भोलेनाथ। बड़ी-मधुमक्खियों के छत्ते सचेत करते हैं। पहाड़ से शिलाजित जैसा कोई पदार्थ चू रहा था। साथ लाये नाश्ते को निपटाया और वापस निकले। गौरी धाम का वापसी का सफ़र काफ़ी रोमांचक बन गया था। नक़लंग नाथ से गाड़ी उठाई और छापली गए जहाँ खारी नदी का उद्‌गम है। खारी नदी छापली से प्रारम्भ होकर बाघाना, चेता आसन, देवगढ़, संग्रामपुरा, लसानी, सोपुरी बाँध, इसरमंड, धुंवाला, तगरिया, फाकोलिया, झालारा, दांतड़ा बाँध, आसीन्द, सवाईभोज, गढ़ दड़ावट, अँटाली, खेजड़ी होते हुए बिसलपुर बाँध में होते हुए बनास में जा मिलती है।

पन्ना धाय द्वारा चंदन का बलिदान

गौरीधाम से चल कर आमेट तहसील के कमेरी गाँव की तरफ़ जैसे-जैसे चले तो मुझे कवि सोहन चौधरी की पन्ना धाय पर लिखी एक राजस्थानी कविता रह-रह कर याद आने लगी—'पन्ना काली वा अंधियारी माँझल रात, अर रर पन्ना काली वा अंधियारी माँझल रात, नानो उदियो ले साथ, कुंभलगढ़ ताईं चाल पड़ी रे...' कवि इस मार्मिक गीत में पन्ना धाय के अपने पुत्र का बलिदान देकर मेवाड़ के राजकुमार उदय सिंह को बचा लेने के महानतम कार्य का विशद वर्णन

करते हैं। श्रोता मंत्रमुग्ध होकर उनको सुनते हैं। मुझे भी एक कवि सम्मेलन में सोहन चौधरी जी को सुनने का मौक़ा मिला, तब से यह गीत मेरे ज़ेहन पर छाया रहा, जो आज स्मृतियों के वातायन से पुनः याद हो आया।

पन्ना को धाय माँ का ख़िताब हासिल था। इसके मायने यह हैं कि तत्कालीन राजशाही व्यवस्था में राजकुमार की दुग्धपान और उसके लालन-पालन की ज़िम्मेदारी धाय माँ की होती थी। उनका दर्जा जन्म देने वाली माँ जैसा ही होता था। पन्ना चित्तौड़गढ़ के निकट माताजी की पाण्डोली गाँव के गुर्जर हरचंद हाँकडा की पुत्री थी। उनका विवाह आमेट ठिकाने के कमेरी गाँव के चौहान गुर्जर सूरजमल के साथ हुआ, जो मेवाड़ की फ़ौज में एक सैनिक थे। दोनों ही चित्तौड़गढ़ दुर्ग में अपने कर्तव्य का निर्वहन करते थे। पन्ना धाय और सूरजमल चौहान के जुलाई 1521 को एक पुत्र पैदा हुआ जिसका नाम चंदन था और वह राजकुमार उदयसिंह का समवय ही था।

जैसा कि इतिहास से ज्ञात होता है कि रानी कर्मवती के बड़े बेटे विक्रमादित्य की राजा की एक दासी से जन्मे पुत्र बनवीर ने हत्या कर दी और शासन का अधिकारी बन गया। वह विक्रमादित्य के छोटे भाई राजकुमार उदय सिंह को भी मारने का षड्यंत्र कर रहा था, जिसकी भनक पन्ना धाय को मिल गई, उसके पास समय और विकल्प दोनों ही सीमित थे। निर्णय की वेला थी, बेटा चंदन भी चौदह साल का हो चुका था, उस रात जब बनवीर उदय सिंह को मारने आया तब पन्ना धाय ने मेवाड़ के राजपरिवार के अंतिम चिराग़ की रक्षा के लिए अपनी कोख़ के एकमात्र चिराग़ का बलिदान देना तय कर लिया। पन्ना ने बहुत ही सूझबूझ के साथ उदयसिंह को समझा कर चंदन के साधारण कपड़े पहना कर पत्तलों की टोकरी में छिपाकर कीरत बारी और उनकी पत्नी के साथ महल के बाहर अपने गाँव पाण्डोली के लिए रवाना कर दिया और खुद के बेटे चंदन को राजकुमार के वस्त्र पहना कर उदय सिंह के बिस्तर पर सुला दिया। जब सत्ता के नशे में मदमस्त बनवीर ने पन्ना से उदय सिंह के लिए पूछा तो पन्ना धाय ने दिल कड़ा करके बिस्तर की तरफ़ इशारा कर दिया, कुछ ही क्षणों में एक चीख गूँजी जो बनवीर के अट्टहास तले दब गई और पन्ना की सिसकियाँ भी अंदर ही अंदर घुट गईं। बनवीर को चिंता थी कि इसकी ख़बर बाहर फैली तो विद्रोह हो सकता है, इसलिए उसके लोगों ने रातोंरात चंदन का दाह संस्कार भी कर डाला।

देर रात अंधेरे में पन्ना धाय और उसका सैनिक पति सूरजमल किले से बाहर निकल कर सुबह होने से पहले पाण्डोली पहुँचे, जहाँ कीरत बारी और उनकी पत्नी प्रतीक्षारत थे। दोनों सेवकों को उजाला होने से पहले चित्तौड़गढ़ लौटना था। उदय सिंह को उन्हें सौंप कर वे लौट गये। पन्ना और उसके पति सूरजमल ने भी वहाँ ठहरना मुनासिब नहीं समझा और वे भी चल पड़े। उनको भय था कि कहीं बनवीर सच्चाई न जान जाये और राजकुमार को मार न डाले। उन्होंने जो किया था, उसकी सज़ा मृत्युदंड थी। पन्ना और सूरजमल को खुद के प्राणों का भय नहीं था, वे किसी तरह राजकुमार उदय सिंह को सुरक्षित स्थान पर पहुँचा देना चाहते थे। उन्होंने सोचा कि प्रतापगढ़ के देवलिया के रावल राय सिंह से उनको मदद मिलेगी। पहले तो रावल ने पन्ना को शरण दे दी, पर जैसे ही उनको सच्चाई पता चली, बनवीर के डर से उन्होंने उन्हें अन्यत्र चले जाने को कह दिया। पन्ना और सूरजमल उदय सिंह को साथ लेकर डूंगरपुर पहुँचे और वहाँ के शासक आसकरण से मदद की गुहार लगाई। उसने भी जब मदद से इनकार कर दिया तो सूरजमल और पन्ना को अपने गाँव कमेरी के आगे स्थित कुम्भलगढ़ के क़िलेदार आशाशाह देवपुरा की याद आई जो महाराणा सांगा के विश्वासपात्र व्यक्ति थे।

छिपते-छिपाते, भूखे-प्यासे रात-रात भर चल कर वे अरावली पर्वत की सघन पहाड़ियों के मध्य होते हुए कुम्भलगढ़ पहुँच गये। उन्होंने आशाशाह से मुलाक़ात की और उनको पूरा प्रसंग कह सुनाया और उदय सिंह की रक्षा हेतु निवेदन किया। कहते हैं कि आशाशाह देवपुरा यह सुनकर भयभीत ज़रूर हुआ लेकिन उसकी माँ ने उसे आज्ञा दी कि पन्ना धाय के बलिदान के सामने हमारी सेवा कुछ नहीं है, हमें उदय सिंह की मदद करनी चाहिए। इस तरह राजकुमार उदय सिंह कुम्भलगढ़ में आशाशाह देवपुरा के भांजे के रूप में रहने लगे, जब वे विवाह योग्य हुए तो पाली के शासक अखेराजसोनगरा की पुत्री जैवंती बाई से उनकी शादी हो गई। इस विवाह से मेवाड़ के अधिकांश सामंतों को यह पता चल गया कि राजकुमार अभी ज़िंदा है। बनवीर को जब यह ख़बर मिली तो वह पागल सा हो उठा। उसने उदय सिंह को नक़ली राजकुमार घोषित कर अफ़वाहें फैलाईं, लेकिन शीघ्र ही बनवीर के अत्याचारों से त्रस्त मेवाड़ के सामंत कुम्भलगढ़ इकट्ठा हुए और सन् 1537 में उदय सिंह की ताजपोशी की गई। उदय सिंह ने अपनी सेना का पुनर्गठन किया और चित्तौड़ किले पर अधिकार हेतु

निकल पड़े। मावली के पास बनवीर और उदय सिंह की सेनाओं में जंग हुई, जिसमें बनवीर मारा गया और उसकी फ़ौज ने आत्मसमर्पण कर दिया।

उदयसिंह ने सन् 1540 को चित्तौड़गढ़ पर आधिपत्य जमा लिया। उन्होंने पन्ना धाय को सगी माँ का दर्जा दिया और आजीवन अपने साथ रखा। इसी तरह आशाशाह देवपुरा को भी अपने ख़ानदान का बड़ा व्यक्ति माना और उनको अभिभावक जैसा रखा। देवपुरा को सन् 1564 में बागोर के पास स्थित चांदरास के पास 451 बीघा ज़मीन का पक्का पट्टा दिया और सन् 1565 में परवाना भी सौंपा जिस पर लिखा गया कि 'थे मारा घर में करोगा सो होसी'। यह सब इतिहास मैं कमेरी में राजस्थान सरकार के धरोहर प्रोन्नति प्राधिकरण के द्वारा निर्मित पैनोरमा को देखते हुए पढ़ रहा हूँ और समझ रहा हूँ। पैनोरमा से प्रस्थान से पूर्व बाहर लगी पन्ना धाय की प्रतिमा के पास कुछ देर चुपचाप बैठा रहा। सोचता रहा कि पन्ना धाय और सूरजमल के दिल किस मिट्टी के बने थे कि खुद का बेटा देश के लिए वार दिया और मेवाड़ राजघराने के राजकुमार को बचा लिया। ऐसा बलिदान भला पन्ना धाय के अलावा कौन कर सकता है? मैं यह भी विचार करता रहा कि कीरत बारी और उनकी पत्नी जब चित्तौड़ लौटे होंगे तो इतने बड़े राज़ को अपने सीने में दफ़न करके कैसे रखा होगा। इतिहास में कीरत का तो एक लाइन में ज़िक्र भी है, लेकिन उनकी पत्नी का तो नाम तक भी नहीं पता चलता है। इतिहास आम लोगों के प्रति इतना निर्मम क्यों है? यही सब सोचते हुए माहेश्वरी धर्मशाला पहुँचे, स्वादिष्ट भोजन का स्वाद लिया और दिन भर की थकान मिटाने के लिए नींद की देवी का आलिंगन कर लिया।

इक्कीसवाँ दिन

अरे घास री रोटी ही जद बन बिलावड़ो ले भाग्यो...

हिमाचलसूरी धर्मशाला में बने जैन मन्दिर में भोर में ही पूजा-अर्चना शुरू हो जाती है। चहल-पहल से नींद जल्दी खुल गई, वैसे भी जल्दी ही निकलना है। आज सबसे पहले सूरजकुण्ड जाएँगे, फिर पगल्या जी के पहाड़ पर चढ़ेंगे और अंततः जहाँ महाराणा प्रताप ने अज्ञातवास गुज़ारा और साँवा घास के अनाज की रोटियाँ खाकर बेहद मुश्किलात में वक़्त गुज़ारा, वहाँ जायेंगे। जहाँ के घटनाक्रम को राजस्थानी भाषा बोली के सुप्रसिद्ध कवि कन्हैया लाल सेठिया ने इन शब्दों में पिरोया—'अरे घास री रोटी ही जद वन बिलावड़ो ले भाग्यो, नानयो सोअमरयो चीख पड्यो, राणा रो सोयो दुःख जाग्यो...', अर्थात् जब घास की रोटी ही वन का ऊदबिलाव छीन कर भाग गया तो नन्हा सा अमरसिंह चीख पड़ा और महाराणा प्रताप का दिल में दबा दुःख जाग गया। कहते हैं कि इसके बाद महाराणा ने इसी पहाड़ की चोटी पर बैठकर कोई चिट्ठी अकबर को लिख भेजी थी। हालाँकि महाराणा प्रताप का स्वभाव इस कथानक से मेल नहीं खाता है, फिर भी कवियों की अपनी कल्पनाएँ होती हैं। उसी से पीथल और पाथल जैसी रचनाएँ जन्मीं कि महाराणा का संधिनुमा पत्र पढ़कर कवि ने लिखा—'म्हें आज सुनयो हूँ, सूरजड़लो बादल री ओटा खोवेलो।' (मैंने आज सुना है कि सूरज बादलों की ओट में खो गया है।) जवाब में महाराणा ने भी लिख भेजा कि कभी सूरज बादल की ओट में नहीं खोता है और वीर कभी किसी के सामने नहीं झुकता। इस तरह महाराणा ने ताज़िन्दगी कभी भी दिल्ली की सल्तनत की अधीनता स्वीकार नहीं की।

आज हम मजेरा की तरफ़ से सूरजकुंड के लिए निकले, लगभग आधा

रास्ता तो गाड़ी चली गई, बाद में पगडंडियों से एक जोखिम भरे सफ़र से एक घंटे से भी ज़्यादा चल कर नीचे पहुँच गए। जहाँ पर जल प्रपात है, कुंड है और नदी है। सारे पत्थरों पर भगवा रंग से ओ३म लिखा गया है, चारों तरफ़ ओ३म ही ओ३म, कहीं भी सोहम नहीं। यहाँ निवास करने वाले प्रसिद्ध संत स्वामी अवधेशानंद महाराज आज नहीं मिले, वे अब यहाँ कभी-कभार ही आते हैं। सूरजकुंड आने वाले हर यात्री के लिए चाय और भोजन का इंतज़ाम रहता है। हम नाश्ता करके आये थे, अभी भूख नहीं थी, पर चाय कौन छोड़ता है, चाय पी, कुछ देर बैठे, धुणे के दर्शन किए, कुंड को निहारा, कुदरत के नज़ारे देखे और वापसी की। आने और जाने में भले ही दो घंटे पूरे हो गए, लेकिन अखरा नहीं, क्योंकि सुबह का समय था, आराम अच्छे से हुआ था, भरपूर ऊर्जा थी।

गाड़ी में सवार होकर मेघवाल युवा संघ के अध्यक्ष किशन जी मेघवाल के केलवाड़ा स्थित घर पहुँचे। उनको साथ लिया और पगल्या बावजी की पहाड़ी पर चढ़ाई की। यह सीधी चढ़ाई है, न सीढ़ियाँ हैं न कोई ट्रेक। पहाड़ पर चढ़ने के लिए हम छह लोग तैयार हुए, मुझे तो चढ़ना ही था, ललित, हीर जी और रानीवाड़ा क्षेत्र के निवासी यहाँ शिक्षक महेंद्र परमार जी, युवा नेता किशन मेघवाल जी और गवार गाँव के रहने वाले पेंटर पेमा राम जी, जिनकी बिटिया वन्दना गोरावड़ बहुत अच्छी नृत्यांगना और गायिका है, कलाकारों के घर में हर कोई कलाकार ही होता होगा, पिता पेंटर तो बिटिया नर्तकी। हमने सुबह 10.36 बजे चढ़ाई शुरू की और 12.12 बजे वापस भी लौट आए। ऊपर अलख धणी के चरण हैं, जिनको पगल्या बावजी कहा जाता है। यह स्थान मेघवाल समाज द्वारा सदियों से पूजित रहा है, इस पर क़ब्ज़ा करने की साज़िश के तहत किसी ने पगलेश्वर महादेव स्थापित करने की चेष्टा की, लेकिन वे सफल नहीं हुए, क़ुदरतन ही भाग छूटे। पगल्या बावजी भी जरगा पर्वत श्रृंखला पर ही है, यहाँ से कुम्भल मेरू को देखा जा सकता है।

वापसी में किशन जी के घर चाय पी, यहाँ नारायण जी भी पुराने रामदेव मन्दिर से वापस जुड़ गए। तलावड़ी का फ़िश पॉइंट जहाँ बड़े-बड़े मुँह वाली मछलियाँ पाई जाती हैं, वह यहाँ से नज़र आ रहा था और घानेराव का दर्रा (नाल) भी दिखता था। दोनों जगह जाने का मतलब था दिन वहीं पूरा करना, हम बिना रुके राणाचौरा के लिए चले। हालाँकि ठेठ ऊपर चढ़ना मुश्किल था,

समय इतना नहीं था कि राणाचौरा चढ़ कर वापसी हो पाती, रात वहीं रुकना पड़ सकता था, इसलिए दूर से ही उस पहाड़ के शिखर को देखा, जहाँ की घास की रोटी जैसी कहानियाँ महाराणा प्रताप से जुड़ी हुई थीं। कभी फिर मौक़ा मिला तो वहाँ तक जायेंगे भी और रात उसी ज़मीन पर गुज़ारेंगे, यह प्रतिज्ञा करके हम नीचे एक महादेव मन्दिर के प्रांगण में पहुँच गए।

सोशल मीडिया आपकी निजता के अधिकार को पारदर्शी बना कर सबके लिए सूचना का अधिकार सुनिश्चित कर देता है। कल से ही फ़ेसबुक ने साथियों को याद दिलाना शुरू कर दिया था कि आज मेरा जन्मदिन है। मित्रों ने इसी मन्दिर पर तैयारियाँ कर रखी थीं। जरगा जुना स्थान के अध्यक्ष रतन जी उसर और किशन जी कुम्भलगढ़ के नेतृत्व और नारायण जी नारलाई की जानकारी से यह आयोजन तय हुआ होगा, ऐसा मैं अनुमान लगा सकता हूँ, तुरत-फ़ुरत में केक कटा, पगड़ी पहनाई गई और दाल बाटी का आयोजन हुआ। मित्रों का शुक्रिया अदा करने के अलावा क्या कहा जा सकता था। घर से ज़रूर दूर था, परिजन भले ही साथ न थे, पर प्रियजन तो थे ही। उन्होंने 47वाँ जन्मदिन धूमधाम से मना डाला, लगभग पचास साथी मौजूद रहे।

यहाँ से निकलने से पहले मैंने मन्दिर के 90 वर्षीय महंत देवा नाथ जी के शिष्य ज्वालानाथ जी से राणाचौरा के बारे में जानकारी लेना मुनासिब समझा। वे बोले—"राणा ने जद बको पड़यो, तो इणी ठोड़ माथे निकाल्यो। अठे इज़ वे घास री रोटियाँ जीमीं।" (महाराणा प्रताप को जब मुश्किल पड़ी तो उन्होंने अपना मुसीबत का समय यहीं बिताया और यहीं उन्होंने घास की रोटियाँ खा कर गुज़ारा किया था)। महंत जी ने बताया कि लगभग एक किलोमीटर की खड़ी चढ़ाई है, जो भयंकर थका देती है। अब मचींद की तरफ़ से पक्की सड़क ऊपर आयेगी, राणाचौरा ऊपर से तो समतल है। महंत जी ने यह भी कहा कि महाराणा कुम्भा ने यहाँ भी क़िला बनाने की बात सोची थी, लेकिन वह सफल नहीं रहे, एक आदिवासी शिक्षक ने ज़रूर आधे रास्ते में स्थित अपनी ज़मीन पर होम स्टे जैसा कुछ बनाया हुआ है। जिसमें लोग आते रहते हैं। किशन जी ने कहा कि आप अगली बार जब आएँगे तो हम वहीं रात्रि विश्राम करेंगे। मैंने हामी भर ली।

दाल और बाटियाँ असर दिखाने लगी थीं, आज रात होने तक घर पहुँचना

था, जहाँ पर परिवारजन जन्मदिन के बहाने मिलने को उत्सुक थे। सोचा घर चले ही जाते हैं, यहाँ से 150 किलोमीटर की ही तो दूरी है, सो निकल पड़े, नौ बजते-बजते घर पहुँचे। पुनः केक काटा, मिठाई बँटी, रात्रि भोज माँ, पिताजी, पत्नी प्रेम मेघवंशी, बेटियाँ ममता, विमला और बेटे अशोक तथा ललित, साथी हीर जी और भाई साहब बद्री जी तथा भतीजे-भतीजियों की फ़ौज के साथ खाया, अब सोना है, क्योंकि सुबह जल्दी शुरुआत करनी है।

बाईसवाँ दिन

सिद्धों की खोज

सवेरे जल्दी उठने का मन तो बिलकुल भी नहीं था, पर हिदायत देकर ही सोये कि हमको जल्दी उठा देना, सवेरे की चाय साढ़े पाँच बजे ही मिल गई। नहीं चाहते हुए भी साढ़े छह बजे तक तैयार हो गए। भोजन बन कर तैयार था, टिफ़िन पैक हो गए और गाड़ी में रख लिए गये। हरिपुरा चौराहा से देवगढ़ वाला रूट पकड़ लिया, सबसे पहले कालेसरिया पंचायत के मालजी का खेड़ा धूणी पर पहुँचे, वहाँ पर निर्मल स्वभाव के वचन सिद्ध संत लच्छीराम जी महाराज से मिले, उनसे बातें हुईं, उनसे बरसों का संबंध है, जब भी इस रास्ते से गुज़रता हूँ तो मिलने जाता हूँ। उनका मेरे प्रति बहुत प्रेम है और मेरे मन में भी उनके लिए बहुत सारा आदर है। वे लोगों को लूटने वाले पाखंडी व्यक्ति नहीं हैं, न उनमें जाति-धर्म के भेद की भावना है। इसी गाँव में जन्मे, मेहनत मज़दूरी करके जीवन चलाया, भक्ति भाव और ध्यान धारणा की धारा पकड़ी और उसी में रम गए, संतान कोई थी नहीं। पति-पत्नी दोनों ही थे, दशक पहले पत्नी भी गुज़र गई तो गाँव के बाहर ही धूणी रमा ली, वैसे तो अरावली की गोद में बने प्राकृतिक स्थल तीथ की बैरी में उन्होंने अपनी तपस्या स्थली बनाई लेकिन हुआ यह कि कुछ लोगों को उनकी वहाँ उपस्थिति से एतराज़ होने लगा तो अपने ही खेत में आसन बिछा लिया और लगे मानवता की सेवा करने। दिन भर मिलने आने वालों का ताँता सा लगा रहता है, यह नाथ पंथ की धूणी है। महाराज तो पहले अलख नामी महाधर्मी थे, पर गुरु जो मिले, जिनसे दीक्षा ली वे गोरखपंथी रहे। सो नाथ संप्रदाय के प्रवाह में प्रवाहित हो गए। निर्मल साधू हैं, सज्जन और सहज, सरल, न दंद फ़ंद, न झूठ, न जाल, न लूट का गोरखधंधा, बस अपनी धुन और धूणी, कोई आए तो अच्छा या जाए तो अच्छा। अपने में मस्त बरसों से अनाज से दोस्ती नहीं है, फल-फ्रूट कभी-कभार लेते हैं, कभी वह भी नहीं,

लेकिन चेहरे का ओज इस उम्र में भी क़ायम है और बच्चों जैसी चंचलता भी, जब भी जाता हूँ तो उनका ख़ूब स्नेह मिलता है। एक धार्मिक व्यक्ति का मुझ जैसे लगभग नास्तिक से प्रेम जैसे दो विपरीत का मिलन हो, पर यही तो आकर्षण है। हमने अरावली के सघन क्षेत्रों में साधनारत सिद्धों की खोज का सफ़र किया था और हम तरह-तरह के लोगों से मिले थे, तब से हमारी दोस्ती क़ायम है। लच्छीराम जी महाराज को अरावली के सफ़र से अवगत करवाया। वे प्रसन्न हुए, अपनी प्रार्थनाओं से नवाज़ा, फिर हम निकल पड़े मालियों के वास की तरफ़, जहाँ पर महाराणा कुम्भा की जन्मस्थली पर बना पेनोरमा है और चावण्ड माता का प्राचीन मन्दिर भी है। वहाँ पर चिलेश्वर पंचायत के हमारे साथी भगवत सिंह जी चुण्डावत से मिलन हो गया। उन्होंने पेनोरमा विज़िट करवाया और यहाँ का इतिहास बताया। इसी गाँव मालिया का वास में महाराणा मोकल के पुत्र महाराणा कुम्भा का जन्म सन् 1417 में हुआ, उनका बचपन का नाम कुम्भकर्ण था। महाराणा कुम्भा एक सुयोग्य प्रशासक, कुशल योद्धा, और चतुर राजनेता तो थे ही, वे विद्यानुरागी भी थे। उन्होंने साहित्य, संगीत और स्थापत्य व शिल्प के क्षेत्र में अद्भुत काम किया और अनेक ग्रन्थ लिखे, गढ़ किलों का निर्माण व जीर्णोद्धार करवाया। राजपुताना विरासत नामक वेबसाइट कहती है कि—'महाराणा कुम्भा मेवाड़ के सभी शासकों में से सर्वाधिक युद्ध जीतने वाले, सर्वाधिक ग्रन्थ लिखने वाले, सर्वाधिक निर्माण कार्य करवाने वाले शासक हुए। कला और शिल्प के मामले में महाराणा कुम्भा का शासनकाल मेवाड़ के लिए स्वर्णकाल था।'

आसन के दाता-कूंपा राम जी और मियाला के धनराज पीर

कुम्भा पैनोरमा से देवगढ़ होते हुए हमने विजयपुरा में पूर्व सरपंच रुक्मिणी देवी और कालु जी सालवी के यहाँ चाय पी। घर से लाए टिफ़िन खोले और नाश्ता कर लिया, ताकि दिन भर एनर्जी बनी रहे। कालु जी आज फिर दिन भर हमारे साथ रहेंगे, शाम होने तक उनको वापस घर छोड़ देने के वादे के साथ हम रवाना हुए। राष्ट्रीय राजमार्ग संख्या 48 पर बग्गड टोल नाका क्रॉस करके शक्करगढ़ के नज़दीक स्थित आसन पहुँचे। जहाँ के कुपाराम जी कतिरिया से मिलने पहुँचे, वे अघोर मार्ग के विशुद्ध तंत्रयानी व्यक्ति थे, लोग उनको दाता कह कर सम्बोधित करते हैं। इलाक़े में उनके बड़े क़िस्से हैं, एक बार मिलने

की इच्छा थी, जब मैं ज्योतिषी था और तंत्र-मंत्र में विश्वास करता था, तब ऐसे अघोरी मुझे बहुत लुभाते थे। सोचा मिल आयें, लेकिन उनसे मिल पाना टेढ़ी ख़ीर था, इसलिए मुलाकात न हुई। आज हमने भीम के सुनेता का बाड़िया निवासी पुखराज जी मेमात की मदद ली। दाता की पत्नी मेमात वंश से थी, वर्ना वो किसी से मिलने नहीं देती, सीधे पूछती कि क्या लेकर आए हो, दारू लाए हो या पैसा, आगंतुकों को ख़ूब बेइज़्ज़त करती, लोग शर्मिंदा होकर भाग छूटते, हमारे साथ ऐसा न हुआ। हालाँकि उन्होंने हमारा स्वागत नहीं किया पर विरोध भी नहीं किया और इशारे से बता दिया कि दाता खेत पर हैं, हम खेत पर गए जो गाँव से ही सटा हुआ है।

वहाँ एक मरखनी भैंस बँधी हुई थी, अब इससे निपटना था। हमने हाथ में लकड़ी थाम ली, भैंस को समझ में आ गया, वो दूर हट गई। अब हमारे सामने मैले कुचैले कपड़ों में एक अति साधारण सा व्यक्ति था, पूछा—"कौन? क्या करने आये इधर?" मैं कुछ बोलता इससे पहले ही पुखराज जी बोले—"भाईसाहब भंवर मेघवंशी आपसे मिलने आये हैं।" उन्होंने शायद नाम पहले कहीं सुना होगा, वे नरम पड़े, बोले—"अरे आओ-आओ, मैं भी बहुत सालों से मिलना चाह रहा था।" उन्होंने कुएँ की मुँडेर पर घास में एक चटाई बिछा दी और खुद ज़मीन पर बैठ गये, वहाँ और भी लोग थे, वे भी आ जुटे। इस तरह एक मजमा सा लग गया, मौजूद लोगों के पास उनके बहुत से चमत्कारिक कथानक थे, जिसमें मेरी रुचि न के बराबर थी। मैं उनकी सरलता से प्रभावित हुआ, कुछ ही पलों में हमारा आत्मीय रिश्ता क़ायम हो गया, हमने काफ़ी बातें कीं। उन्होंने बहुत इसरार किया कि घर चल कर चाय पीते हैं। मैंने विनम्रतापूर्वक कहा कि अगली बार फिर हाज़िर होऊँगा तब ज़रूर चाय पी जाएगी, आज तो सिर्फ़ दीदार की तलब थी, मुलाक़ात हो गई। वे पहले ट्रक ड्राइवर थे, इसी दौरान किसी तंत्रयानी से मिले और अघोर पंथ में दीक्षित हो गए। हमने विदा ली। हमारी इस मुलाकात के कुछ महीने बाद ही उन्होंने देह त्याग दी। यह मुलाकात अंतिम रही, आगे मिलना नहीं हो पायेगा।

अब हम मियाला पहुँचे, जहाँ पर रामदेव पीर के काका धनराज पीर की समाधि है, इनका मेवाड़ क्षेत्र में सतपंथ या महाधर्म के प्रचार-प्रसार का काम था। वे इस इलाक़े के गाँव-गाँव सदधर्म का सत्संग करते थे, लोगों को जाति धर्म से ऊपर उठाकर एक निर्गुण निराकार अलख की उपासना को प्रेरित करते

थे, उनके प्रयासों का ही नतीजा कह लीजिए कि आज तक भी अरावली के इस इलाक़े में महाधर्मी लोग मौजूद हैं।

मियाला के सरपंच पूरण जी सालवी और महंत प्रेमदास जी महाराज ने हमारा गर्मजोशी से स्वागत किया, यहाँ भाद्रपद माह की दशम को रामदेव पीर का विशाल मेला लगता है, जिसमें विभिन्न राज्यों में क़ाम-धंधा करने वाले प्रवासी राजस्थानी और स्थानीय लोग लाखों की तादाद में जुटते हैं और धनराज पीर की समाधि तथा बाबा रामदेव पीर के मन्दिर पर धज़ा (ध्वज) चढ़ाने की होड़ लगती है। मन्दिर भव्य है, इसका प्रवेश द्वार सालवी समाज ने बनवाया है। यहाँ स्वामी गोकुलदास जी की प्रतिमा भी मन्दिर के बाहर लगी हुई है, धनराज पीर की समाधि के पुजारी रामदेवरा के तंवर हैं, जबकि निकटस्थ बने डाली बाई मन्दिर और अलख धूणी के महंत प्रेमदास जी हैं, जिनकी सालवी समुदाय में बड़ी मान्यता है। यहाँ सभी समाजों की धर्मशालाएँ बनी हुई हैं, जिनके ज़रिए जाति संगठन अपने क्रिया-कलाप संचालित करते हैं।

महंत जी ने चाय बनवा दी थी। हमने चाय पी और उनसे विदा माँगी। प्रेम दास जी का मेरे प्रति अनन्य प्रेम रहा है। जब भी मैं इस क्षेत्र के किसी भी गाँव में आया, हमारी मुलाक़ात होती रही है। मैं हिन्दू संतों, मुस्लिम सूफ़ियों, जैन साधुओं, बौद्ध भिक्खुओं, मसीही पादरियों और सिख संगत से मिलकर आध्यात्मिक चर्चा करता रहता हूँ। मेरी आस्तिकों आर नास्तिकों सबसे चर्चा है, मेरा सब तरह के लोगों के साथ-सार्थक और सकारात्मक संवाद में विश्वास रहा है। एक सेकुलर देश में लोकतंत्र को मज़बूत करने के लिए सभी धर्मों के प्रति समान आदर भाव रखा जाना मुझे सदैव ज़रूरी लगता है, इसलिए प्रयासपूर्वक मैं यह सब करता हूँ।

उंडीरेल की नाल से गौरम घाट तक का सफ़र

सांगावास से काछबली की तरफ़ घुसे, उंडीरेल होकर गौरमघाट की तरफ़ आगे बढ़े। काछबली से गौरमथड़ा की दूरी महज़ तीन किलोमीटर लिखी हुई थी, यह अरावली का हृदय है। लोग गाय-भैंसों को चराने ले जा रहे हैं, एक चप्पल बेचने वाला भी बार-बार हमको ओवरटेक करता रहा। उसने मोटरसाइकल पर किसी पिकअप जितना सामान लाद रखा था। वह एक छोटा-साउंड सिस्टम भी लगाए हुए था, उसी में प्री-रिकॉर्डेड गीत व विज्ञापन बजाता रहता था।

रास्ते में आम और सीताफल के पेड़ बहुतायत में हैं। पहाड़ी पर गौरमनाथ का मन्दिर दिखने लगा, लेकिन वहाँ जाने की इच्छा नहीं थी, चढ़ाई सीधी है और पहाड़ काले, कहीं-कहीं नरेगा मज़दूर काम करते भी मिले। दुर्गम चढ़ाई और पथरीली राह पर आगे बढ़े, गाड़ी चल नहीं रही थी, बल्कि पत्थरों पर नाच रही थी, बहुत सारे पत्थर जगह-जगह पर ऊपर से नीचे आ गिरे थे। अरावली पक्का पहाड़ है, सुदृढ़ चट्टानों वाला, इसमें भूस्खलन की संभावना बहुत कम है, लेकिन ये पत्थर तो कहीं से आ गिरे हैं, रास्ता पहले से ही ऊबड़-खाबड़ है, इन पत्थरों से आगे बढ़ना मुश्किल है। ललित गाड़ी से उतर गया और पत्थर हटाने लगा, तब ही हमारा सफ़र आगे बढ़ पाया, शायद बरसात में यह रास्ता एक नाला बन कर बहता होगा, उन दिनों यहाँ आना दूभर था।

ट्रेन का ट्रेक नज़र आने लगा। ब्रिटिश इंडिया में अंग्रेज़ों ने यह रेललाइन बिछाई थी, इसके ज़रिए वे उदयपुर के मावली से मारवाड़ जंक्शन तक जाते थे। भारत के कुछ बचे-खुचे आख़िरी नेरोगेज रेलवे ट्रेक में से एक यह भी है, बीच में तो इसे मीटर गेज अथवा ब्रॉडगेज बनाने की बातें भी चलती रहीं, लेकिन हाल ही में इसे हेरिटेज रेलवे ट्रेक घोषित करके पर्यटकों के लिए ट्रेन फिर से चला दी गई है, जो लगभग साल भर से बंद थी। मावली से मारवाड़ जंक्शन की एक बार मैं, डॉक्टर नेसार अहमद जी और राकेश शर्मा जी यात्रा कर चुके हैं। हीर जी ने हमें देवगढ़ से ज्वाइन कर लिया था, चूँकि एक गाड़ी है जो सुबह जाती है और दूसरी उधर लौटती है। दोनों ट्रेनों के मध्य समय बहुत कम मिलता है, भागते हुए हम नीचे स्थित पिकनिक पैलेस तक पहुँचे और घर से लाये पराँठे बंदरों से बचा कर जल्दी-जल्दी खाए तथा ट्रेन की दूर से आती सीटी की आवाज़ सुनकर दौड़कर स्टेशन पहुँचे, इतना होच-पोच तो शायद ही कभी कोई कार्यक्रम बना होगा, जैसे भाग-दौड़ के लिए ही यहाँ आये हों। मज़ेदार बात उस दिन यह भी रही कि न किसी स्टेशन पर और न ही ट्रेन में कोई टिकट देने वाला मिला। हम सभी यात्री ऐसे ही यात्रा कर रहे थे, लेकिन अब सुनते हैं कि स्थितियाँ सुधरी हैं। ख़ैर, इस बार हम अपनी गाड़ी में थे और दूसरे रास्ते से आए थे, इसलिए कोई जल्दबाज़ी नहीं थी, ठीक से देखा-भाला, तब कहीं आगे की ओर बढ़े।

आज हमारी बोलेरो 8 किलोमीटर प्रति घंटा की रफ़्तार से रेंग रही थी। दोपहर होते-होते हीर जी के चेहरे पर थकान दिखने लगी। असली अरावली

तो यहाँ है, वन विभाग ने पानी की रोकथाम हेतु एनिकट बना रखे हैं, ताकि जंगली जीवों को पानी मिल सके। यहाँ जंगली मुर्गे देखे गए, मोर ही मोर थे, पर नाचता हुआ कोई नहीं मिला, नीलगायें और नील सांड के मल-मूत्र के अवशेष यह बताने को काफ़ी थे कि उनकी संख्या यहाँ ख़ूब है। मार्ग इतना विकट था कि जोगमंडी में तो एक पत्थर इंजन से टकरा ही गया। बड़ा नुक़सान होते-होते बचा। अच्छी बात यह थी कि वन विभाग ने यहाँ से विलायती बबूल का उन्मूलन कर दिया था। नए खड्डे बन रहे थे, रास्ते के दोनों तरफ़ वृक्षारोपण हुआ है। चलते-चलते फुलाद गाँव के खेत दिखाई पड़ने लगे। हमने राहत की साँस ली कि उंडीरेल का दर्रा पार हो चुका है। गाँवों से डीजे की साउंड सुनाई दे रही थी। अडूसे के पौधे इतने थे कि मन किया कि इस अध्याय का नाम हो—अडूसा ही अडूसा। यह विचार मस्तिष्क में कौंधा कि अगर इस ट्रेक को पैदल पार किया जाये तो निश्चित रूप से यह बेहतरीन ट्रेक है। हालाँकि हमने तो बोलेरो से यह सफ़र पूरा किया। फुलाद क्रॉस करते वक़्त मैंने फावड़ा-तगारी लिए जाते बूढ़े-बूढ़े लोग देखे। वे ठीक से चल भी नहीं पा रहे हैं, मनरेगा में क्या काम कर पायेंगे ? ऐसे नि:शक्त वृद्धजनों के लिए कुछ और सोचना पड़ेगा।

काजलवास की धूणी से सीरियारी के संत तक

फुलाद से डिंगोर प्याऊ होकर आगे जाने पर नाथों की तपोभूमि काजलवास की धूणी आती है। कहते हैं कि हज़ारों साल से इस स्थान का इतिहास है, हालाँकि गोरखनाथ पंथ परंपरा एक हज़ार साल से कुछ अधिक की ही होगी, फिर भी अगर इस जगह को पाँच हज़ार साल पुराना कहा जा रहा है तो यह मुमकिन है कि यहाँ पर लोकायत, आजीवक और बुद्ध की परंपरा के लोगों का तपस्या, ध्यान, साधना का स्थान रहा हो सकता है।

सदियों से यहाँ धूणा जल रहा है, जिसके चलते यहाँ की हर दीवार काली हो चुकी है। दीवारों पर जमे इस काजल की वजह से ही अब इसे काजलवास की धूणी कहा जाता है। यहाँ हींगलाज माई का मन्दिर है और गोरख धूना है। यहाँ पर एक प्रवासी राजस्थानी भगत सिंह सिरीयारी मिल गए। उन्होंने बताया कि यू ट्यूब पर काजलवास का पूरा इतिहास मौजूद है।

भक्ति आंदोलन से पहले नाथ सम्प्रदाय का असर ज़ोरों पर था। राजस्थान के रजवाड़ों पर इनका प्रभाव सर्वविदित है। उदयपुर, बीकानेर, आमेर, अलवर,

भरतपुर और जोधपुर रियासतों में नाथों की धाक रही है, इनका प्रभाव क्षेत्र एक समय में भारत के विभिन्न प्रदेशों के अलावा नेपाल, अफ़ग़ानिस्तान, तिब्बत, चीन और मंगोलिया तक रहा है। नाथ सम्प्रदाय में नौ नाथ और चौरासी सिद्धों की प्रसिद्धि है। गुरु गोरखनाथ को शिव का अंशावतार माना जाता है। काजलवास की धूणी गोरख पंथियों की है। कहते हैं कि राजस्थान में नाथ सम्प्रदाय का प्रवेश आठवीं या नौंवीं सदी में बप्पा रावल के समय मेवाड़ की तरफ़ से हुआ, उसके बाद अन्य रियासतों तक उनका प्रभाव बढ़ा होगा।

नाथ सम्प्रदाय में जाति और धर्म की सीमितता नहीं रही, बल्कि हिन्दू और मुस्लिम के मध्य समन्वयन के प्रयास हुए। नाथ सम्प्रदाय के सिद्धों को पीर नाम से जाना गया, 'एक सिद्ध रतन नाथ तो हाजी रतन, बाबा रतन और पीर रतन के नाम से पंजाब से लेकर काबुल, खुरासान तक प्रसिद्ध हुए, नाथ सम्प्रदाय में राम-रहीम, गोरख-गेसू, पीर-मीर, अलख-अल्लाह तथा विष्णु के साथ बिसमिल्ला के शब्द युग्म भी मौजूद रहे। नाथ साहित्य में आता है—'हिन्दू ध्यावे देहुरा, मुसलमान मसीत, जोगी ध्यावे परम पद, जहाँ देहुरा न मसीत।' इसी तरह नाथपंथियों ने जातिगत भेदभाव को नज़रअंदाज़ करके तत्कालीन समय की अछूत व अंत्यज जातियों के साथ खान-पान और सत्संग की शुरुआत की तथा अपनी बाणियों में ऊँच-नीच के भेदभाव की जमकर मुख़ालफ़त की।

काजलवास की धूणी चूँकि अरावली पर्वतमाला में मौजूद है, इसलिए वह सुरक्षित रही होगी, नीचे गोरखधुणे से ऊपर पहाड़ पर स्थित नाथ पंथ के अन्य स्थल भी देखे जा सकते हैं। हमने कुछ देर लोगों से बात की और वहाँ से सीधे पहुँचे सीरियारी जहाँ पर जैन धर्म के तेरा पंथ के सुप्रसिद्ध संत आचार्य भिक्षु की समाधि है। आचार्य भिक्षु तेरा पंथ के संस्थापक और प्रथम आचार्य थे। इस परंपरा में बाद में आचार्य तुलसी, आचार्य महाप्रज्ञ प्रसिद्ध हुए तथा वर्तमान में आचार्य महाश्रमण मौजूद हैं। जैन समाज के लोगों ने उनके समाधि स्थल को बहुत बढ़िया तरीक़े से विकसित किया है। हम आचार्य भिक्षु की समाधि, पक्की हाट और साहित्य बिक्री केंद्र तक गए। कुछ पुस्तकें लीं और वहाँ स्थित भोजनशाला में भोजन किया। महज़ 70 रुपए प्रति व्यक्ति कूपन की दर से स्वादिष्ट भोजन मिला। आचार्य भिक्षु समाधि स्थल अरावली की तलहटी में बना है, यह एक शानदार जगह है।

निर्मला पीर सारण से कर्नल टॉड की कर्मभूमि टॉडगढ़ तक

रावत समुदाय का मुख्य श्रद्धास्थल श्री निर्मला पीर सारण का किलेनुमा मठ बना हुआ है। कालु जी ने बताया कि यह रावत राजपूतों का गुरुद्वारा है। हमें यहाँ हुकुम सिंह मिल गए। उन्होंने बताया कि तीन सौ साल से यह स्थान हमारी आस्था का केंद्र है। अरावली का पूरा क्षेत्र पीरों की धूणियों की धरती है, इनका समाज पर आज भी व्यापक प्रभाव है। हम देख सकते हैं कि अरावली पर्वत विभिन्न संस्कृतियों का संगमस्थल भी है। सारण से बरातों का ओड़ा, उपरली निमड़ी, बोरीमादा, रॉड, झालरा, जाम्बुड़ा बॉर्डर, बुझारेल, वाडीघाटी, बराखण होते हुए दुधालेश्वर पहुँचे, यहाँ एक प्राकृतिक झरने के नीचे महादेव जी का मन्दिर बना हुआ है, मन्दिर के सामने वन विभाग काईको डेस्टिनेशन सेंटर बना हुआ है। जहाँ पर लोग रुकने के लिए आते रहते हैं।

अरावली के इस पश्चिमी ढलान के क्षेत्र में बहुत से गाँव भी बसे हुए हैं। नीम, बेर, देशी बबूल, ताड़, बरगद, आड़ू, अरंडी, खेजड़ी, एरूंजा, झाड़, अलवनी, मेहंदी के पेड़-पौधे हैं। कुछ स्थानों पर भैंसों के झुण्ड बने चरते दिखाई दिए, पता चला कि स्थानीय लोग जंगल में भैंसों को इसी तरह चरने छोड़ देते हैं, भैंसें अगर झुण्ड में होती है तो कोई भी हिंसक वन्य जीव उन पर हमला करने का साहस नहीं करता।

अरावली की एक ख़ासियत यह भी है कि जहाँ भी प्राकृतिक ज़ल स्रोत है, उसका नाम गंगा है। यहाँ किसी भी उद्‌गम से पानी निकल आए तो उसको गंगा कह कर बोला ज़ाता है। बीच-बीच में खींप (खिंपडा) ख़ूब है, यह झोंपड़ी बनाने में काम आता है। हमें यहाँ एक सज्जन मिल गये जो कुछ देर बाद ही दुर्जन साबित होने लगे। उनका नाम हुकुम सिंह था, पास आए तो बात होने लगी, उन्होंने पूछा—"आप क्या सर्वे कर रहे हो? हमें भी बताओ, ताकि पता रहे।" मैंने कहा—"हम अरावली की यात्रा कर रहे हैं।" उनको यह बात अटपटी लगी, "अरावली कोई धर्म स्थल है या गंगा, हरिद्वार है अथवा चार धाम है जो इसकी यात्रा कर रहे हो? सच-सच बताओ क्या खोज रहे हो? खान लगाना है या चोरी करनी है? क्या इरादा है तुम लोगों का?" अब वे लड़खड़ाने लगे थे, आवाज़ भी काँपने लगी थी, सूँघने से समझ में आया कि उन्होंने दिन में ही चढ़ा ली है और नशे में अब हमसे पूछताछ कर रहे हैं। कुछ देर में हाथ

जोड़ कर बोले—"मेरी बात का बुरा नहीं मानना, मैं फ़ौजी हूँ, मेरे घर चलो, चाय पी कर जाना।" यह कहते हुए वे बोलेरो में चढ़ने लगे, बड़ी मुश्किल से उनसे पिंड छुड़ाया।

इस क्षेत्र में पीले फूलों की आवलाई के पौधे बहुत हैं, सरसों की तरह चारों तरफ़ पीले ही पीले फूल लगे हैं। इसे मेहंदी में मिक्स किया जाता है, इससे सोजत की मेहंदी का रंग दुनिया भर की मेहंदी से ज़्यादा रंग लाता है। पौधे तो यहाँ पलाश के भी काफ़ी हैं, इन दिनों लाल पलाश की छटा भी अद्भुत है। बोली हर गाँव में बदल जाती है। एक ही गाँव को कोई जंबुदा कह रहा था तो दूसरा जांबुडा तो तीसरा जांबुड़ा। खेत बहुत छोटी जोत के हैं, आगे फ़ॉरेस्ट नाका आ गया, दो किलोमीटर तक सघन वन था। हालाँकि यहाँ कच्चे रास्ते पर भी बसें चलती हैं, जीप और बाइक तो चलती ही हैं। धोकड़ा के पेड़ का एक भी पत्ता नहीं बचा है, ख़ैर के पेड़ पहली बार दिखे, बेर के झाड़ तो अनगिनत हैं।

आगे बढ़ने पर कुछ पॉइंट इतने आकर्षक हैं कि नीचे उतर कर फ़ोटो खिंचवाने का लोभ संवरण नहीं कर पाये। शाम होने से पहले हमें अभी कुछ और महत्त्वपूर्ण जगहों तक जाना है, इसलिए आगे बढ़ते रहे। अब हम राजस्थान के इतिहास के लेखक कर्नल जेम्स टॉड की कर्मभूमि टॉडगढ़ में थे। यह गाँव पहले बरसावाड़ा के नाम से जाना जाता था, लेकिन टॉड ने यहाँ छावनी बनाई और रावत समुदाय के लोगों के साथ दोस्ती का हाथ बढ़ाया, यहाँ मिशन कंपाउंड है, चर्च ऑफ़ नोर्थ इंडिया है, कर्नल टॉड का संग्रहालय है, अब यहाँ प्रज्ञा शिखर बन चुका है, जिसे यहाँ के एक सरपंच भीखमचंद कोठारी ने ख़रीद कर बनवाया है। टॉड की स्मृति और विरासत को एक कमरे तक सीमित कर दिया गया है। कुछ ईसाई परिवार अब भी यहाँ रहते हैं, ब्रिटिश काल की चर्च की सम्पत्तियाँ खुर्द-बुर्द हो चुकी हैं अथवा औने-पौने दामों पर बेची जा चुकी हैं। कर्नल जेम्स टॉड ने राजस्थान का इतिहास लेखन करके जो दस्तावेज़ीकरण किया, वह कोई भी भारतीय इतिहासकार नहीं कर सका, लेकिन उस इतिहास पुरुष का खुद का इतिहास ही अब अवशेष के रूप में बचा है।

कर्नल टॉड 20 मार्च 1782 को इंग्लैंड में जन्मे, वे ईस्ट इंडिया कम्पनी की फ़ौज में कर्नल थे। उनको सन् 1817 में पश्चिमी राजस्थान का पोलिटिकल

एजेंट नियुक्त किया गया। उन्होंने अपने चार साल के कार्यकाल में मारवाड़, मेवाड़, आमेर, बीकानेर, जैसलमेर तथा हाड़ौती राज्यों के बारे में दो ग्रन्थ लिखे, जो एनल्स एंड एंटीक्विटीज़ ऑफ़ राजस्थान तथा ट्रेवल ऑफ़ वेस्टर्न राजस्थान के नाम से प्रसिद्ध है। कर्नल टॉड ने टॉडगढ़ में छावनी स्थापित करके रावत समुदाय के साथ मैत्रीपूर्ण सम्बन्ध स्थापित कर उनकी बगावत को रोकने में कामयाबी हासिल की। 17 नवम्बर 1835 में उनका निधन हो गया।

राजुड़ा रावत का विद्रोह और मोहन बा की समाधि

टॉडगढ़ से निकले तो काना खेजड़ी होकर गुज़रे जहाँ के जन कवि कानसिंह रावत थे। उन्होंने इस मगरे के ख़ूब गीत रचे और गाए भी, उनकी कविताओं में विद्रोह का स्वर हैं। वे आदिवासी अस्मिता की भी बात करते हैं और जातीय पहचान की भी। उन्होंने बहुत सारे विषयों को अपनी कविता का इश्यू बनाया है। उनके पुत्र तेज सिंह जी से मेरा परिचय रहा, उनसे ही मुझे कान सिंह जी की कविताओं की किताबें प्राप्त हुईं। मैंने उनकी हस्तलिखित डायरी को भी पढ़ा, जिसमें उन्होंने कविताएँ और बाक़ी विचार भी लिखे हैं। वह एक वाद्य बजाते हुए नुक्कड़-नुक्कड़ गाते थे। खुद गीत लिखना और उनको गाना वह भी सार्वजनिक रूप से अकेले खड़े होकर, इसमें साहस चाहिए, हर किसी के बस की बात नहीं है।

हम काना खेजड़ी से पदमेला, हामेला की वैर, फ़ूकिया थड़ होते हुए राष्ट्रीय राजमार्ग पर जा निकले। मुझे संत आशु सिंह जी याद हो आए जो इस इलाक़े में अंध श्रद्धाओं और पाखंडों पर जम कर प्रहार करते थे। वे सत्संगों, मृत्यु भोजों और अन्य आयोजनों में जाते, अपनी रोटी बाँध कर साथ ले जाते। लोगों के मध्य खड़े होकर खरी-खरी सुनाते, बिना किसी लाग-लपेट के वे इस अंदाज़ में बात करते थे कि कई लोग उनकी बातों से सहमत हो जाते थे। आज उनके इलाक़े से गुज़र रहा हूँ, पर अब वे नहीं हैं। एक बार उन्होंने अरावली की पहाड़ियों के बीच स्थित अपने गाँव के सामुदायिक वन क्षेत्र के पक्ष में आयोजित सभा में मुझे भी बुलाया था। मेरी उनसे लगभग एक दशक तक दोस्ती रही। मैं उनकी बातों और उनकी निडरता का कायल रहा। आज उनकी कमी महसूस कर रहा हूँ।

बरार होकर निकलते वक़्त कुछ देर बस स्टैंड पर स्थित राजुड़ा रावत की

प्रतिमा पर रुके। बरार के निवासी क्रांतिकारी युवा राजु रावत ने ब्रिटिश शासन के अत्याचार से त्रस्त जनता के लिए गोरों के विरुद्ध जमकर लोहा लिया था। अंग्रेज़ों ने उनके विद्रोह की सज़ा दी और उनकी छवि डकैत की बनाई, लेकिन वह आज़ादी का सेनानी था, जब भारतीय नज़र से इतिहास लिखा गया तो उनकी वास्तविकता से लोग वाक़िफ़ हुए और उनके बलिदान को समझा गया। अब बरार बस स्टैंड पर उनकी प्रतिमा स्थापित है। लोक कथाओं में उनके बारे में बात की जाती है परन्तु अब भी लिखित साहित्य में उनके बारे में कुछ अधिक नहीं मिलता। उनकी प्रतिमा को माल्यार्पण किया और नमन करके आगे बढ़े तो लोक कवि मोहन बा की समाधि पर रुके। वे जन कवि और लोक गायक तो थे ही, सच्चे सामाजिक कार्यकर्ता भी थे, जिन्होंने इस देश को सूचना का अधिकार जैसे कानून दिलाने में महती भूमिका अदा की। उनके साथ कई साल काम का अनुभव रहा।

मोहनजी और उनकी पत्नी चुन्नीबाई दोनों कबीर भजनों के लोकप्रिय गायक रहे हैं। ये लोग सन् 1987 के भयंकर दुर्भिक्ष के समय अरुणा रॉय, शंकर सिंह और निखिल डे से मिले थे। यह त्रयी उन निकटवर्ती गाँव देवडूँगरी की एक झोंपड़ी में रहकर लोगों की आजीविका पर अध्ययन कर रहे थे, तब सरकार द्वारा चलाए गए अकाल राहत कार्यों पर कार्यरत मज़दूरों को न्यूनतम मज़दूरी भी नहीं मिलती थी। उन्हीं हालातों में लोगों को यह पता चला कि काग़ज़ों में बेइमानी होती है। मस्टररोल में उन लोगों की भी फ़र्ज़ी हाज़िरी लगाई जाती है जो काम पर नहीं आते हैं, इससे काम का माप सही नहीं बैठता है और मेजरमेंट बुक में काम करने वाले श्रमिकों की मज़दूरी कम हो जाती है, तब मोहन जी और चुन्नी बाई जैसे साधारण लोगों के साथ मिलकर अरुणा रॉय और उनके साथियों ने काग़ज़ों की फ़ोटोकॉपी लेने की माँग की, जिसे शासन ने यह कहते हुए ठुकरा दिया कि ओफ़िशियल सीक्रेट्स एक्ट की वजह से आम लोगों को सरकारी काग़ज़ की फ़ोटोकॉपी नहीं दी जा सकती। तब सन् 1991 में काग़ज़ देखने और फ़ोटोकॉपी लेने की लड़ाई शुरू हुई। जो आगे चलकर सूचना के अधिकार का जन आंदोलन बना। मोहन बा ने इस आंदोलन के लिए बहुत से गीत लिखे, वे नितांत निरक्षर थे, लेकिन आशु कवि थे। चलते-चलते कविताएँ रचते थे और उनको सुर देते थे। चुन्नीबाई उनके साथ गाती थीं और संघर्ष की साथी भी थीं। दोनों ने मज़दूर किसान शक्ति संगठन के पूर्णकालिक कार्यकर्ता

के नाते अपनी ज़िन्दगी के चार दशक बिताये थे।

मैंने मोहन जी के बनाए और गाए दर्जनों गीत बहुत से मौक़ों पर सुने, उनमें से एक 'राज चोरा रो...ज़मानों भाइयाँ रिश्वतख़ोरा रो...' जैसे कालजयी गीत भी है। वे कबीर भजन बहुत अच्छे से गाते थे—'जिया जूण जल थल में दाता ज़्याँ देखूँतहा तू को तू...' जैसे भजन भी उनसे ही समझे थे। अब मोहन बा नहीं हैं, उनकी याद में राष्ट्रीय राजमार्ग संख्या 48 के किनारे स्थित उनके खेत में एक प्रतिमा स्थापित की गई है। उस कार्यक्रम में भी मुझे शरीक होने का अवसर मिला था, अब वयोवृद्ध चुन्नीबाई हैं, मैं उनसे मिलने उनके घर तक गया, उनके देवर नाथु महाराज के यहाँ बैठकर हमने कुछ घड़ी बातें कीं और आगे बढ़े। महज़ दो किलोमीटर पर सूचना के अधिकार की भाव भूमि देवडूँगरी अवस्थित है। यहाँ पर मज़दूर किसान शक्ति संगठन के साथ काम करने का मेरा तेरह साल लम्बा अनुभव रहा है, यहाँ की झोंपड़ी से मेरा अपनापा है, इस गाँव से मेरी बहुत सी यादें जुड़ी हैं।

देवडूँगरी जहाँ से आरटीआई आई!

प्रतिष्ठित पत्रकार प्रभाष जोशी *जनसत्ता* के अपने लोकप्रिय स्तम्भ 'कागद कारे' में देवडूँगरी के बारे में लिखते हैं—'जब मैं पहली बार देवडूंगरी आया तो मुझे वैसा ही अहसास हुआ जैसा काफ़ी पहले सेवाग्राम में बापू कुटी की यात्रा के वक्त हुआ था।' प्रभाष जोशी लिखते हैं—'भीम और देवडूंगरी हमारे लिए केवल नाम-भर थे। ये उन तमाम अनजान जगहों की तरह हुआ करते थे जहाँ जाने का सौभाग्य हमें आज तक नहीं मिला। गर्मियों की एक दोपहर हालाँकि हम यहाँ एक जीप से पहुँच ही गए। पहली मई का दिन था। अरावली की पहाड़ियों के ऊपर आकाश में सूरज आग बरसा रहा था और धरती खनन से फटी जा रही थी। जीप की खिड़कियों पर सूरज की रोशनी पड़ रही थी और सीधे आँखों में लग रही थी। इतनी गर्मी में भी लोग काम कर रहे थे। कोई मकान बना रहा था, कोई खदान में खुदाई कर रहा था तो कोई पहाड़ों से मिट्टी और पत्थर निकाल रहा था। उस रात हम भीम से वापस देवडूंगरी लौट आए। हमने रोटी-सब्ज़ी खाई। अरुणा ने चूल्हे पर रोटी सेंकी, फिर हम सब बाहर मिट्टी के चबूतरे पर सोने चले गए। अगली सुबह जब नींद खुली तो देखा कि सूरज गुलमोहर और बेगनवेलिया की लताओं के बीच देवडूंगरी के पार से

झाँक रहा था...डूंगरी माने पहाड़ और देव यानी देवनारायणजी, गूजरों के देवता। उनका मन्दिर बाकी घरों की तरह मिट्टी की खपरैलों का बना था और फ़र्श व दीवारों पर भी बड़ी सफ़ाई से मिट्टी लेपी हुई थी। हमारा स्नानागार एक झोंपड़े में था। वहाँ से निकलने वाला गन्दला पानी बंसवाड़ी में जाकर गिरता था। पीछे मिट्टी के झोंपड़े में एक शौचालय था...बिलकुल साफ़-सुथरा, कोई गंध नहीं...किसी पाँच सितारा होटल से भी बेहतरीन। हमारे दोस्त इस कवायद को लेकर अलग ढंग से सोचते थे। सब कुछ बड़ा रूमानी जान पड़ता था। यहाँ तक कि वह बकरी भी इस रोमानी दृश्य का हिस्सा बन जाती थी जिसे बाहर चरने की मनाही थी और जो देसी नस्ल से कहीं ज़्यादा दूध देती थी। यहाँ का सहज जीवन, बकरी का होना, यह सब किसी आदर्श गाँव की छवि को कैद कर लेने की एक सायास कोशिश जान पड़ता था।'

सूचना के अधिकार आंदोलन की अगुआ अरुणा रॉय उन शुरुआती दिनों को याद करते हुए अपनी किताब *आरटीआई कैसे आई* में लिखती हैं—

> 'लगातार ऐसे प्रयासों के माध्यम से मूल्यों को चुनौती दी गई और उन्हें बदला गया। मसलन, कुछ मुद्दे उठाए गए जिनसे विवाद भी हुआ और जिन पर बहस भी हुई, जैसे लैंगिक भूमिकाएँ (पुरुषों द्वारा सिर पर पानी ढोकर लाना, सार्वजनिक रूप से अपने बरतन धोना), अस्पृश्यता (एक ही बरतन से पानी पीना, एक ही कुएँ से पानी निकालना), सफ़ाई और सेहत से जुड़े मुद्दे, सामाजिक लेन-देन के मानक, सम्मान और रस्मो-रिवाजों के बीच का फ़र्क; ये तमाम विषय बहसों को जन्म देते और कभी-कभार इन पर असहमति भी रहती। मसलन, एक बराबर बैठना या सभी तबके के लोगों को एक ही तरह का खाना परोसा जाना—ऐसी चीज़ों पर लोग आक्रोशित होते, निन्दा करते, हैरत जताते थे। अक्सर यहाँ नया आया कोई शख़्स इन नियमों को तोड़ता और इसके चलते कभी-कभार हिंसक स्थिति भी पैदा हो जाती, फिर उसे किसी तरह सुलझाया जाता। रोज़मर्रा की ज़िन्दगी में टकरावों से निपटने के क्रम में ही लोग विचारों और व्यवहारों के बीच का फ़र्क कम कर पाने में सक्षम होते हैं। आपने दिन-भर में क्या किया या क्या नहीं किया, ज़रूरी है कि इसकी आलोचना दैनिक आधार पर हो।'

देवडूंगरी मेरे लिए कभी भी सिर्फ़ एक घर अथवा दफ़्तर नहीं रहा, बल्कि लोकतंत्र की पाठशाला के रूप में मैंने वहाँ रहकर भरपूर सीखा। इस जगह से मेरा सदा के लिए एक आत्मीय लगाव है।

मैं कुछ देर यहाँ रुका लेकिन आगे बढ़ना ज़रूरी था। भीम, जस्सा खेड़ा होते हुए रात आठ बजते-बजते हम लोग देवरी माता रेस्टोरेंट पहुँच गए जो जवाजा और ब्यावर के मध्य भाटिया का बाड़ियाँ नामक गाँव में है। हमें लेने हमारे विचारशील साथी अविनाश विकास शर्मा जी आ चुके हैं, उनके यहाँ जा कर भोजन किया और फिर छत पर जा कर सो गए।

तेईसवाँ दिन

बैराठ भवानी, धीणा कोट और आस पहाड़ की धूणी

आज यात्रा का तेइसवाँ दिन है। रात ठीक से गुज़री, सुबह थोड़ी देर से उठे, नहाए-धोये, नाश्ता किया और अविनाश विकास शर्मा जी की गाड़ी से रवाना हुए। आज हीर जी और ललित अवकाश पर हैं। हीर जी बोलेरो की सर्विस करवाएँगे और ललित यात्रा के फ़ोटो तथा वीडियो को व्यवस्थित करेगा। हम लोग शाम को वापस यहीं मिलेंगे। अविनाश जी ने अपनी डस्टर गाड़ी की ड्राइविंग सीट सम्भाल ली, कैमरा और अन्य आवश्यक सामान लेकर सागर पीछे बैठ गया। आगे हमको जितेंद्र पलासिया मिलेंगे, वही बैराठ के जंगलों में साथ होंगे। आज के मार्ग में भाटियो का बाड़िया से सारोठ चौराहा होते हुए बड़ाछ, शीतला का चौड़ा होते हुए लगभग बारह बजे बदनोर पहुँचे। रास्ता आलीशान है, बारिश में और भी मनोरम लगता होगा, अभी तो पतझड़ आने को है, फिर भी एकदम हरा-भरा है। ऐसे रास्तों पर चलने से थकान भी नहीं महसूस होती, इसे देखते हुए विचार आया कि पर्यटक यहाँ क्यों नहीं आते? क्या ये इलाक़े उनकी नज़र से ओझल हैं या यहाँ पर्यटन विकास की दृष्टि का अभाव है जबकि वन विभाग ने इसे सहेज रखा है। वन्य जीव भी हैं और जैव विविधता भी, इसे विकसित होना चाहिए, ऐसी ही बातें करते-करते हम पहुँच गए बदनोर।

पहले शीतला का चौड़ा का खनन क्षेत्र आया, यहाँ स्लेटी पत्थर की खानें हैं, वन विभाग और गाँवों से सटी हुईं। मोगर और बिच्छूदड़ा गाँव के लोगों ने इनका विरोध किया था, तब हम लोगों ने ग्रामीणों का सहयोग किया था। वन विभाग, राजस्व आदि की संयुक्त टीमों ने इसका सर्वे किया और कुछ अवैध खानों को रुकवाया था। बाद में यह प्रकरण राजस्थान हाईकोर्ट पहुँच गया, फिर

अवैध खनन विरोधी संघर्षकर्ताओं से सम्पर्क टूट गया और बहुत साल बीतने के बाद आज इस इलाक़े में वापस आना हुआ, लेकिन इस बार उद्देश्य दूसरा है। फिर भी अरावली में खनन देखकर मन क्लांत होता ही है।

बदनोर का क़िला सामने नज़र आने लगा था, वहीं पर जितेंद्र पलासिया जी मिल गये। उन्होंने अपनी बाइक आगे कर ली और हम वहाँ तक पहुँचे, जहाँ तक गाड़ियाँ जा सकती हैं। यहाँ एक सराय बनी हुई है, मेला कमेटी के लोगों के नाम का प्रदर्शपट्ट भी है, बैठने के लिए सिमेंटेड बैंच भी लगी है, पार्किंग की अच्छी व्यवस्था है। जितेंद्र जी पानी की ठंडी बोतलें और केले, नमकीन वग़ैरह लेकर आ गए, सागर ने हमारी फ़ोटो खींचीं। अविनाश जी ने आज ही रास्ते से तीन छाते ख़रीदे थे ताकि धूप और बारिश से बचा जा सके, बारिश की संभावना तो न के बराबर ही थी पर तेज़ धूप तो थी ही। लगा कि छाते काम आयेंगे, पर बैराठ माता ट्रेक इतना सघन वन आच्छादित है कि उस पर चलते हुए धूप का अहसास ही नहीं होता है, मेरे लिए तो छाता छड़ी बन गया, मुझे चढ़ने में सहायता मिलने लगी।

बैराठ माता तक का मार्ग काफ़ी विकट था। हमने कई जगह विश्राम किया। पगडंडीनुमा पथरीला रास्ता था, जिस पर चढ़ते-चढ़ते साँस फूल जाती थी। चलते, रुकते, रुकते, चलते बातें भी होने लगीं। जितेंद्र जी यहीं के निवासी हैं, सरपंच का चुनाव भी लड़ चुके हैं। आज गाँधी दर्शन समिति का कार्यक्रम छोड़कर हमारे साथ आये हैं। वे बताने लगे, जो उन्होंने अपने बुजुर्गों से सुना था कि इस सघन वन के ऊपर पहाड़ी क्षेत्र में एक प्राचीन दुर्ग था, जिसमें काफ़ी आबादी बसी हुई थी। भग्नावशेष किले में आज भी बारह तालाब हैं, टूटे-फूटे महल हैं और प्राचीन नगर है। इस पर किसी सैला राजा का शासन था। मेवाड़ के महाराणा कुम्भा से लम्बी लड़ाई चली, अधिकांश लोग मारे गये, पीछे वृद्ध, महिलाएँ और बच्चे ही बच गए। धीणा हाटेला नामक वीर की चतुराई से तीन महीने तक यह क़िला बचा रहा, अंततः उसने भी वीरतापूर्वक लड़ाई लड़ी और वीरगति को प्राप्त हुआ।

इस प्राचीन नगर की रक्षा करते हुए धीणा हाटेला की शहादत हो गई। उन्होंने तीन महीने तक दुश्मन को चकमा दिया, ऐसे करतब किये कि दुश्मन को लगा कि महल में अब भी हज़ारों सैनिक मौजूद हैं, पर कुशाल माता और बैराठ माता ने किले में घुसकर सारी सच्चाई राणा कुम्भा तक पहुँचा दी, इसके

बाद धीणा हाटेला को पकड़ लिया गया और उसके शरीर को तीन भागों में काट कर सज़ाये मौत दी गई।

जितेंद्र जी ने बताया कि यह वीर एक दलित था। उन्होंने पूछा अगर धीणा हाटेला कोई सवर्ण होता तो क्या इतिहास उसे भी इसी तरह भुला देता या उसकी विरुदावलियाँ गाई जातीं, ख्यातों में उसका नाम होता? कहीं तो लिखित इतिहास में धीणा बा का नाम होता, लेकिन यहाँ तो लोक की स्मृति में थोड़ी-बहुत याद बची है। नई पीढ़ी तो शायद यह जानती भी नहीं होगी। जितेंद्र पलासिया जी ने खिन्न मन से फिर पूछा—''इतिहास दलितों के प्रति इतना निर्मम क्यों है, जबकि बैराठ दुर्ग के चारों तरफ़ की दीवार का नाम आज भी धीणा कोट ही है?''

मैंने जितेंद्र जी से पूछा—''आप जो कह रहे हो कहीं दर्ज है यह सब?'' वे बोले—''सिर्फ़ बुज़ुर्गों के दिमाग़ में दर्ज है, नई पीढ़ी को तो मालूम भी नहीं है। ज्ञात इतिहास में इस दलित नायक की भूमिका कहीं दर्ज, रिकॉर्ड नहीं है। बैराठ माता जिन्होंने राणा कुम्भा की सेना की सहायता की थी, उनका सबसे ऊँची चोटी पर मन्दिर बना हुआ है और कुशाल माता का नीचे शीतला का चौड़ा रोड पर प्राचीन मन्दिर है।''

बैराठ माता तक पहुँचने में काफ़ी मुश्किल आई, दो-तीन बार रुकना पड़ा। पानी और छाछ ने हिम्मत बरकरार रखी। ऊपर पहुँचने पर माताजी, भैरु जी के मन्दिर दिखे, यहाँ बलि चढ़ती थी या चढ़ती है? शायद हाँ अथवा ना, स्पष्ट जवाब नहीं मिला, कुछ देर मन्दिर में बैठकर विश्राम किया, साथ लाये केले खाये। अब आगे और घना जंगल है, इसमें तरह-तरह के जंगली जानवर हैं, पैंथर भी पाए जाते हैं, आगे जाने में ख़तरा है, हमारे पास आत्मरक्षा के लिए न लाठियाँ हैं न बंदूक़। कैमरे और छाते से कैसे हिंसक पशु भागेंगे? लेकिन इतना ऊँचाई तक आकर हम प्राचीन बैराठ दुर्ग देखे बिना कैसे नीचे उतर सकते हैं, जोखिम लेंगे और आगे तक जायेंगे। आख़िर हम भी तो चार लोग हैं। चीख-चिल्ला लेंगे, डर जायेंगे तो भाग लेंगे अथवा डरा देंगे, कुछ तो करेंगे। ऐसा सोच कर आगे बढ़े और ध्वस्त किले के प्रवेश द्वार तक पहुँच गए। किले के चारों तरफ़ मज़बूत दीवार तो बनी हुई ही थी। अंदर घुसते ही दूर कहीं पैंथर की आवाज़ सुनाई पड़ी। पाँव डगमगाने लगे लेकिन आवाज़ इतनी दूर से नीचे की एक घाटी से आ रही थी, इतना भी डरने की ज़रूरत नहीं थी, वैसे भी इंसानों की आवाज़ सुनकर वन्य जीव भी भागते हैं, ख़तरा दो ही स्थितियों में अधिक होता

है, या तो जंगली जानवर चारों तरफ़ से घिरा हुआ महसूस करे तो वह हमला करके अपनी रक्षा करता है अथवा वह अगर नरभक्षी हो चुका है तो सामने से आक्रमण करेगा, लेकिन यहाँ दोनों ही परिस्थितियाँ नहीं हैं। हमने आगे बढ़ने का निश्चय किया।

बैराठ के प्राचीन दुर्ग में बुर्ज, दीवारें, दरवाज़े, महल और पानी के स्टोरेज देखे, पुरानी ईंटें देखीं जो बौद्ध स्तूपों में काम ली जाती हैं, शायद यहाँ उत्खनन हो तो प्रामाणिक जानकारियाँ मिल सकती हैं। बारह तालाबों में से दो तालाबों तक भी गये, थकान बढ़ती जा रही थी, जंगल भी सायँ-सायँ कर रहा था, जंगली जीवों की परिचित आवाज़ें भी बढ़ रही थीं, इसलिए बाक़ी का इलाक़ा फिर कभी देखने का मानस बना कर हम वापस मुड़े। वापसी का रास्ता चढ़ाई से अधिक थकाने वाला था, नीचे बदनोर का क़िला भी देखना था, इसलिए लौट गए।

बदनोर आजकल ब्यावर ज़िले का उपखंड मुख्यालय है। पहले यह भीलवाड़ा ज़िले में होता था, रियासतकाल में यह मेवाड़ का महत्त्वपूर्ण ठिकाना रहा है। यहाँ पर स्थित प्राचीन किले का नाम यहाँ के परमार शासक 'बदना' के साथ जुड़ा हुआ बताया जाता है। इतिहास के अनुसार परमार वंशी शासक बदना ने सन् 845 ईस्वी में बदनापुर की स्थापना की थी जो बाद में बदनोर हो गया। खुदाई में प्राप्त 1439 ई. के एक शिलालेख के मुताबिक़ शुरू में इसे 'वर्धनपुर' भी कहा जाता था। *हम्मीर रासो* में भी बदनोर दुर्ग के बारे में वर्णन मिलता है। किले में स्थित चारभुजा मन्दिर के शिलालेख के अनुसार बदनोर के गढ़ का निर्माण 158 4 में किया गया था। इस किले में कई धार्मिक स्थल स्थित हैं।

कुशाल माता मन्दिर में ठंडा पिया। शीतला का चौड़ा के रास्ते से होकर आस पहाड़ की धूणी पर गए, जहाँ पर युवा संत महंत महेंद्र पुरी जी से मुलाक़ात हुई। यह नाथ सम्प्रदाय का साधना स्थल है। इस जगह से रावत, चीता, मेहरात समुदाय की ऐतिहासिक बातें जुड़ी हुई हैं, चूँकि महंत जी कहीं जाने को निकल रहे थे। उन्होंने प्यार से चाय पिलाई, हमने बचे हुए केले यहीं भेंट किए और भाटिया का बाड़िया के लिए निकल पड़े।

चौबीसवाँ दिन

'बी अवेयर' से ब्यावर तक

आज की यात्रा में सबसे कम लोग हैं, मैं और अविनाश जी। शाम तक आहीर जी और ललित आयेंगे और यात्रा के प्रथम चरण के अंतिम दिन साथ रहेंगे। हम सुबह दस बजते-बजते ब्यावर पहुँच चुके थे। 'ब्यावर हिस्ट्री' नामक ऑनलाईन पेज चलाने वाले वासुदेव मंगल से मिलना था, उनके घर का पता नहीं था और न ही उनका मोबाइल नम्बर किसी से मिल सका। हम लोगों ने तय किया कि ब्यावर के किसी भी चौराहे पर गाड़ी रोक कर स्थानीय लोगों से पूछ लेंगे। हमें ज़रूर जानकारी मिल जायेगी। हालाँकि कुछ और कोशिश करते तो मंगल जी का नम्बर और पता मिल ही जाता, लेकिन तय यही रहा कि पुरातन तरीक़े से पूछताछ आधारित सम्पर्क बनायेंगे। संयोग देखिये कि भगत चौराहा पर गाड़ी रोक कर एक दुकानदार से पूछा, उसने सामने की बिल्डिंग की तरफ़ इशारा कर कहा—"वहाँ मंगल जी का स्टूडियो है, मिल जायेंगे।"

स्टूडियो में उनके पुत्र मिले, पूछा—"आप लोग कौन हो और क्यों मिलना चाहते हो?" जब वे हमारे आने के उद्देश्य से मुतमइन हुए तो सीधे घर का एड्रेस देकर बोले—"पापा जी घर पर ही हैं, चले जाइये, मिल जायेंगे। मैं घर फ़ोन कर रहा हूँ।" हम उनके घर पहुँच गए। सवा-सौ साल पुरानी हवेलियों के मध्य में एक सफ़ेद दीवार पर वासुदेव मंगल (इतिहासकार) का नाम लिखा था। घंटी बजाई तो किसी ने दरवाज़ा खोला, पूछा—"किससे मिलना है?" हमने कहा—"मंगल जी से?" फिर से पूछा गया—"कौन से मंगल जी से?" सवाल वाजिब था, वहाँ तो सारे मंगल जी ही रहते थे। हमने कहा—"वासुदेव मंगल जी से।" इतने में एक बुज़ुर्ग की खनकती सी आवाज़ गूँजी—"इनको आने दो, मुझसे मिलने आये हैं।" हमको ससम्मान ले जाया गया। बड़े ही प्रेम

से वासुदेव जी मिले। हमने जानना चाहा कि उन्होंने 'ब्यावर का इतिहास' कैसे लिखा? उनकी इतिहास लेखन में रुचि कैसे जगी? वे बोले—"बातें बाद में होंगी, पहले तो यह बताओ चाय पीते हो?" हमने कहा—"बिलकुल पीते हैं।"

उन्होंने चाय मंगवाई और बताने लगे कि उनका इतिहास से कोई लेना-देना नहीं है। वे कुछ नहीं जानते थे इतिहास के बारे में, लेकिन तत्कालीन उपखंड अधिकारी ने ब्यावर के स्थापना दिवस पर एक स्मारिका निकाली और मुझे ब्यावर का इतिहास लिखने की ज़िम्मेदारी दे दी। मैंने हाँ तो भर ली, पर सामग्री जुटाना मुश्किल हो गया, किसी के भी पास में कोई प्रामाणिक जानकारी नहीं थी, सब तरफ़ से थक-हार कर मैं नगर परिषद की लाइब्रेरी गया, वहाँ पूछताछ की तो पता चला कि कर्नल अलफ्रेड डिक्सन की लिखी किताब *स्केच ऑफ़ मेरवाड़ा* की एक प्रति उपलब्ध है। उन दिनों न मोबाइल थे, न गूगल सर्च और न ही फ़ोटोकॉपी की इतनी दुकानें थीं। मैं किताब इश्यू करवा कर घर ले आया और रात भर बैठ कर पढ़ता रहा और मुख्य बिंदुओं के नोट्स ले लिये। और इस तरह मैंने ब्यावर का इतिहास लिखा।

खूब सारी बातें करके हमने वासुदेव मंगल जी के दीर्घायु होने और उत्तम स्वास्थ्य की कामना करते हुए विदा ली। गणेश भोजनालय पर खाना खाया और चल पड़े *निरंतर* अख़बार के संपादक रामप्रसाद जी कुमावत से मिलने। रामप्रसाद जी मोटिवेटर, शिक्षक, कवि, लेखक, पत्रकार, निर्भीक स्पष्टवादी व्यक्ति हैं, जिन्होंने 1996 में चांग गेट ब्यावर पर चले सूचना के अधिकार के लम्बे संघर्ष में अपनी प्रमुख भूमिका निभाई। वे स्वयं भी जानकारियों का ख़ज़ाना हैं। हम उनसे सूचना के अधिकार का आंदोलन और ब्यावर का योगदान विषय पर जानने के इच्छुक थे। चांग गेट महत्त्वपूर्ण जगह है। आजकल यहाँ सूचना के अधिकार का शिलालेख लगा हुआ है, इसके पास ही सीपीआई के मज़दूर नेता कामरेड कुमारानंद की प्रतिमा लगी है। चांग गेट के बाहर निकलते ही महात्मा गाँधी की मूर्ति खड़ी नज़र आती है और थोड़ा ही आगे चलने पर इसी लाइन में बाबा साहब अम्बेडकर की प्रतिमा भी है। चांग गेट के सूचना के अधिकार के सन् दो हज़ार के बाद के विभिन्न आयोजनों का मैं साक्षी रहा हूँ, लेकिन रामप्रसाद जी कुमावत की ज़ुबानी सुनने का आनंद ही कुछ और है।

हम पहुँच गए कुमावत साहब की नींद में ख़लल डालने। उनको कॉल कर दिया था, सदा की भाँति उनका स्नेहिल आमंत्रण था—"आ जाओ, साथ में चाय

पीते हैं।'' *निरंतर* के दफ़्तर में बैठे, पुरानी बातें याद की जाती रहीं, चाय भी आई एक बार नहीं बल्कि दो-दो बार। रामप्रसाद जी ने वे दिन याद किए जब उनका दफ़्तर चांग गेट के सामने वाले बाज़ार में सीढ़ियों से चढ़ कर ऊपर के तल पर था। यह ऑफ़िस चांग गेट के धरना स्थल से इतना समीप था कि वहाँ लगाये जाने वाले नारों की आवाज़ें ऊपर तक आती थीं। एक दो दिन में ही रामप्रसाद जी धरनास्थल पर थे, बहुत जल्द ही वे और वेलकम स्टूडियो के मालिक फ़ोटो जर्नलिस्ट अशोक जी सेन आदि लोग आंदोलन के मित्र बन गए। सूचना के अधिकार के संघर्ष के दस्तावेज़ीकरण में इनकी भूमिका सराहनीय रही।

रामप्रसाद जी अपनी स्मृतियों पर ज़ोर डालते हुए कहते हैं—''न्यूनतम मज़दूरी से जुड़े काग़ज़ देखने की माँग को, फ़ोटोकॉपी लेने की माँग तक ले जाते हुए सूचना के अधिकार के संवैधानिक अधिकार तक ले जाने में ब्यावर शहर के चांग गेट के आंदोलन का बड़ा योगदान रहा है।'' हमारे पास बातें बहुत थीं, समय ज़रूर कम था, वैसे भी चार बज चुके थे। रामप्रसाद कुमावत जी को आराम भी करने देना था। हमने उनको धन्यवाद दिया और चल पड़े प्रोफ़ेसर जलालुद्दीन जी काठात के पास, जिन्होंने मुहम्मद बख़्श क़ुरैशी के साथ मिलकर *अजमेर मेरवाड़ा का संक्षिप्त इतिहास* लिखा है। उनकी किताब पर काफ़ी हंगामा भी हुआ, पर चीता, मेहरात, काठात समुदाय के बारे में उनसे बेहतर हमें कौन जानकारी दे सकता है। ये समुदाय आज भी सम्पूर्ण भारत के लिए सांप्रदायिक सौहार्द तथा क़ौमी एकता की जीती-जागती मिसाल हैं। अजमेर ज़िले के नरवर से लेकर राजसमंद ज़िले के दिवेर तक फैले रावत, चीता, मेहरात, काठात समुदाय का गौरवशाली इतिहास है, इनमें रावत हिन्दू हैं और शेष मुस्लिम, लेकिन सबके मध्य सदियों से भाईचारा है और मिलजुलकर रहते हैं।

प्रोफ़ेसर जलालुद्दीन जी काठात ने बताया कि अजमेर मेरवाड़ा का अधिकतर इलाक़ा अरावली पर्वतमाला में है। प्राचीन काल में यहाँ जो लोग रहते थे, उनको मेर कहा जाता था क्योंकि वे मेरु (पर्वत) के निवासी थे। शायद यह पहचान रही हो क्योंकि इस तरह की कोई जाति अब अस्तित्व में नहीं है, फिर गुर्जर, मीणा और रावत तथा चीता, मेहरात, काठात के यहाँ रहने के ऐतिहासिक वर्णन उपलब्ध होते हैं। रावत जाति अनूप और अलहन से अपनी उत्पत्ति बताती है जो चौहान वंश के क्षत्रिय थे, इनकी कुलदेवी नाडोल की आशापुरा माँ हैं। पृथ्वीराज चौहान से इनकी उत्पत्ति बताना ऐतिहासिक रूप से सिद्ध नहीं होता है। पृथ्वीराज चौहान से

बहुत पहले से इस समुदाय के होने के प्रमाण उपलब्ध हैं, बाद में चीता बरड़ दो समूह बने, इसी तरह इस्लाम के अपनाने के बाद में चीता, मेहरात, काठात आदि समुदाय अस्तित्व में आये। जलालुद्दीनजी ने इसकी पूरी क्रोनोलोज़ी समझाई, उनकी किताब भी इस बारे में बहुत सी भ्रांतियों का निदान करती है।

जलालुद्दीनजी अपनी किताब में चौहान वंश की उत्पत्ति से लेकर चीता बरड़ वंश के मूल पुरुष, इस जाति की उत्पत्ति, समुदाय का सांस्कृतिक अध्ययन, धर्मांतरण, पारस्परिक हिन्दू–मुस्लिम सामाजिक ढाँचे तथा भाईचारे के साथ रहने के उदाहरण देते हैं। वे उन परम्पराओं, रीति–रिवाजों, पर्व–त्योहारों और खान–पान, वेशभूषा, भाषा–बोली और लोकाचारों का भी विशद वर्णन करते हैं जो यह बताता है कि आज के धार्मिक और जातीय कट्टरपंथ के अत्यंत ज़हरीले माहौल के बावजूद अजमेर मेरवाड़ा क्षेत्र के रावत, चीता, मेहरात, काठात व अन्य समुदाय आज भी मिलजुलकर रह रहे हैं और सौहार्द का जीवंत उदाहरण बने हुए हैं। जलालुद्दीन जी से मिलकर अच्छा लगा। इस क्षेत्र की भौगोलिक, सामाजिक, सांस्कृतिक व धार्मिक स्थितियों की बेहतरीन जानकारियाँ हासिल हो पाईं और यह भी समझ में आया कि अंग्रेज़ क्यों इस इलाक़े में आकर बोले कि 'बी अवेयर' जो अपभ्रंश होकर आज ब्यावर बन गया है, वर्ना तो पुराने तमाम लोग इसे नया शहर ही कहते रहे हैं। यहाँ से विदा लेकर हम ब्यावर के संस्थापक कर्नल डिक्सन की छतरी तक गए। हालाँकि वहाँ से उनकी मूर्ति हटा दी गई है और अब वहाँ भारत माता की प्रतिमा लगी हुई है। अति राष्ट्रवाद इसी तरह से अपने ही इतिहास को कुचल कर कुंठाओं का शमन करता है। अब भी लोग इसे डिक्सन चौराहा ही कहते हैं, लेकिन धीरे–धीरे यह इतिहास बदल दिया जायेगा। हो सकता है कि शहर का ही नाम बदल दिया जाए, गेम चेंजर होने का वादा करके सत्तासीन होने वाले अक्सर नेमचेंजर बन कर ही संतोष कर लेते हैं।

यहाँ से अविनाश विकास शर्मा जी से विदाई ली। हीर जी और ललित आ गए थे और हम माँगलियावास में कुल्हड़ चाय पीते हुए सीधे पहुँचे बरसों से सुख–दुःख के साथी रहे महिपाल वैष्णव जी के यहाँ अर्जुनपुरा खालसा गाँव। कुछ देर बातें कीं, बाजरे की रोटी, दही, कढ़ी, सब्ज़ी का स्वादिष्ट भोजन करके छत पर सो गये। कल की कल देखी जायेगी।

पच्चीसवाँ दिन

बुद्ध और पुष्कर

आज इस यात्रा के प्रथम चरण का अंतिम दिन है। आज के यात्री हैं—मैं, महिपाल जी वैष्णव, हीर जी और ललित। आज यात्रा के प्रथम चरण का आख़िरी दिन है। ईडर से शुरू हुई यात्रा का पुष्कर में समापन होना है। पहले अजमेर जाना तय था, जहाँ ख़्वाजा मोइनुद्दीन चिश्ती की दरगाह, पाल बीचला का प्राचीन रामदेव मन्दिर और बुद्ध ज्योति विहार जाना है, लेकिन महिपाल जी का सुझाव था कि हम पहले गौरी कुंड धाम मकरेडा पर वानर भोज देखेंगे और फिर अजय पाल कुंड, गंगा बावड़ी होते हुए पुष्कर से नाग पहाड़ होकर ख़्वाजा की नगरी में जायेंगे। मुझे भी रूढ़िवादी होना कम ही पसंद है, क्या फ़र्क़ पड़ता है कि पुष्कर सुबह जाएँ या शाम, यात्रा का समापन तो आज ही होना है, सिर्फ़ मार्ग ही तो बदलना है। मैं हर उस बदलाव के लिए तैयार रहता हूँ जो किसी को नुक़सान नहीं पहुँचाए अथवा किसी को सुविधाजनक लगे।

गौरी कुंड धाम मकरेडा की पहाड़ी पर स्थित है, थोड़ी सी चढ़ाई के बाद एक मन्दिर है और उसके साथ लगी हुई एक बावड़ी है, जिसमें पानी लबालब भरा हुआ है। यह आश्चर्यचकित करता है कि पहाड़ के नीचे समतल में स्थित कुएँ बावड़ी में पानी रसातल में है और पहाड़ी पर स्थित बावड़ी में पानी उफ़ान पर है। यहाँ की दो पहाड़ियों के ऊपर बंदरों की दो अलग-अलग टोलियाँ निवास करती हैं। ऐसा महिपाल जी रास्ते में बता रहे थे। मुझे लगा कि कुछ बंदर इधर रहते होंगे और कुछ उधर, जब हम वहाँ पहुँचे तो थोड़े-बहुत नज़र भी आये, लेकिन उनकी असली संख्या, ताक़त और क्षेत्राधिकार तो तब समझ आया जब ब्यावर या अजमेर से आए कुछ लोग गाड़ी से उतरे।

वे केले के कैरेट लेकर आए थे, शायद रोटियाँ या बिस्किट भी लाये थे।

उनमें एक आदमी 'आओ-आओ' की ज़ोरदार ध्वनि एक पहाड़ की तरफ़ खड़े हो कर निकालने लगा। कुछ ही पलों में वानर सेना का पदार्पण हुआ, हज़ारों की तादाद में वे उतरे और अपने-अपने केले लेकर खाने लगे। वही आदमी दूसरे पहाड़ की तरफ़ गया, फिर से उसने 'आओ आओ' की टेर लगाई, दूसरी तरफ़ से भी हज़ारों की संख्या में बंदर नीचे उतर आए और अपना खाद्य पदार्थ लेने लगे। हम लोग दोनों तरफ़ की वानर सेनाओं के मध्य खड़े होकर यह अद्भुत नज़ारा देख रहे थे। बंदर इतने अनुशासित थे कि इधर के पहाड़ वाले उधर नहीं आते थे और उधर वाले इधर नहीं आते थे, दोनों की सीमाएँ तय थीं। ललित ने इस दृश्य का वीडियो ले लिया था। मैं तो इस अजूबे को बस देखता ही रहा, जैसे ही केले व बिस्कुट आदि बाँटने वाले लोग गाड़ियों पर सवार हुए, वानर भोज में आई फ़ौज तुरंत ही ग़ायब भी हो गई। ऐसा लग ही नहीं रहा था कि यहाँ पर दोनों तरफ़ अभी हज़ारों बंदर थे। गौरी धाम कुंड के इस नज़ारे ने मुझे खुश कर दिया।

अब हमने पुष्कर का पहाड़ी रास्ता ले लिया था, जो विभिन्न गाँवों से हो कर गुज़रता है। अजमेर के निकट के इन गाँव खेड़ों में लोग फल, फूल, सब्ज़ियों और पोल्ट्री तथा दूध हेतु पशुपालन का काम करते हैं। रास्ते भर गुलाब, हज़ारे और गेंदे के फूलों के विविधवर्णी खेत मिले। गेंदे के फूल और आँवले के लकदक पेड़ मिले। ताइवानी पपीते के बगीचे दिखे, गेहूँ की फ़सल दिखी। बकरी और गाय-भैंस चराते किसान तथा पारम्परिक वेशभूषा पहने ग्रामीण औरतें मिलीं। युवा तो मोटरसाइकिल और मोबाइल का पर्याय ही बन चुके हैं। पोल्ट्रीफ़ार्म की गंध तो चारों तरफ़ थी, टमाटर पक रहे थे तो मिर्ची अपना हरापन बचा कर झुकी हुई थी, खीरे-ककड़ी, फूल गोभी की जोतें सामने थीं, हर खेत के चारों तरफ़ तारबंदी की हुई थी। यह सफ़र विशुद्ध काश्तकारों के मुहल्ले से गुज़रने सरीखा था। मैंने महिपाल जी को शुक्रिया कहा, अगर वे आग्रह नहीं करते तो हम तो राजमार्ग की सड़क लेते जहाँ पर सब कुछ एकरूप हो चुका है।

आगे जाने पर गंगा बावड़ी आ गई, यही अजयपाल कुंड है और उसी के ऊपर प्राचीन अजयपाल मन्दिर भी है। कहते हैं कि अजय मेरु उर्फ़ अजमेर को बसाने वाले अजय पाल ने यह मन्दिर बनवाया था। वे यहाँ नियमित रूप से पूजा करने आते थे। हमने यहाँ कुछ वक्त गुज़ारा, गंगा बावड़ी और कुंड में नीचे तक गए। गाड़ी पार्क करने की जगह नहीं होने से अधिक रुकना संभव नहीं था,

वहाँ से सीधे तीर्थराज पुष्कर गए। *ऋषि पुराण* के लेखक स्वामी गोकुलदास जी के अनुसार यहाँ महा जोगचंद नामक तपस्वी ने इस सरोवर के लिए अपनी काया होम कर दी थी। लोक में उनके आत्मोत्सर्ग के बहुत से क़िस्से सुनने को मिलते रहे हैं। यहीं पर गऊ घाट तक गए, ब्रह्मा मन्दिर में दर्शन किए। इस यात्रा से पहले तक मुझे पक्का यक़ीन था कि विश्व भर में पुष्कर में ही अकेला ब्रह्मा मन्दिर है, लेकिन अब तक काफ़ी जगह पर ब्रह्मा मन्दिर देख लेने के बाद मैंने अपनी पूर्व धारणा को टूटते पाया। हालाँकि इतना बड़ा ब्रह्मा मन्दिर ज़रूर यह अकेला हो सकता है, लेकिन एकमात्र तो नहीं।

आगे रेतीले धोरो तक गये और वहाँ से बूढ़ा पुष्कर गए। माना जाता है कि बाढ़ आने से पहले यह बुद्ध पुष्कर था, जहाँ पर बड़ी संख्या में बौद्ध भिक्षु व भिक्खुनियाँ रहती थीं। कुछ बौद्ध ग्रंथों में पुष्कर के बौद्ध केंद्र होने की जानकारियाँ मिलती हैं। नाग पहाड़ में बौद्ध अवशेष होने के काफ़ी प्रमाण मिलते हैं। इस बारे में प्राप्त सामग्री के अवलोकन से मालूम होता है कि पुष्कर के शिव संस्कृति के केंद्र के रूप में उभरने से पहले यह स्थल जैन व बौद्ध तथा श्रमण संस्कृति का महत्त्वपूर्ण केंद्र था, अगर नाग पहाड़ की खुदाई की जाए तो उत्खनन से इसके सबूत मिल सकते हैं। हमने नाग पहाड़ वाला रास्ता लिया, लेकिन उस पर चढ़ने के सारे मार्ग अवरुद्ध होने के कारण वहाँ जाने का मानस त्यागना पड़ा और हम अब ख़्वाजा साहब की दरगाह के लिए रवाना हो गए।

ख़्वाजा की चौखट पर!

जब हम दरगाह बाज़ार होते हुए बुलंद दरवाज़ा में दाखिल हुए तो हमें सिर ढँकने का आग्रह किया गया। सिख और मुस्लिम धर्म स्थलों पर यह आग्रह किया जाता है, जबकि बौद्ध सिर नहीं ढँकने का आग्रह करते हैं। सबकी अलग-अलग धारणाएँ हैं। मैं इस बारे में बिना किसी बहस मुबाहिसे के जैसा देश वैसा भेष नीति का पालन करता हूँ। बेवजह उलझने और अपनी ताक़त ज़ाया करने में क्या फ़ायदा? जिस मक़सद के लिए पहुँचते हैं, वो पीछे छूट जाता है और व्यर्थ का वाद-विवाद से कड़वाहट पैदा हो जाती है, इसलिए कबीर के शब्दों में साधो सहज समाधि भली अथवा बुद्ध का मज्जिम निकाय (मध्य मार्ग) ही उपयुक्त है।

हम जब दरगाह की मुख्य बिल्डिंग, जहाँ पर ख़्वाजा मोइनुद्दीन चिश्ती

आरामफ़रमा हैं, वहाँ पहुँचे तो कव्वाल झूम-झूम कर गा रहे थे—'मुझे चढ़ गया चिश्तियाँ रंग-रंग, जिसे पहन कर झूमे मलँग मलँग, मुझे चढ़ गया चिश्तियाँ रंग...' यहाँ चिश्तियाँ रंग के मायने गेरुआ से है, जिसे अब भगवा भी कहा जाता है। हम कुछ देर कव्वालों के पास बैठ गए और उनके सूफ़ी कलाम सुनते रहे। यहाँ आने वाले ज़ायरीन खुद भी साथ में कव्वाल लाते हैं, स्थानीय कव्वाल भी अपने कलाम पेश करते हैं और दरगाह में महफ़िल में भी गाने वाले लोग निरंतर गाते रहते हैं। ज़ायरीन सुनते हैं और भेंट स्वरूप कव्वालों को कुछ-न-कुछ राशि देते रहते हैं।

ख़्वाजा साहब की समाधि के दर्शन हेतु हम मुख्य गुम्बद वाले भवन में पंक्तिबद्ध होकर ही घुस पाये। अधिकांश लोगों ने अपने हाथ में गुलाब के फूलों की टोकरियाँ थाम रखी थीं। कुछ समूह हरी मख़मली चादर को चारों तरफ़ से पकड़ कर आध्यात्मिक मंत्र दोहरा रहे थे, ज़्यादातर लोग सिर पर टोपी धारण किए हुए थे। हमने अपना रुमाल बाँध कर काम चला लिया था, हर वर्ग, धर्म और उम्र तथा लिंग के लोग यहाँ दृष्टिगोचर होते थे। अंदर ख़्वाजा साहब की मज़ार के चारों तरफ़ ख़ादिम लोग खड़े थे, वे भेंट स्वीकार रहे थे। फूल और चादर चढ़ा रहे थे, दुआएँ पढ़ रहे थे, कुछ के हाथ में मोरपंख के झाड़ू भी थे। आगंतुकों के सिर पर वे झाड़ू से हल्की-हल्की थपकियाँ सी दे रहे थे। रेलमपेल मची थी, जो भेंट नहीं दे रहे थे, वे जल्दी बाहर निकल जाते थे। कुछ लोग चढ़ावा की वजह से थोड़ी देर लेते थे, हर धर्म स्थल की भाँति यहाँ भी चढ़ावा देने वालों के प्रति विशेष स्नेह सेवकों का नज़र आता है। लोग बाहर की तरफ़ रोली लच्छे बाँध कर मन्नतें माँग रहे थे। सबकी अपनी-अपनी श्रद्धा थी, अधिकांश लोग श्रद्धा भाव से वहाँ थे तो कुछेक पर्यटक के नाते सिर्फ़ देखने भी आए हुए थे। हम बाहर निकले और देगों की तरफ़ बढ़े, बड़े-बड़े देग जिनमें ख़्वाजा साहब के उर्स के दौरान प्रसाद बनाया जाता है, बाक़ी दिनों में नक़द और आभूषण आदि के चढ़ावे हेतु इस्तेमाल होते हैं, धर्म का धंधा विश्व व्यापी है, आध्यात्मिकता का तत्व उसमें कम ही बच पाता है।

अजमेर की ख़्वाजा साहब की विश्व प्रसिद्ध दरगाह की वजह से दुनिया भर में इस नगरी को अजमेर शरीफ़ कहा जाता है, जैसे पुष्कर को पवित्र व तीर्थराज का दर्जा प्राप्त है। अजमेर दरगाह के व्यवस्थित संचालन हेतु एक

कमेटी काम करती है, जिसका नाज़िम होता है। यह सरकारी नियंत्रण वाली समिति है, प्रशासन दरगाह में क़ानून और व्यवस्था तथा सुरक्षा के माकूल इन्तज़ामात में ही दख़ल करता है। दरगाह के ख़ादिम लोगों की अपनी अंजुमन हैं, वे दरगाह के धार्मिक मामले तय करते हैं। इसके अलावा ख़्वाजा साहब के वंशज होते हैं, उनके मुखिया को दरगाह दीवान कहा जाता है। वर्तमान में जनाब जैनुअल आबेद्दीन साहब दरगाह दीवान हैं, वे चिश्तियाँ रंग के कपड़े पहनते हैं और उर्स के दौरान होने वाली महफ़िल तथा अन्य रीति-रिवाजों की सदारत करते हैं। मेरी उनसे भी हमारे बड़े भाई आबिद शेख़ जी, माण्डल के ज़रिए मुलाक़ात हो चुकी है। हालाँकि आज वे यहाँ नहीं हैं, इसलिए नहीं मिल पाये। दरगाह में आने वाले महत्त्वपूर्ण लोगों की कमेटी की ओर से दस्तारबंदी करवाई जाती है। ऐसी दस्तारबंदी का मैं भी लाभार्थी रहा हूँ। मेरे लिए ख़्वाजा साहब की दरगाह क़ौमी एकता और साम्प्रदायिक सौहार्द का मरकज़ है।

ख़्वाजा साहब के बारे में बताया जाता है कि उनका जन्म मध्य एशिया के सिस्तान नामक शहर में 9 रजब 530 हिजरी (सन् 1143 ईस्वी) में हुआ था। उनके ख़ानदान के लोग हिरात के पास चिश्त नामक क़स्बे में जा बसे थे, वहीं पर उनकी मुलाक़ात प्रसिद्ध सूफ़ी संत ख़्वाजा शेख़ उस्मान हारुनी से हुई। मोइनुद्दीन साहब ने 52 साल की उम्र में अपने मुर्शिद शेख़ उस्मान हारुनी से दीक्षा ले ली और ग़रीबों की सेवा में मशगूल हो गए। बाद में वे भारत आ गए और अरावली की पहाड़ियों में स्थित अजमेर को अपनी आध्यात्मिक साधना का केंद्र बना लिया, जहाँ उन्होंने 633 हिजरी में पर्दा ले लिया, तब से वे दरगाह शरीफ़ की समाधि में आराम फ़रमा हैं। ख़्वाजा साहब जिनको लोग प्यार से ग़रीब नवाज़ कहते हैं, हर वर्ष छह दिन तक उनका उर्स होता है, जो मेरे शहर भीलवाड़ा के गौरी परिवार के झंडे को फहराने से शुरू होता है। ख़्वाजा साहब के उर्स में देश-विदेश से लाखों की तादाद में ज़ायरीन आते हैं और यहाँ से आशीर्वाद प्राप्त करते हैं। ख़्वाजा साहब के बहुत सारे नामचीन शिष्य हुए, जिनमें बख़्तियार काकी और हज़रत निज़ामुद्दीन औलिया जैसे संतों के नाम अग्रणी हैं। ख़्वाजा साहब की यह दरगाह इंसानियत, मोहब्बत और भाईचारे की ज़िंदा मिसाल है। उनकी चौखट पर मनुष्य मात्र प्रवेश का पात्र है, ऐसी भेदभाव रहित जगहों का होना बहुत महत्त्वपूर्ण है।

पाल बीचला का बाबा रामदेव मन्दिर!

यात्रा का विधिवत समापन तो बुद्ध ज्योति विहार बुद्धा हिल्स पर होगा लेकिन इससे पहले डॉ. गुलाबचंद जी जिंदल का परामर्श था कि हमें पाल बीचला स्थित प्राचीन रामदेव जी मन्दिर चलना चाहिए। मैंने कुछ साल पहले इस ऐतिहासिक मन्दिर को लेकर जिंदल साहब की लिखी एक पुस्तिका पढ़ी थी, तब से मेरी उत्सुकता रही, फिर जब मैं एक बार और अजमेर की यात्रा पर था, तब भी यहाँ आने की कोशिश रही पर समयाभाव के चलते संभव नहीं हो पाया। आज अरावली की यात्रा के दौरान बढ़िया मौक़ा था। हम ख़्वाजा की चौखट से निकले और सीधे पाल बीचला के 'रामदेवपीर के मन्दिर' पर जा पहुँचे।

यह स्थल बलाई समाज की सर्वेला पंचायत द्वारा निर्मित किया गया है। इसके निर्माण की भी रोचक कहानी है, इसके लिए 400 वर्गगज भूमि 14 जनवरी 1933 को चाँदी के 1000 कलदार में मंगला राम माली से ख़रीदी गई। तय किया गया कि यहाँ केवल मन्दिर ही नहीं बल्कि समाज सुधार की गतिविधियों का केंद्र निर्मित किया जाये, तब तक देश आज़ाद भी नहीं हुआ था। देश में राजनीतिक और सामाजिक आज़ादी के लिए आंदोलन ज़ोर पकड़ रहा था। डॉ. जिंदल जी द्वारा संपादित पुस्तक कहती है कि—

> प्रगतिशील विचारधारा के लोग इस भूमि पर मन्दिर निर्माण के साथ-साथ सामाजिक गतिविधियों के लिए केंद्रीय स्थल के रूप में विकसित करने की परिकल्पना को साकार करने के लिए तन-मन-धन से सहयोग करने में जुट गए और 17 जून 1939 से विधिवत कमेटी ने काम शुरू कर दिया। 30 जून 1949 को मन्दिर के वर्तमान स्वरूप की नींव रखी गई। पेयजल हेतु 1956 में कुआँ खोदा गया, जिसमें पहले खारा पानी था, जो काफ़ी बरसों बाद स्वत: मीठा हो गया। 1 सितम्बर 1957 को *मेघवंश इतिहास* के लेखक युग प्रवर्तक संत स्वामी गोकुलदास जी महाराज के मुख्य आतिथ्य में इस मन्दिर में रामदेव पीर की प्रतिमाएँ प्रतिष्ठित की गईं। इस तरह यह मन्दिर, भवन, कुआँ आदि निर्मित हुए।

आज हमें लग सकता है कि यह क़वायद तो सामान्य बात है, इसमें क्या ख़ास बात है और इन मन्दिरों के निर्माण से समाज को हासिल क्या होता है?

ऐसे सवाल उठना स्वाभाविक है, लेकिन यह देखना और जानना महत्त्वपूर्ण होगा कि आज़ादी से काफ़ी पहले जब तमाम अनुसूचित जातियों को अछूत मानकर उनके साथ अमानवीय व्यवहार किया जाता था, उनको सार्वजनिक स्थलों पर इकट्ठे होने, मन्दिरों में प्रवेश करने, सभा सम्मेलन करने की इजाज़त नहीं थी। सार्वजनिक कुओं से पानी नहीं पीने दिया जाता था, सम्पत्ति का अधिकार तक नहीं था। ऐसे विकट समय में दूरगामी सोच के साथ समाज के लिए सम्पत्ति की ख़रीद, लोक देवता बाबा रामदेव जी का मन्दिर निर्माण तथा पानी के लिए कुआँ बनाने का काम किया गया। 1933 में बलाई हितकारिणी सभा बनाई गई, उसमें पंच लोग शामिल हुए, जिसके फ़ोटो आज भी मन्दिर परिसर में स्थापित हैं।

हम संध्या आरती के समय मन्दिर पहुँचे, जहाँ पर सुरेश पंवार जी से सबसे पहले हमारी भेंट हुई। आरती मन्दिर पुजारी कैलाश पंवार जी ने की। इसके बाद जिंदल साहब ने इस मन्दिर परिसर के संबंध में विस्तृत जानकारी दी। ऐतिहासिक महत्त्व का यह मन्दिर अजमेर में बलाई समाज की सामाजिक संस्कृति, सामाजिक सुधार के निर्णयों एवं प्रगतिशील कार्यों का केंद्र बिन्दु एवं गवाह है तथा ऐतिहासिक सामाजिक धरोहर है। मैं इस मन्दिर की विस्तृत जानकारी पाकर आश्चर्यचकित रह गया। हॉल में लगे नामों के सूचना पट्टों पर लिखे नाम अवधि को (सन् 1933) अपने मोबाइल में केप्चर किया। योगाचार्य श्यामानंद गिरि के संबंध में जानकारी ली। ऐतिहासिक फ़ोटोज़ को ध्यान से देखा। इस मन्दिर परिसर में प्रदर्शित फ़ोटो, निर्मित भवनों और संरक्षित हर वस्तु को देखकर अहसास हुआ कि उस दौरान के बड़े-बुज़ुर्गों की सोच कितनी महत्त्वपूर्ण थी और वो अपने पास मौजूद साधनों, संसाधनों के ज़रिए कोशिश में लगे थे कि सामाजिक परिवर्तन आये। यह मन्दिर केवल आध्यात्मिक गतिविधियों का केंद्र नहीं रहा बल्कि सामाजिक जागृति और सुधार का केन्द्रीय स्थल बना, जिस तरह से इसे दोमंज़िला बनाया गया और नीचे सभा स्थल और ऊपर पूजागृह का निर्माण हुआ, वह भी यही साबित करता है कि मन्दिर के सहारे सामाजिक गतिविधियों का केंद्र इसे बनाया गया। सभा भवन में बलाई हितकारिणी सभा की मीटिंगों व अन्य गतिविधियों के चित्र लगे हैं। स्वामी गोकुल दास जी, ग़रीब साहब और श्यामानंद गिरी की तस्वीरें हैं। चित्रकार बाबूलाल जी डोई द्वारा बनाई गई रामदेव जी की बड़ी पेंटिंग्स भी लगी हैं, जो कैमरे से खींचे गये फ़ोटोज़ जैसी दिखती हैं।

बलाई महासभा के पूर्व महामंत्री सुभाष जी डोई जो कि बास्केट बॉल के खिलाड़ी हैं, उनको डॉक्टर साहब ने कॉल कर दिया था। वे बच्चों सहित खेल मैदान से सीधे ही मन्दिर चले आये और अन्य लोगों को भी फ़ोन करके बुला लिया। उनका जोश क़ाबिलेतारीफ़ था। बेहद आत्मीयता से मिले, जाज़म बिछवा दी, ठंडा आ गया, मालाएँ पहुँच गईं। समाज के दर्जनों प्रबुद्ध लोग पहुँच गये। कुछ ही देर में एक ठीकठाक सभा जुड़ गई, जिसने विचार गोष्ठी का रूप ले लिया। सुभाष डोई साहब के प्रयासों से पहुँचे मांगीलाल जी बरवड़, रामलाल जी महायच, आचार्य नारायण रामस्नेही जी महाराज, लक्ष्मी नारायण जी नारनोलिया, चंद्रेश गिरि जी, कैलाश पंवार जी, मोनू नाहरवारा जी, मुकेश जी पाटोदिया, कन्हैयालाल जी बडगूजर आदि के विचार जानने का सौभाग्य मुझे मिल पाया और वैचारिक वार्तालाप प्रारम्भ हुआ। लक्ष्मीनारायण नारनोलिया जी अपने विद्वतापूर्ण वक्तव्य से चमत्कृत कर रहे थे। पूरे कार्यक्रम का उन्होंने सरस संचालन भी किया। सुभाष डोई जी ने स्वागत में शब्द सुमन अर्पित किए। जिंदल साहब ने सुदीर्घ बात रखी। आचार्य नारायण रामस्नेही जी ने भी अपने विचारों से लाभान्वित किया। मुझे भी अपनी बात रखने का अवसर मिला।

बुद्ध ज्योति विहार, अजमेर

डॉ. गुलाब चंद जिंदल के सान्निध्य में राजस्थान के प्रसिद्ध शहर अजमेर के अजय नगर में स्थित बुद्धा हिल्स स्थित बुद्ध ज्योति विहार जाना हुआ। जिंदल साहब से मेरा ढाई दशक से भी अधिक वक़्त का परिचय है। वे पशुपालन विभाग में उपनिदेशक के पद से सेवानिवृत्त हुए हैं। उन्होंने आचार्य गरीब साहब की जीवनी से लेकर पाल बीचला के रामदेव जी मन्दिर जैसे ऐतिहासिक महत्त्व के स्थल पर आधिकारिक लेखन किया है। उनके निरंतर अध्ययन व सुचिंतित लेखन से मुझे सदैव मार्गदर्शन मिलता है। जिंदल जी ने ही पिछली बार की अजमेर यात्रा के दौरान मुझे 'बुद्ध ज्योति विहार' आने की प्रेरणा दी और आज यह सुअवसर मुझे मिल गया।

श्रद्धेय राहुल सुमन छावरा की प्रेरणा से धम्म रत्न आनंद जी की पत्नी द्वारा दान की गई दो बीघा बेशक़ीमती भूमि पर यह विहार निर्मित किया गया है, यहाँ के प्रवेशद्वार को देखते ही साँची के स्तूप की अनुभूति होती है। अंदर घुसते ही थाईचैत्य है, जिसमें तथागत गौतम बुद्ध की बेहद सुंदर थाई प्रतिमा है।

आगे बढ़ने पर सिद्धार्थ सभा स्थल और कार्यालय है, इसके पास ही बुद्ध ज्योति विहार है, जहाँ का वातावरण बेहद शांत व सकारात्मक प्रतीत हुआ। यहाँ धम्म गतिविधियाँ होती हैं। प्रत्येक रविवार को दो घंटे की धम्म सभा होती है, जिसमें ध्यान भी होता है। यहाँ एक भोजनशाला और भिक्खु निवास भी है। इसी से सटे हुए पाँच शून्यागार हैं। यह व्यक्तिगत ध्यान कक्ष हैं, बाहर निकलने पर बौद्धाचार्य राहुल सुमन जी का उद्देशिका (स्मृति) चैत्य है और बाबा साहब डॉ. अंबेडकर जी की सुंदर प्रतिमा है, जो सिद्धार्थ आर्ट, जोधपुर की ओर से दान की गई है। यहाँ पर बोध गया से लाए गए बोधि वृक्ष को लगाया गया है। पीछे की पहाड़ी और शेष भूमि पर लुम्बिनी उद्यान विकसित किया जाना प्रस्तावित है।

बुद्ध ज्योति विहार पर हर रविवार को धम्म असेम्बली होती ही है। *बुद्ध ज्योति* मासिक पत्रिका का भी प्रकाशन होता है। पाली भाषा अध्ययन और विभिन्न ज्ञान विज्ञान प्रतियोगिताएँ आयोजित की जाती हैं। बुद्ध ज्योति विहार का संचालन बुद्ध ज्योति फ़ाउंडेशन ट्रस्ट (रजिस्टर्ड) द्वारा किया जा रहा है। अजमेर का नाग पहाड़ और पुष्कर क्षेत्र प्राचीन समय से बौद्ध धर्म का गढ़ रहा है, यहाँ पर अगर खुदाई हो तो बुद्धिज़्म की विरासत के समृद्ध भंडार यहाँ मौजूद हैं।

इस प्राचीन बौद्ध भूमि को पुनर्जीवित करने का काम धम्म रत्न आनंद एवं समस्त बौद्ध प्रेमियों ने सँभाल रखा है। इस धर्म समर्पित टीम जिसमें धम्म रत्न आनन्द (प्रबंधन ट्रस्टी) गुलाब चंद जिंदल, मदन सिंह तंवर, प्रेम प्रकाश सिंह उमरवाल, तारा चन्द टोपीया शामिल हैं, उनसे मिलकर और बुद्ध ज्योति विहार द्वारा किए जा रहे कार्यों को देखकर अत्यंत प्रसन्नता हुई और मन में एक संकल्प किया कि एक बार नहीं बल्कि बार-बार बुद्ध ज्योति विहार आऊँगा। अगर आपका भी अजमेर आना हो तो कृपया एक बार अवश्य बुद्ध ज्योति विहार तक जायें। यह स्थल और यहाँ की टीम आपको प्रेरित करेगी और यह स्थल सकारात्मक ऊर्जा से भर देता है।

चरैवेति चरैवेति...!

अजमेर को चौहान अजयपाल ने बसाया था। तारागढ़ का किला अकबर ने बनवाया, यहाँ ढाई दिन का झोंपड़ा भी है तो सोनी जैन मन्दिर भी, आना सागर झील है तो निकटस्थ तीर्थराज पुष्कर भी। अरावली का हृदय क्षेत्र नाग पहाड़ भी है, जहाँ से निकली लूणी नदी मारवाड़ की प्यास बुझाती है। यहाँ हिन्दू,

मुस्लिम, सिख, ईसाई, जैन, बौद्ध तथा ईसाई धर्मावलम्बियों के आस्था स्थल हैं। अजमेर एक लघु भारत है, सेकुलर इंडिया का प्रतीक, यहाँ पर विभिन्न धर्मों व पंथों के स्थलों की ज़ियारत, दर्शन व भ्रमण और लोगों से मुलाक़ातों के बाद अरावली के इस सफ़र के पहले चरण का समापन इस उम्मीद से किया कि दूसरे चरण में नाग पहाड़ से प्रारम्भ कर भानगढ़ के रहस्यमय वीरान किले तक जायेंगे और उसके पश्चात् आख़िरी चरण में लुटियंस के टीलों तक का सफ़र करके अरावली की इस यात्रा का अंत करेंगे, तब तक चलते रहेंगे, चलते रहेंगे... !

❑❑❑